Job?

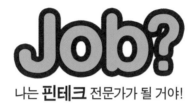

나는 **핀테크** 전문가가 될 거야!

Job?

나는 **핀테크** 전문가가 될 거야!

Special 16

강지선 글 | **이상일** 그림 | **정관수** 감수

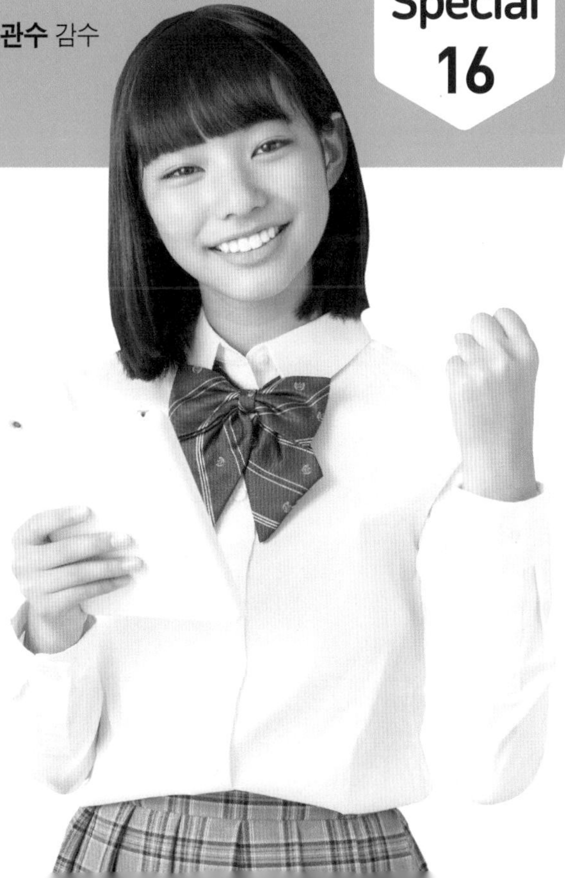

국일아이

차례

직업 탐험 워크북 나는 **핀테크** 전문가가 될 거야!

등장인물

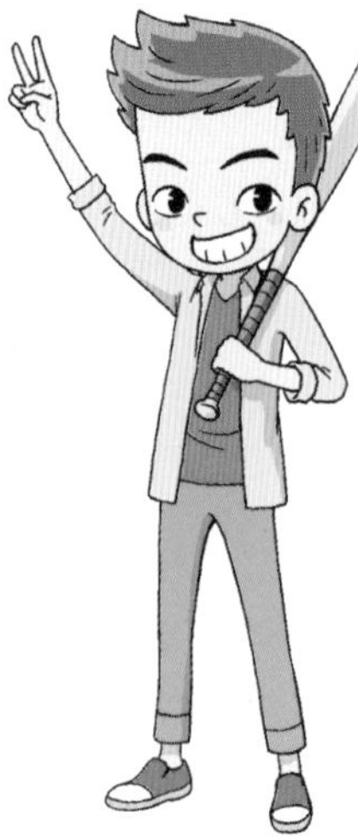

현재

돈에 대한 개념이 없고 사고뭉치인 6학년 남자아이이다. 친구들이 바쁘다고 다 가버리고 혼자 남자, 홧김에 야구 배트를 휘두르다가 석주네 차를 망가뜨리고 만다. 수리비를 마련하려고 석주 아빠의 핀테크 회사에서 아르바이트를 하면서 핀테크에 대해서 알게 된다.

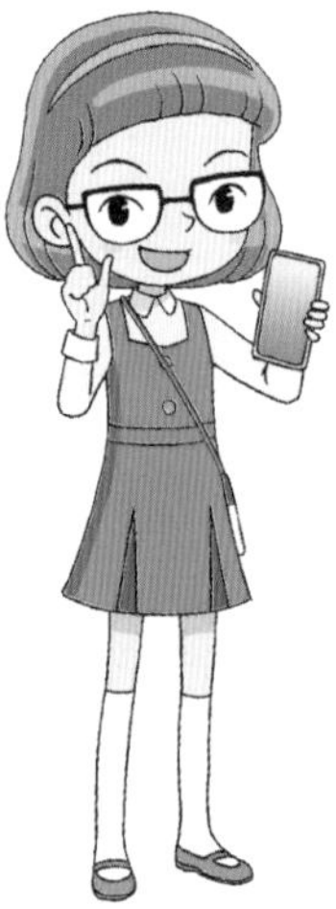

미래

현재보다 1분 늦게 태어난 이란성 쌍둥이 동생인 여자아이이다. 현재와 늘 티격태격하는 것이 일상이지만 현재가 사고친 것을 같이 수습해 주는 똑똑하고 야무진 성격이다. 스스로 용돈을 관리하고 있으며, 핀테크에 관심이 많아서 핀테크에 대해 다양한 정보를 알고 있다.

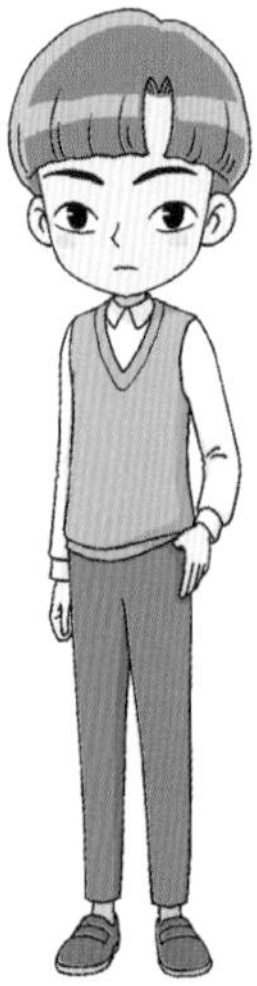

석주

현재, 미래와 같은 반 친구다. 항상 비서가 학교에 데려다주고 데리러 오는 모습 때문에 학교 내에서 부잣집 아들이라고 소문이 나 있다. 늘 혼자이기만 하던 석주는 현재와 미래의 모습을 보고 친해지고 싶어 같이 아르바이트를 하기도 한다. 그러던 어느날 그를 따라오는 검은 그림자가 나타나는데…

김비서

어릴 때부터 석주를 돌봐 온 인자하고 유능한 석주의 비서다. 아이들이 무엇을 물어도 막힘없이 설명할 정도로 지식이 상당하다. 현재, 미래를 석주 아빠의 회사에서 아르바이트를 하게 하면서 자연스럽게 석주와 친구가 되도록 하고, 핀테크 전문가를 소개해 줘서 핀테크에 대해 배울 수 있도록 돕는다.

도둑들

석주의 집에 금고가 있으며 그 안에는 온갖 귀중품이 있다는 것을 알고 석주를 납치해서 금고를 열려고 한다. 계속 석주를 미행하며 기회를 노리지만 매번 실패한다. 도둑들은 석주의 집에 있는 금고의 물건을 훔칠 수 있을까?

꿈을 찾아가는
꿈나무를 위한 길잡이

허영만 화백이 그린 만화 《식객》이 한국 음식 문화의 품격과 철학의 깊이를 더한 '음식 문화서'라고 한다면, 《job?》 시리즈는 '바라고 꿈꾸는 것을 이루기 위해 줄기차게 노력하면 반드시 꿈은 이루어진다'는 교육 철학을 담은 직업 관련 학습 만화입니다. 어린이와 청소년들이 만화를 통해 각 분야의 직업을 이해하고, 스스로 장래 희망을 설정하는 데 도움을 주는 진로 교육서이기도 합니다.

꿈과 희망은 사람을 움직이는 가장 강력한 에너지입니다. 꿈과 희망이 있는 사람은 밝고 활기찹니다. 그리고 호기심과 열정이 가득해서 지루할 틈이 없이 부지런합니다. 특히 어린이와 청소년들에게 꿈과 희망은 삶을 긍정적으로 바라보게 하는 가장 강력한 버팀목 역할을 합니다.

어른이 되어 이루는 성공과 성취는 어린 시절부터 바랐던 꿈과 희망이 이뤄 낸 결과입니다. 링컨과 케네디, 빌 게이츠와 오바마, 이들은 어린 시절에 꾸었던 꿈과 희망을 실현하기 위해 노력한 사람들입니다. 삼성을 일류 기업으로 이끈 고(故) 이병철 회장이나 우리나라 경제 발전에 초석을 다진 현대그룹의 고(故) 정주영 회장도 어린 시절의 꿈을 실현한 대표적인 사람입니다. 꿈과 희망 안에는 미래를 변하게 하는 놀라운 능력이 숨어 있습니다. 꿈과 희망을 품고 노력하면 바라던 것이 이루어집니다.

어린이와 청소년들이 스스로 미래를 준비할 수 있도록 도움을 주고자 기획한 《job?》 시리즈는 우리 사회 각 분야의 직업을 다루고 있습니다. 어떤 분야의 직업을 갖고 사는 것이 좋으며 가치 있을지를 만화 형식을 빌려서 설명하여 이해뿐 아니라 재미까지 더하였습니다.

그동안 직업을 소개하는 책은 많았지만, 어린이 눈높이에 맞춘 직업 관련 안내서는 드물었습니다. 이 책의 차별성은 바로 여기에 있습니다. 단순히 각각의 직업이 무슨 일을 하는지를 소개하는 데 그치지 않고 사회적 측면에서 바라본 직업의 존재 이유와 작용 원리를 적절한 용어를 사용하여 어린 독자들의 이해를 돕습니다. 자칫 딱딱할 수 있는 직업 이야기를 맛깔스러운 대화와 재미있는 전개로 설명하여 효과적인 진로 안내서 역할도 합니다.

이 책이 어린이와 청소년들에게 세상의 여러 직업을 깊이 이해하고 자신의 미래를 여는 데 도움을 줄 것이라 기대합니다. 아울러 장차 세계를 이끌 주인공이 될 어린이와 청소년들이 직업과 관련해서 멋진 꿈과 희망을 얻길 바랍니다.

문용린(서울대학교 교육학과 명예교수)

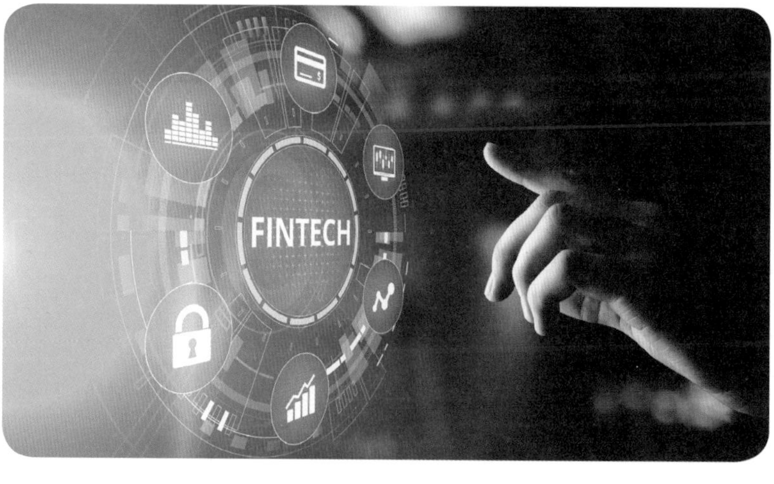
FINTECH

은행에 가지 않아도
금융거래가 가능한 핀테크에 대하여

부모님이나 친척들에게 용돈이나 세뱃돈을 받으면 어떻게 하시나요? 은행에 가서 저금을 하는 친구도 있고 부모님에게 맡기는 친구도 있을 거예요.

예전에는 돈을 저금하거나, 다른 사람에게 돈을 보내거나, 맡겼던 돈을 찾을 때마다 은행에 갔어요. 하지만 이제는 굳이 은행에 가지 않아도 더 쉽게 언제 어디서나 금융거래를 할 수 있습니다. 스마트폰만 있으면 가능하지요. 정보통신기술이 발전하면서 그 기술이 금융과 융합하여 새로운 서비스가 생겨났기 때문입니다. 그것이 바로 핀테크입니다.

우리 주위를 보면 대부분 스마트폰을 사용하고 있어요. 스마트폰의 기능이 좋아지면서 스마트폰만 있으면 많은 것을 할 수 있게 되었습니다. 핀테크는 스마트폰의 활성화와 함께 더욱더 빠르게 확산하였습니다. 스마트폰 안에 저장된 금융정보를 바탕으로 간편하게 금융서비스를 받는 것이 가능해졌습니다.

인터넷으로 물건을 사고, 계산할 때 카드 없이 스마트폰으로 결제할 수 있습니다. 예전에는 은행에 가야만 할 수 있었던 저축이나 송금뿐 아니라, 더 나아가 자산관리나 투자 또한 이제는 모바일로 가능해졌습니다. 몇 년 전부터 아예 오프라인 지점이 없

는 인터넷 전문은행이 생겼고, 현재는 많은 이용자를 보유한 큰 회사가 되었습니다. 이런 커다란 변화를 가져온 것이 바로 핀테크입니다. 핀테크 서비스는 우리의 생활 깊숙이 자리잡고 있으며 또 지금도 계속 그 영역을 넓히고 있습니다.

《job? 나는 핀테크 전문가가 될 거야!》는 IT 기술을 바탕으로 금융서비스를 진화, 발전시키고 더욱더 편리하게 만들어주는 핀테크 전문가에 대해서 설명하고 있습니다. 핀테크 전문가는 누구이며, 또 어떤 일을 할까요? 그리고 앞으로 핀테크가 우리 생활을 어떻게 바꾸게 될까요? 지금부터 핀테크의 세상으로 함께 들어가 볼까요?

글쓴이 **강지선**

큰일이야! 수리비가 필요해!

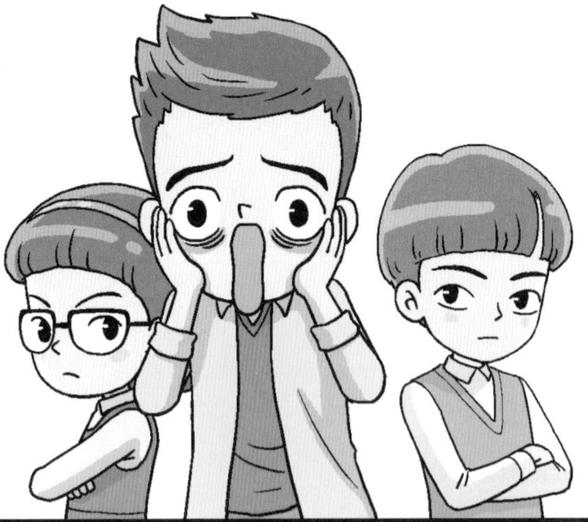

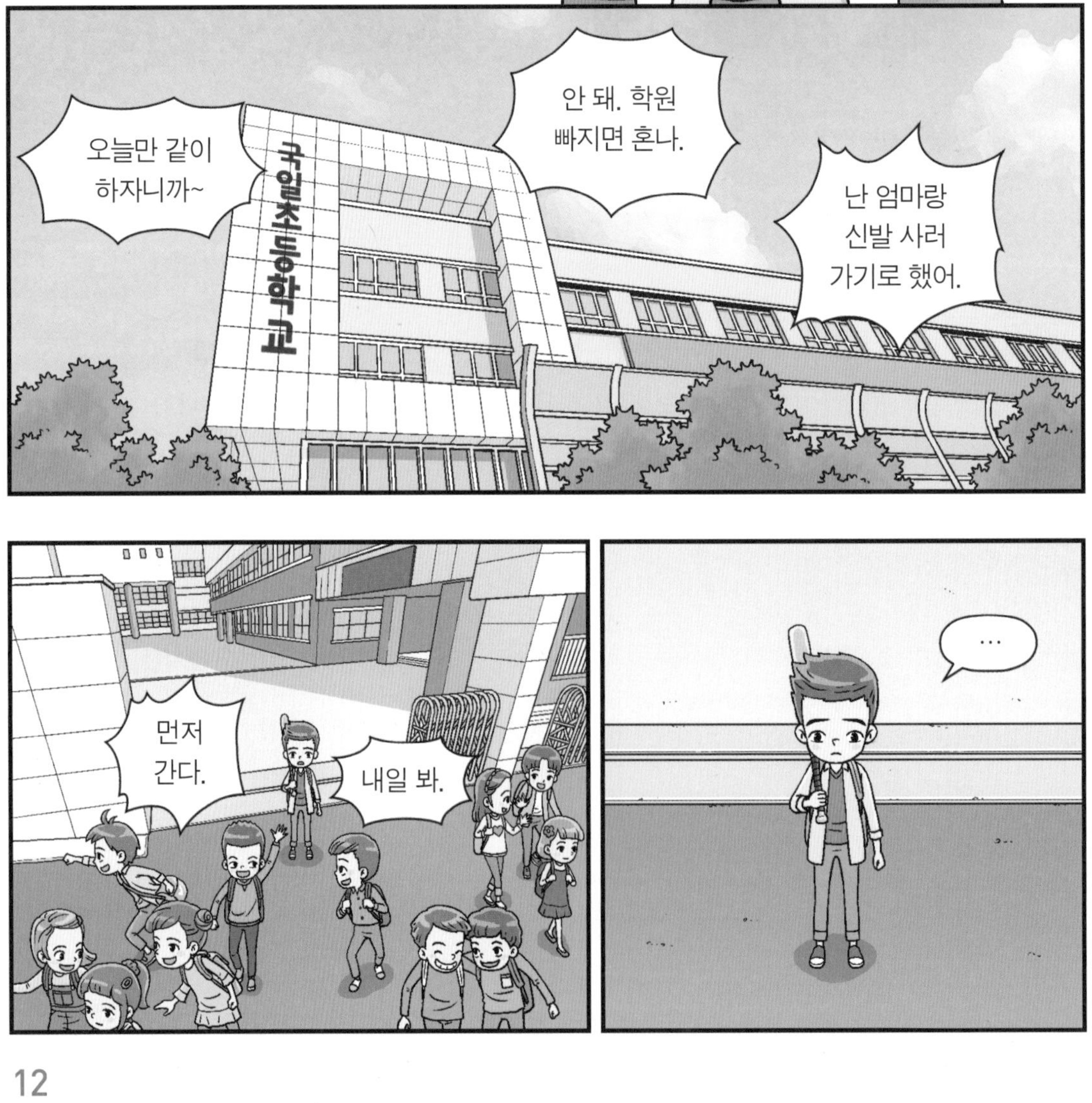
국일초등학교
오늘만 같이 하자니까~
안 돼. 학원 빠지면 혼나.
난 엄마랑 신발 사러 가기로 했어.
먼저 간다.
내일 봐.
…

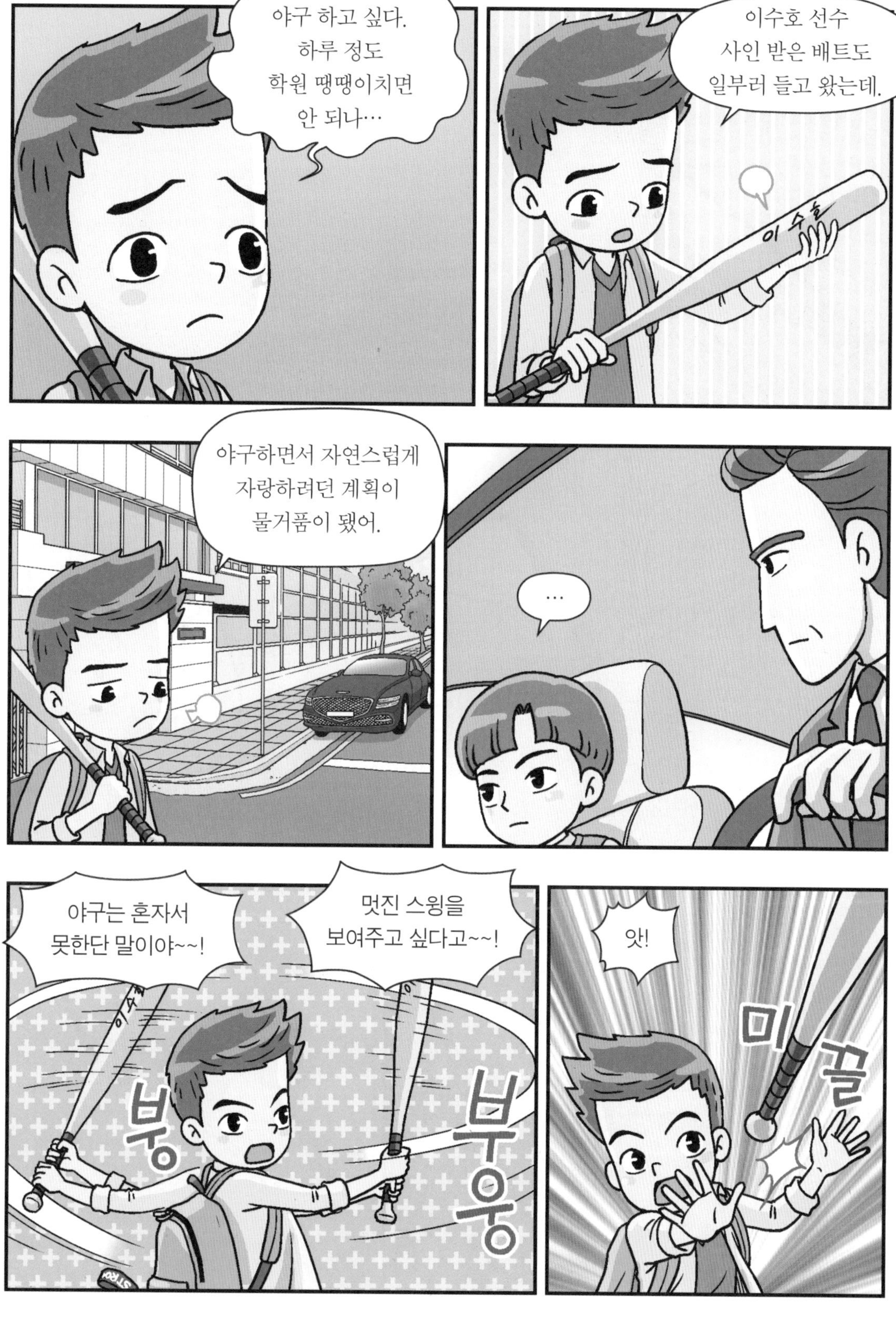
야구 하고 싶다. 하루 정도 학원 땡땡이치면 안 되나…
이수호 선수 사인 받은 배트도 일부러 들고 왔는데.
이 수호
야구하면서 자연스럽게 자랑하려던 계획이 물거품이 됐어.
…
야구는 혼자서 못한단 말이야~~!
멋진 스윙을 보여주고 싶다고~~!
붕
부웅
앗!
미끌

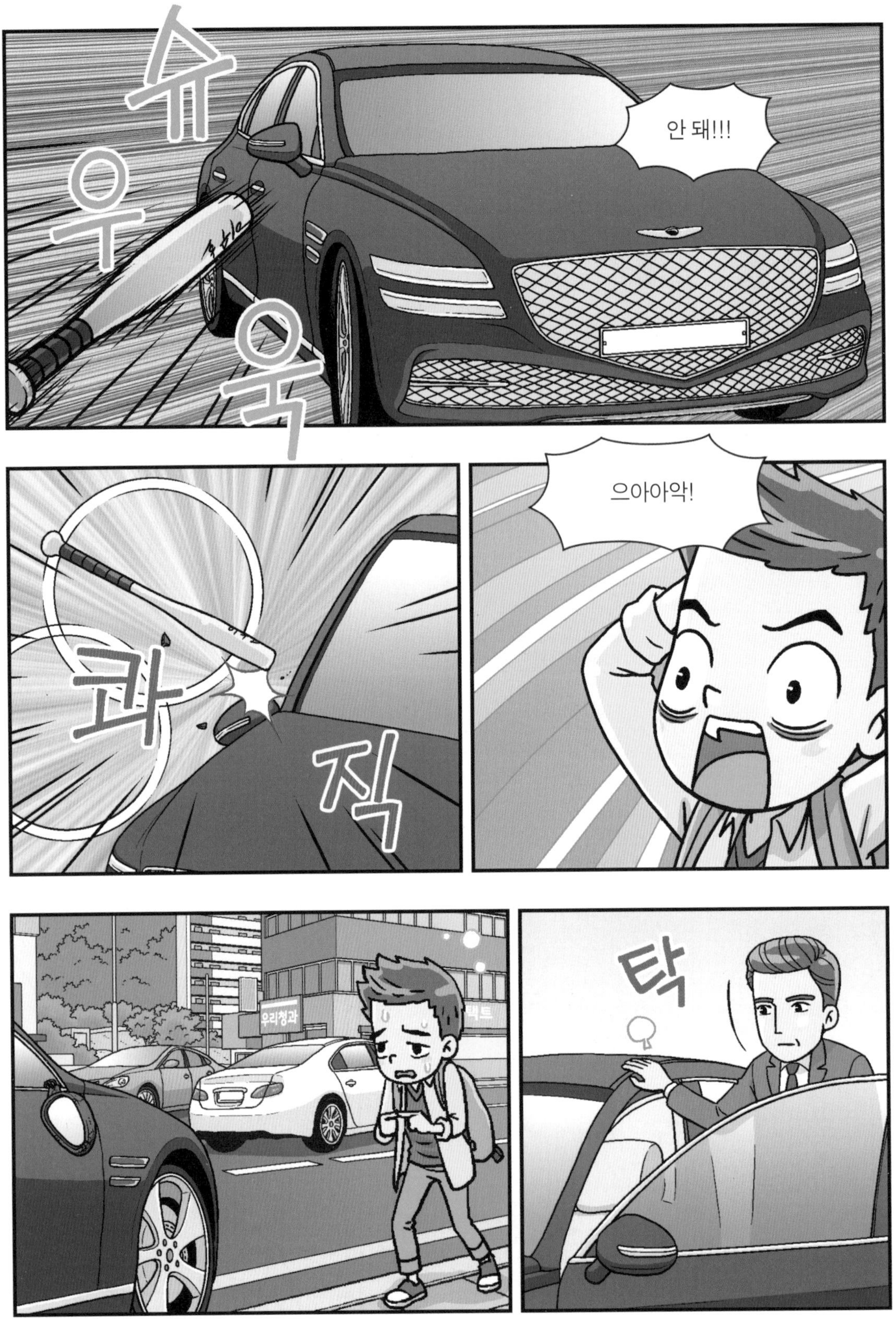
슈우욱
안 돼!!!
콰직
으아아악!
우리청과
탁

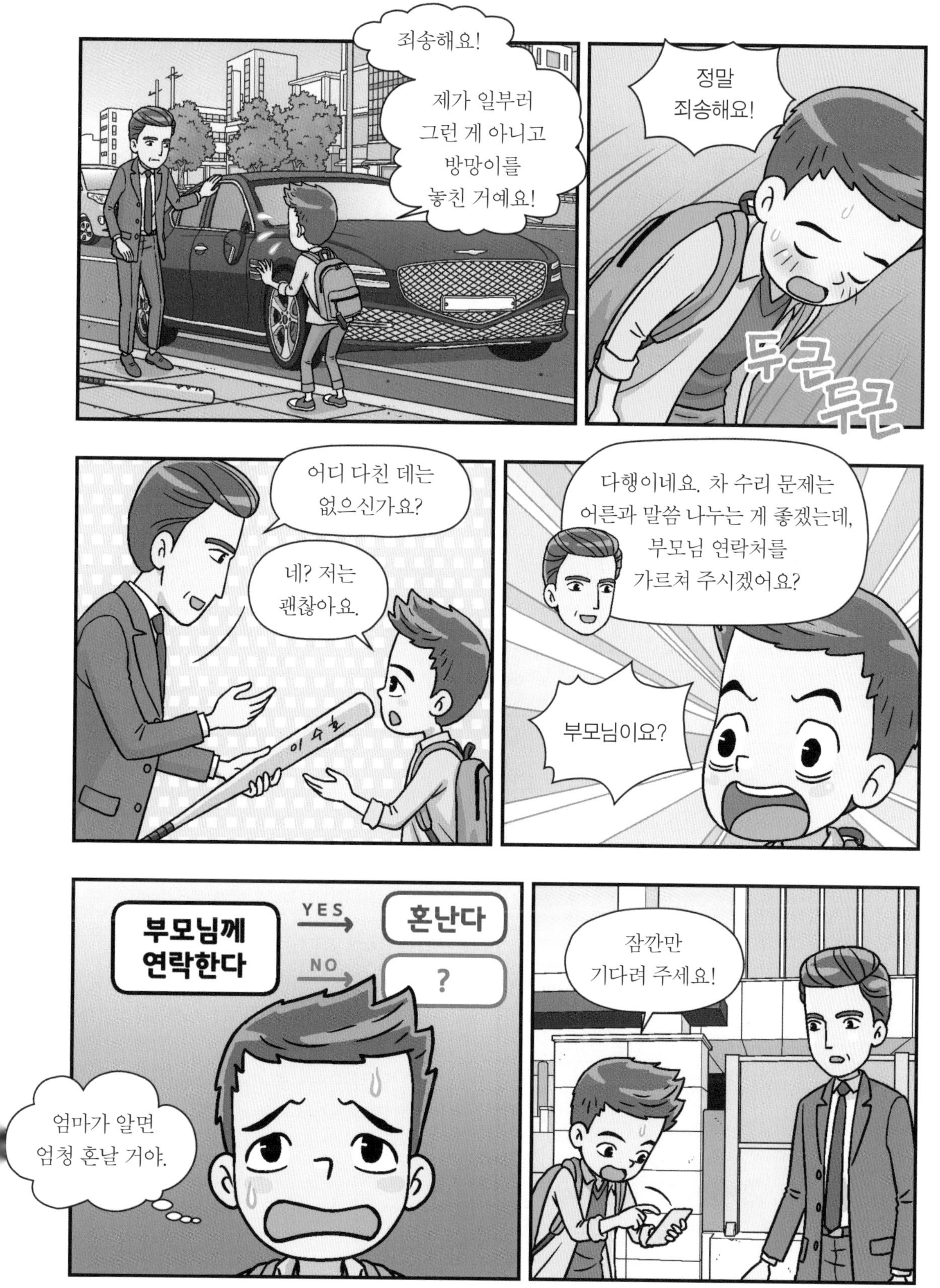

죄송해요!
제가 일부러 그런 게 아니고 방망이를 놓친 거예요!
정말 죄송해요!
두근두근
어디 다친 데는 없으신가요?
네? 저는 괜찮아요.
이수호
다행이네요. 차 수리 문제는 어른과 말씀 나누는 게 좋겠는데, 부모님 연락처를 가르쳐 주시겠어요?
부모님이요?
부모님께 연락한다
YES
혼난다
NO
?
엄마가 알면 엄청 혼날 거야.
잠깐만 기다려 주세요!

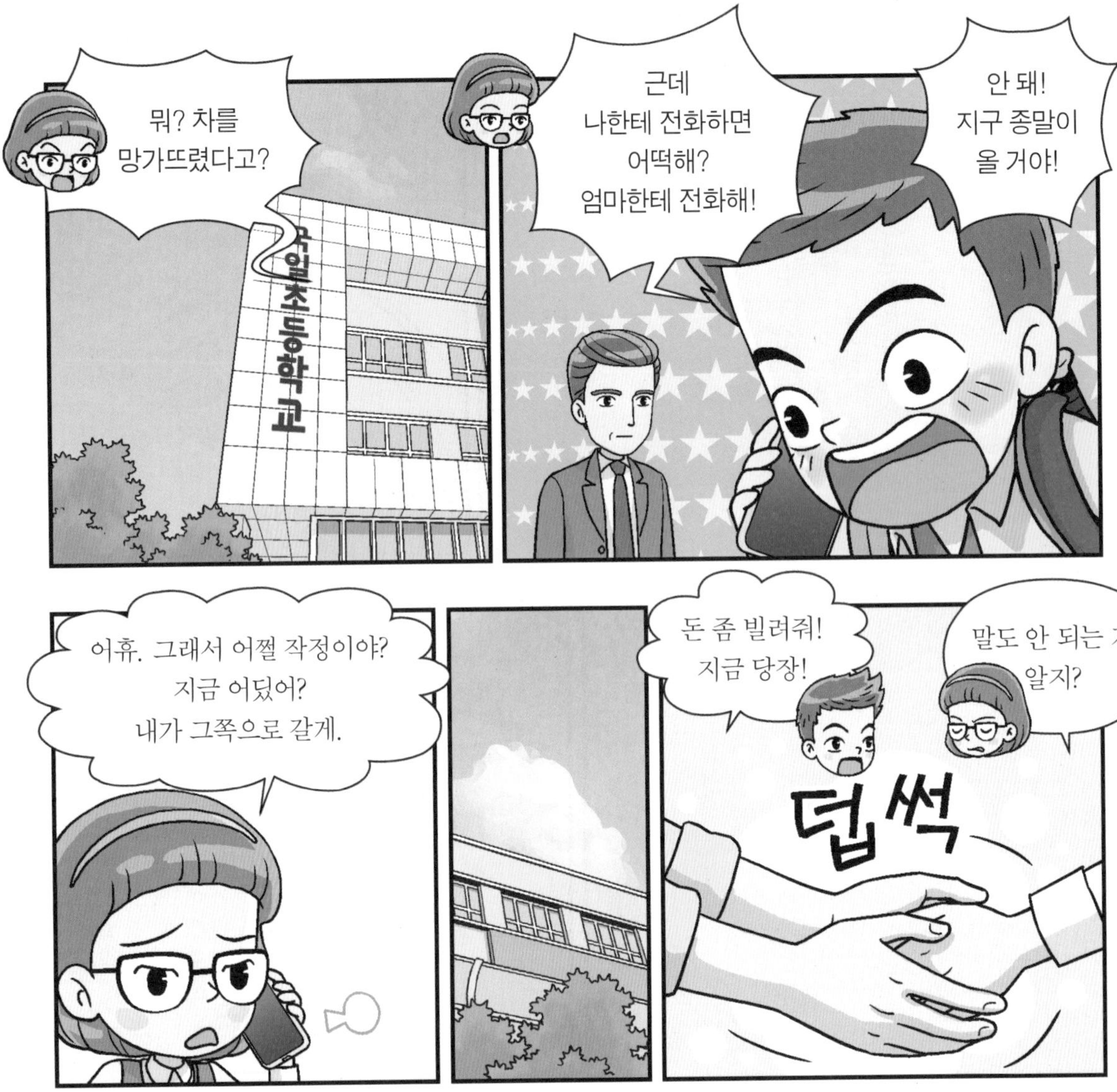
뭐? 차를 망가뜨렸다고?
근데 나한테 전화하면 어떡해? 엄마한테 전화해!
안 돼! 지구 종말이 올 거야!
어휴. 그래서 어쩔 작정이야? 지금 어딨어? 내가 그쪽으로 갈게.
돈 좀 빌려줘! 지금 당장!
말도 안 되는 거 알지?
덥썩

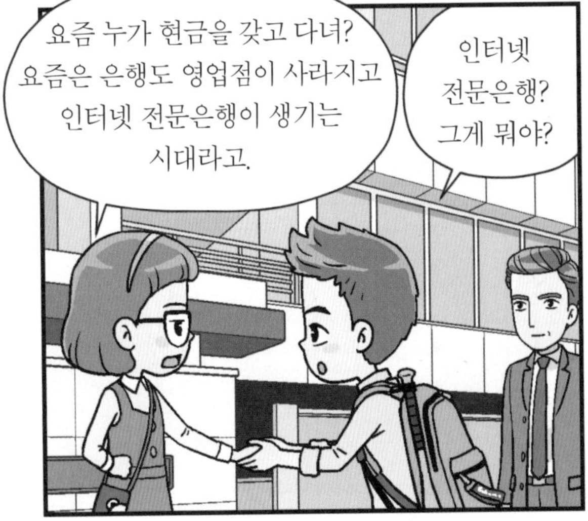
요즘 누가 현금을 갖고 다녀? 요즘은 은행도 영업점이 사라지고 인터넷 전문은행이 생기는 시대라고.
인터넷 전문은행? 그게 뭐야?

인터넷 전문은행

지점에서 직원과 고객이 대면 거래를 하는 기존의 은행과는 달리 온라인으로 서비스를 제공하는 은행을 말합니다. 임대료나 인건비 등을 줄일 수 있기 때문에 일반은행에 비해 수수료가 적어 가격경쟁력이 있고 신속하고 편리하다는 장점이 있습니다.

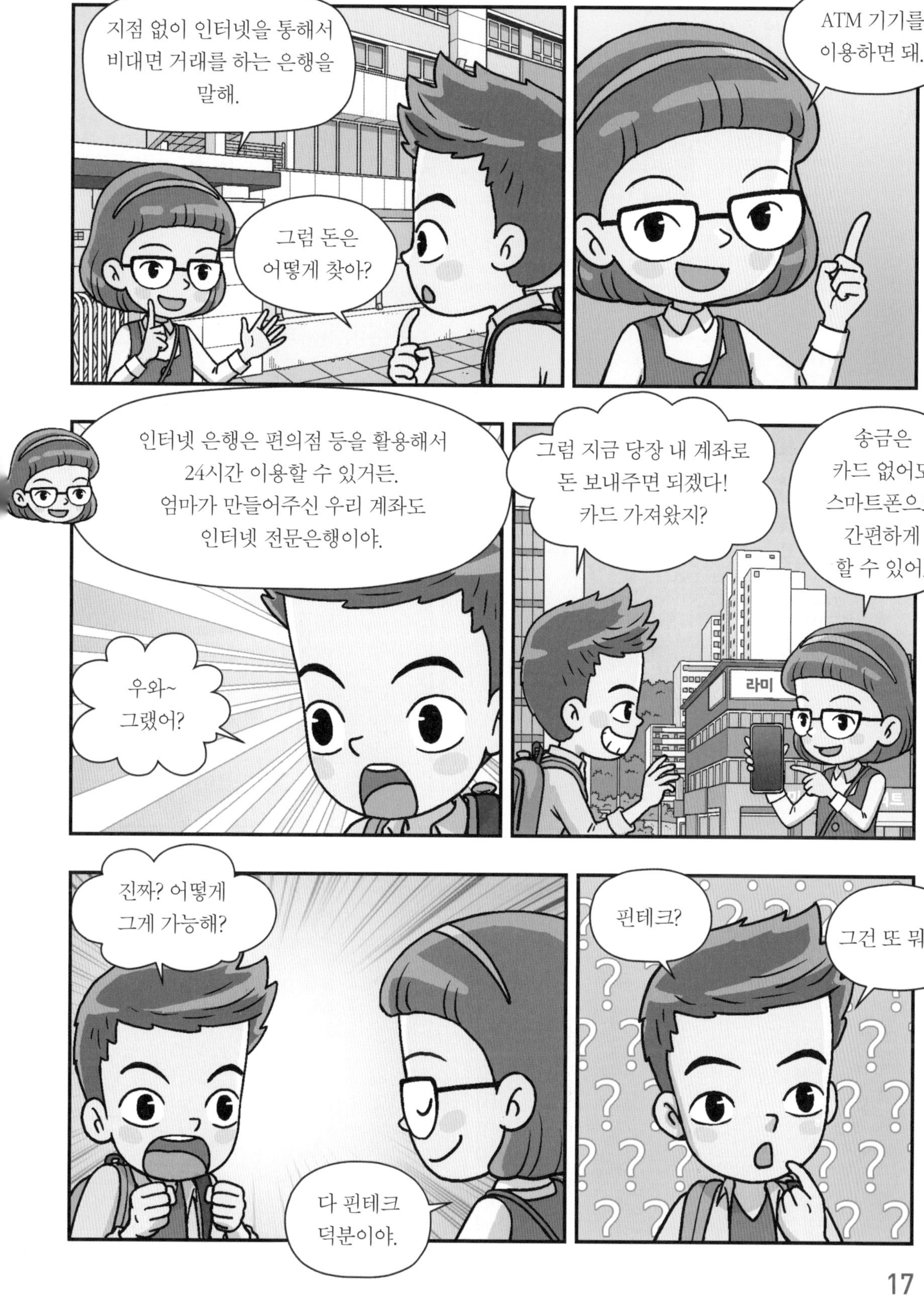
지점 없이 인터넷을 통해서 비대면 거래를 하는 은행을 말해.
그럼 돈은 어떻게 찾아?
ATM 기기를 이용하면 돼.
인터넷 은행은 편의점 등을 활용해서 24시간 이용할 수 있거든. 엄마가 만들어주신 우리 계좌도 인터넷 전문은행이야.
우와~ 그랬어?
그럼 지금 당장 내 계좌로 돈 보내주면 되겠다! 카드 가져왔지?
송금은 카드 없어도 스마트폰으로 간편하게 할 수 있어.
라미
진짜? 어떻게 그게 가능해?
다 핀테크 덕분이야.
핀테크?
그건 또 뭐야?

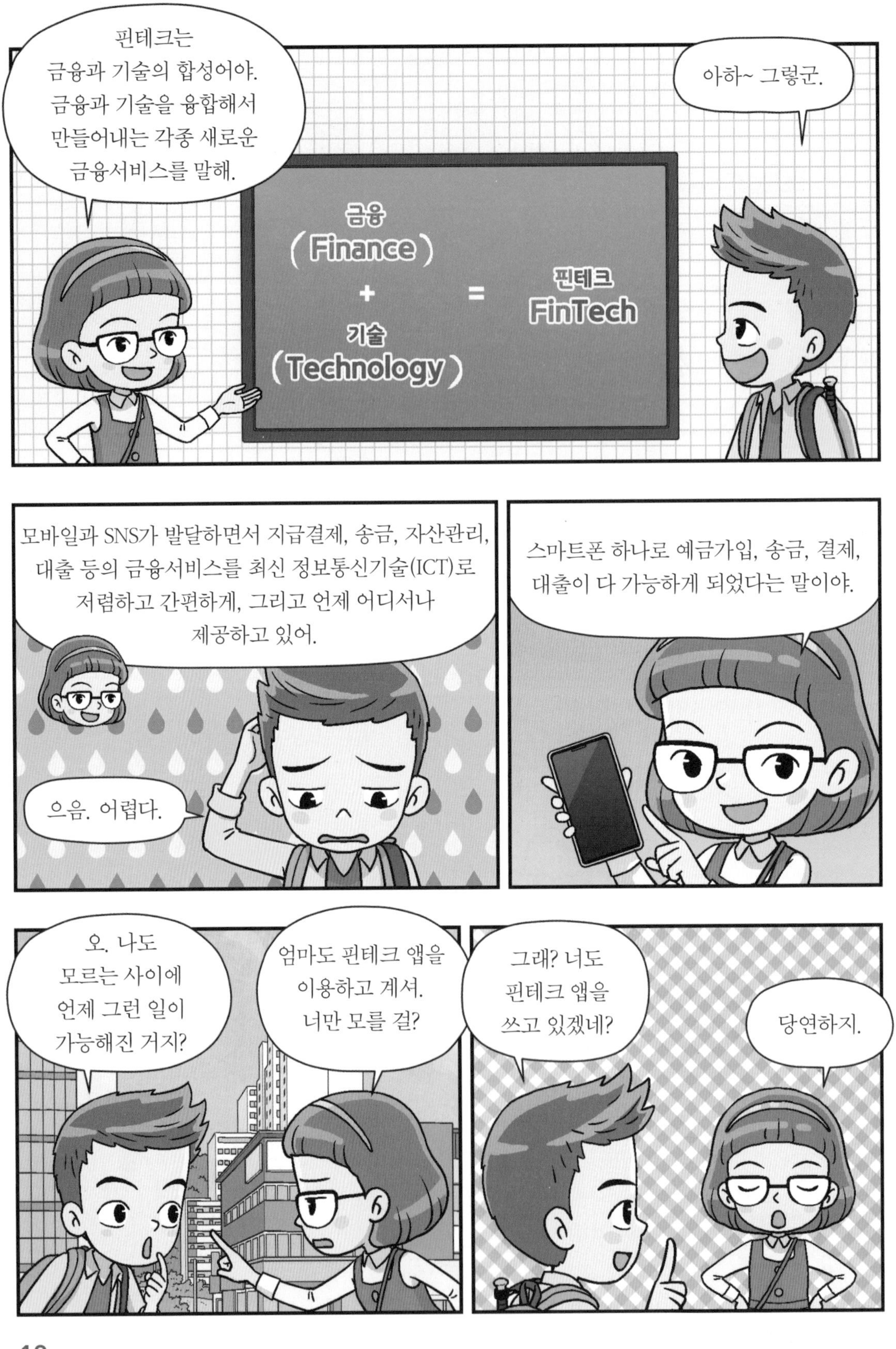

핀테크는 금융과 기술의 합성어야. 금융과 기술을 융합해서 만들어내는 각종 새로운 금융서비스를 말해.
금융 (Finance) + 기술 (Technology) = 핀테크 FinTech
아하~ 그렇군.
모바일과 SNS가 발달하면서 지급결제, 송금, 자산관리, 대출 등의 금융서비스를 최신 정보통신기술(ICT)로 저렴하고 간편하게, 그리고 언제 어디서나 제공하고 있어.
으음. 어렵다.
스마트폰 하나로 예금가입, 송금, 결제, 대출이 다 가능하게 되었다는 말이야.
오. 나도 모르는 사이에 언제 그런 일이 가능해진 거지?
엄마도 핀테크 앱을 이용하고 계셔. 너만 모를 걸?
그래? 너도 핀테크 앱을 쓰고 있겠네?
당연하지.

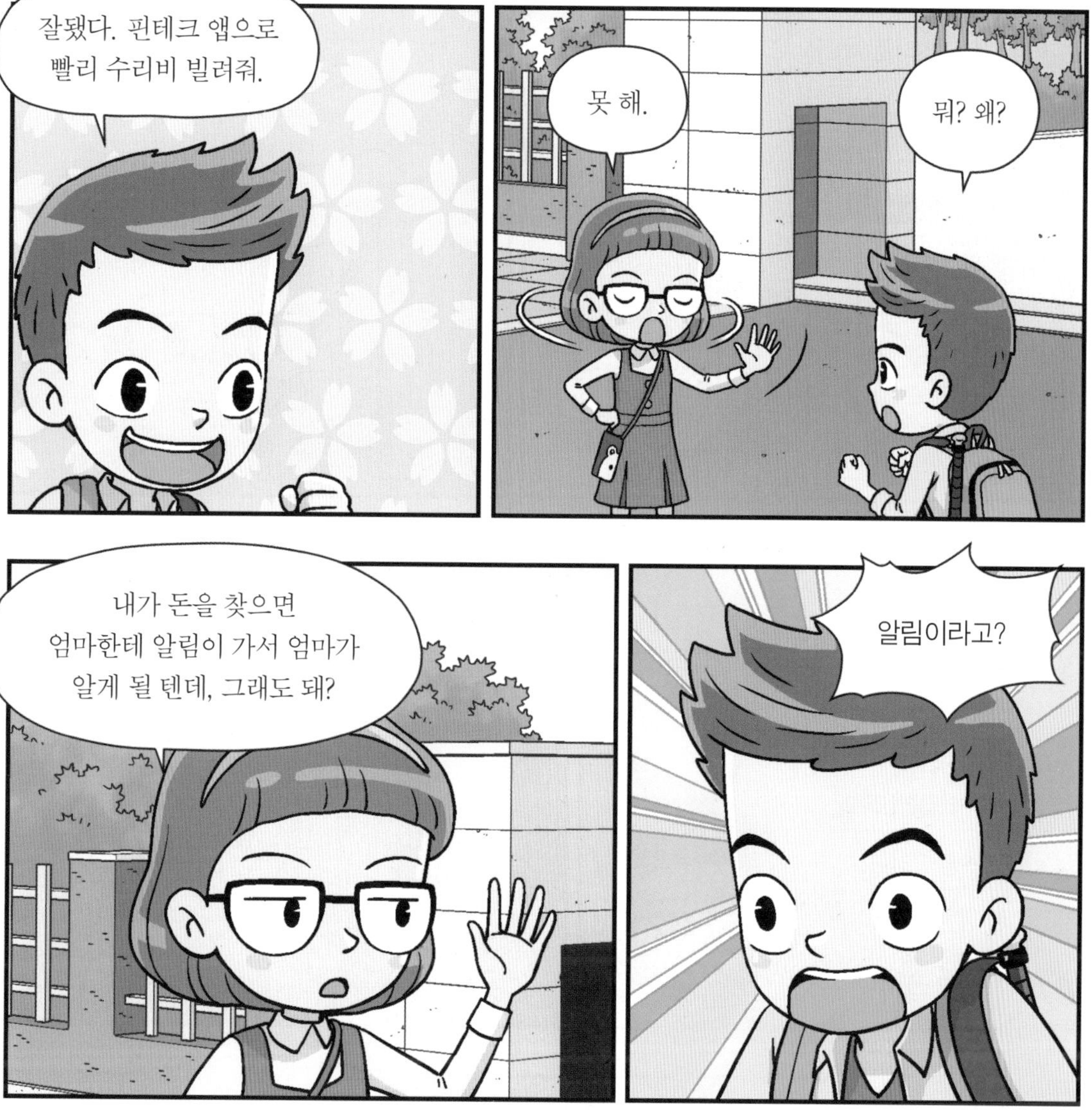
잘됐다. 핀테크 앱으로
빨리 수리비 빌려줘.
못 해.
뭐? 왜?
내가 돈을 찾으면
엄마한테 알림이 가서 엄마가
알게 될 텐데, 그래도 돼?
알림이라고?

핀테크

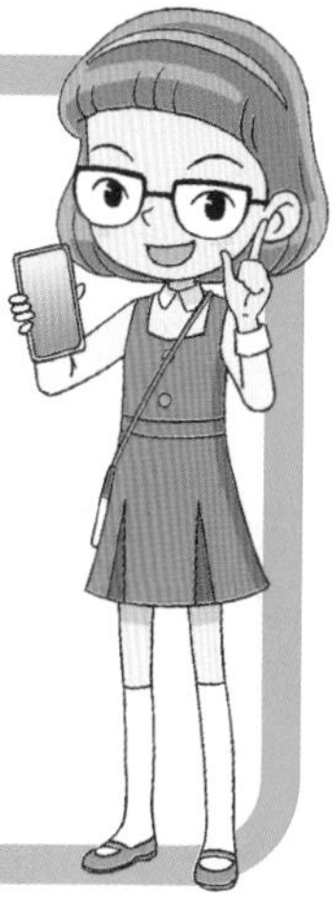

금융과 정보기술(IT)이 만나 혁신적으로 변화된 금융서비스 및 산업을 말합니다. 사용자에게 기존 금융서비스에 비해 쉽고 저렴한 서비스를 제공하고, 빅데이터를 활용하여 개인별 맞춤 서비스를 제공할 수 있는 장점이 있습니다. 핀테크 산업에서 활용되고 있는 서비스와 기술에는 결제, 송금, 자산관리, P2P대출, 크라우드펀딩 등이 있습니다.

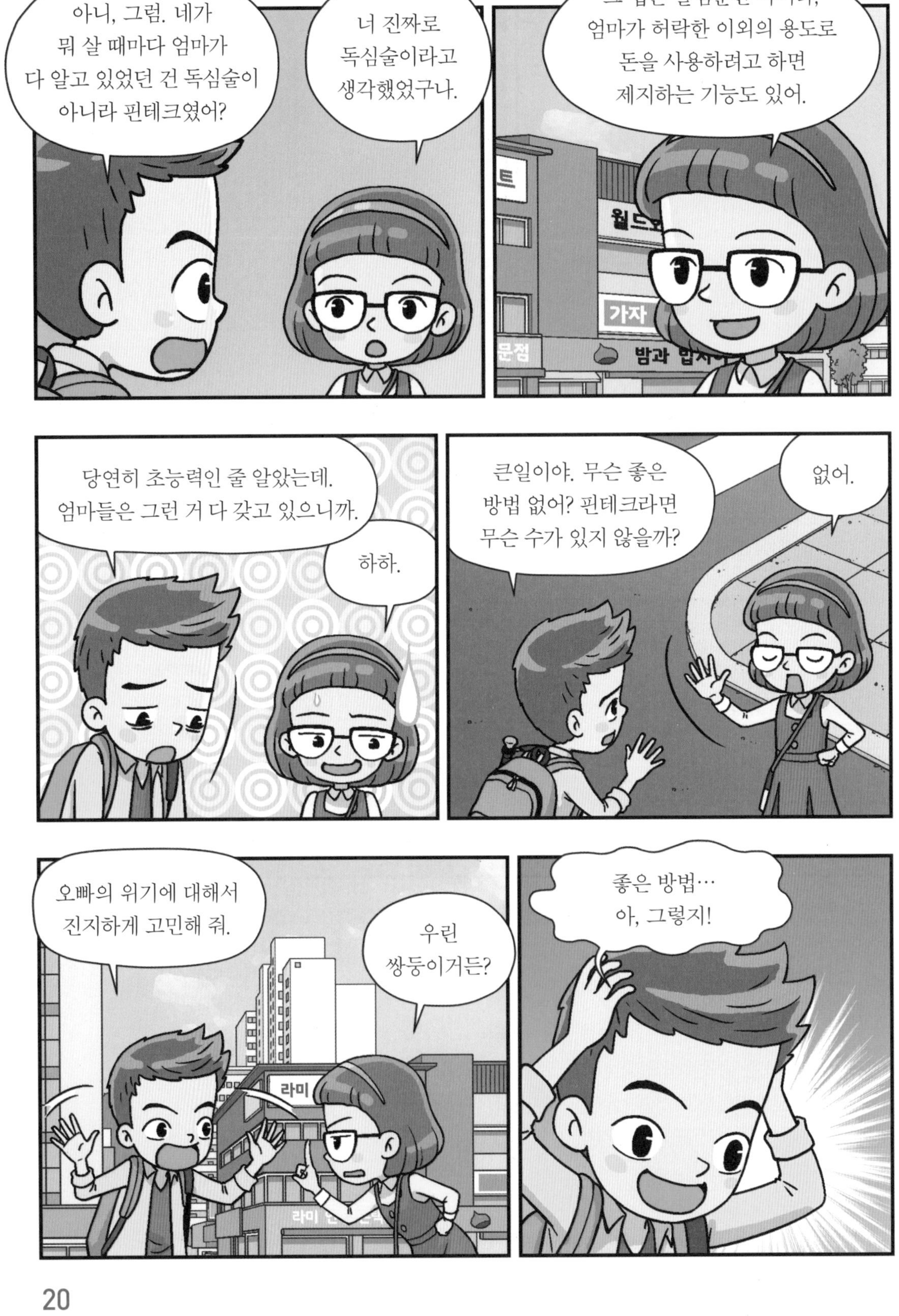
아니, 그럼. 네가 뭐 살 때마다 엄마가 다 알고 있었던 건 독심술이 아니라 핀테크였어?
너 진짜로 독심술이라고 생각했었구나.
그 앱은 알림뿐만 아니라, 엄마가 허락한 이외의 용도로 돈을 사용하려고 하면 제지하는 기능도 있어.
당연히 초능력인 줄 알았는데. 엄마들은 그런 거 다 갖고 있으니까.
하하.
큰일이야. 무슨 좋은 방법 없어? 핀테크라면 무슨 수가 있지 않을까?
없어.
오빠의 위기에 대해서 진지하게 고민해 줘.
우린 쌍둥이거든?
라미
좋은 방법…
아, 그렇지!

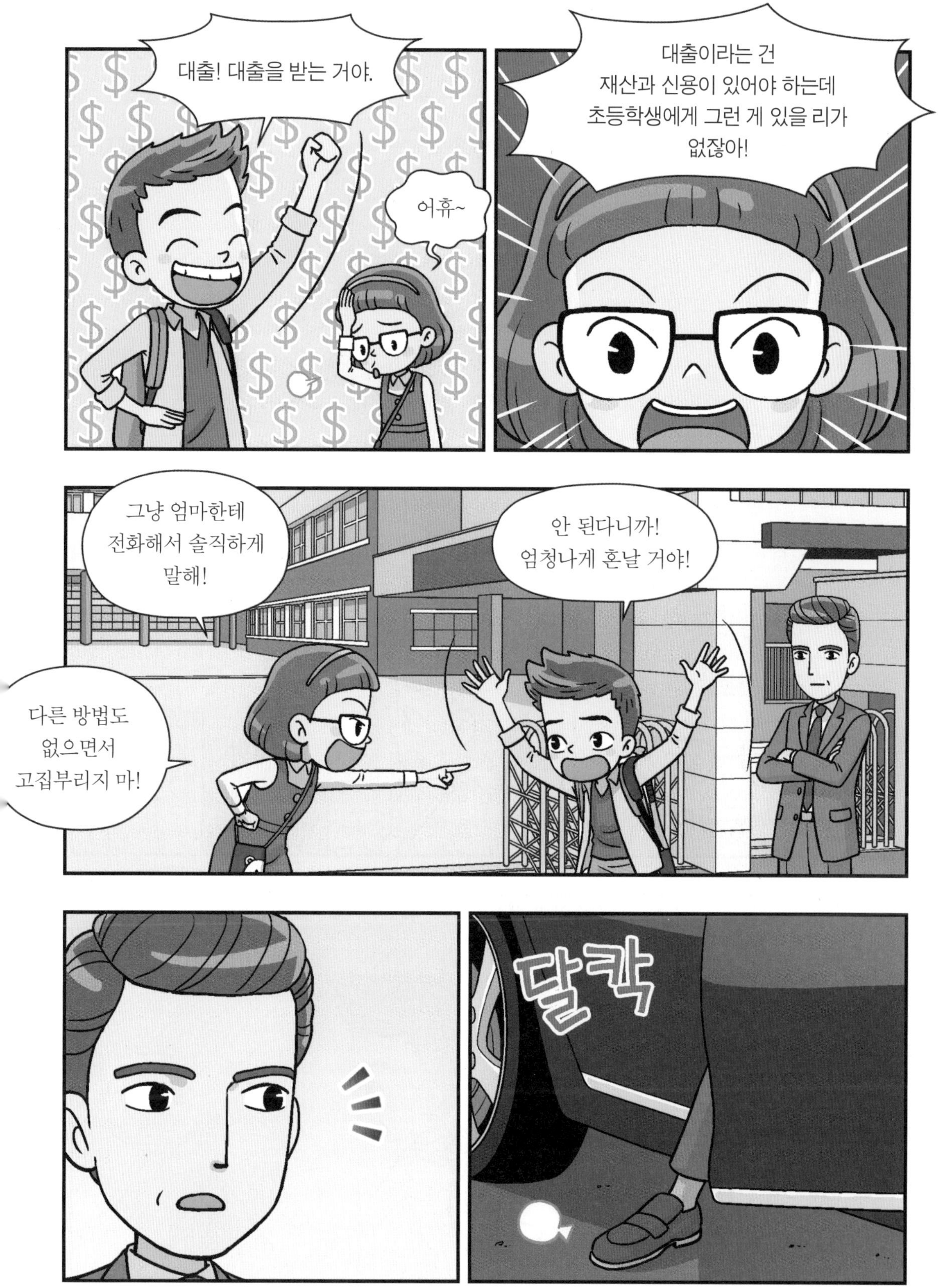
대출! 대출을 받는 거야.
어휴~
대출이라는 건 재산과 신용이 있어야 하는데 초등학생에게 그런 게 있을 리가 없잖아!
그냥 엄마한테 전화해서 솔직하게 말해!
다른 방법도 없으면서 고집부리지 마!
안 된다니까! 엄청나게 혼날 거야!
달칵

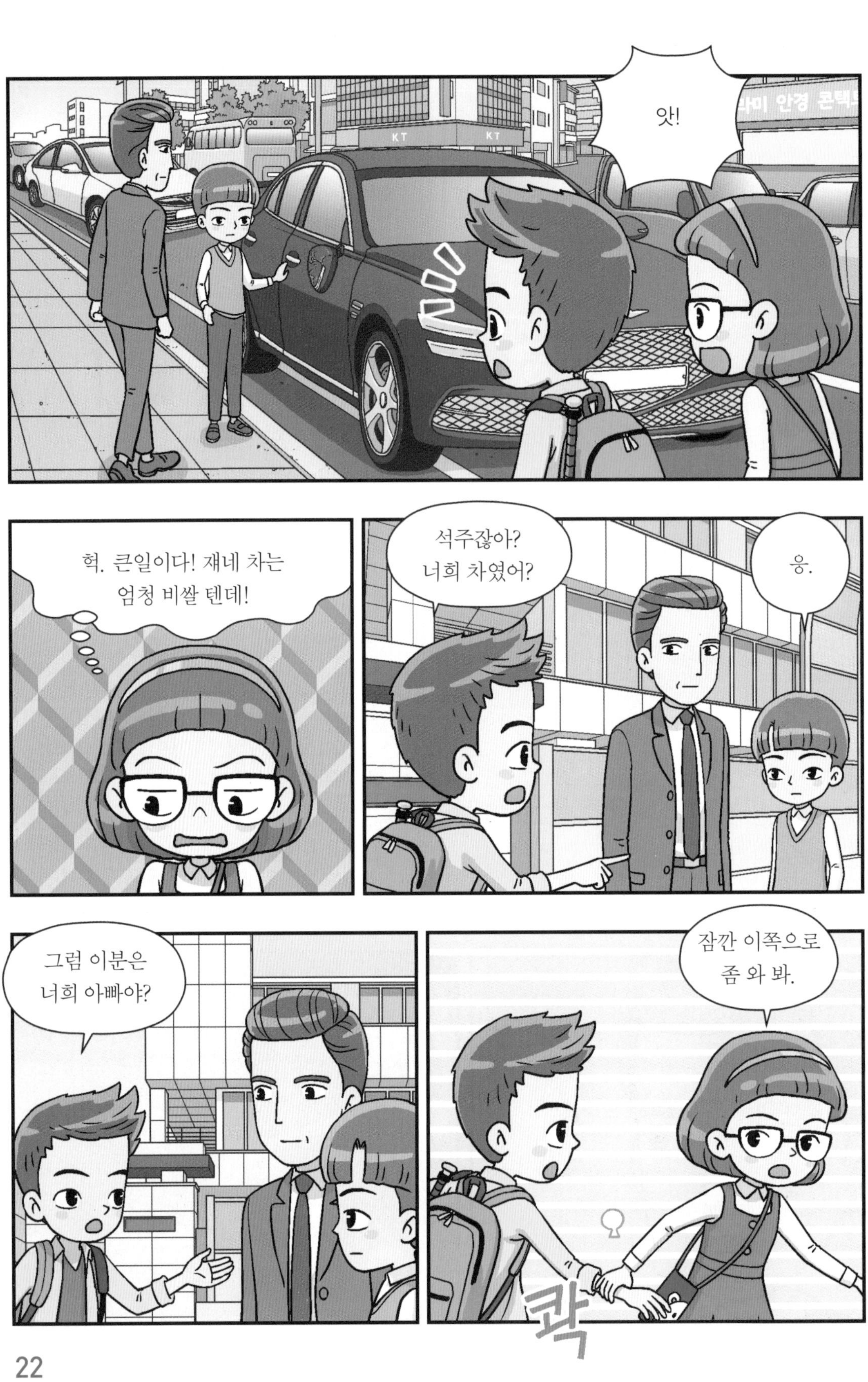

앗!
헉. 큰일이다! 쟤네 차는 엄청 비쌀 텐데!
석주잖아? 너희 차였어?
응.
그럼 이분은 너희 아빠야?
잠깐 이쪽으로 좀 와 봐.
콱

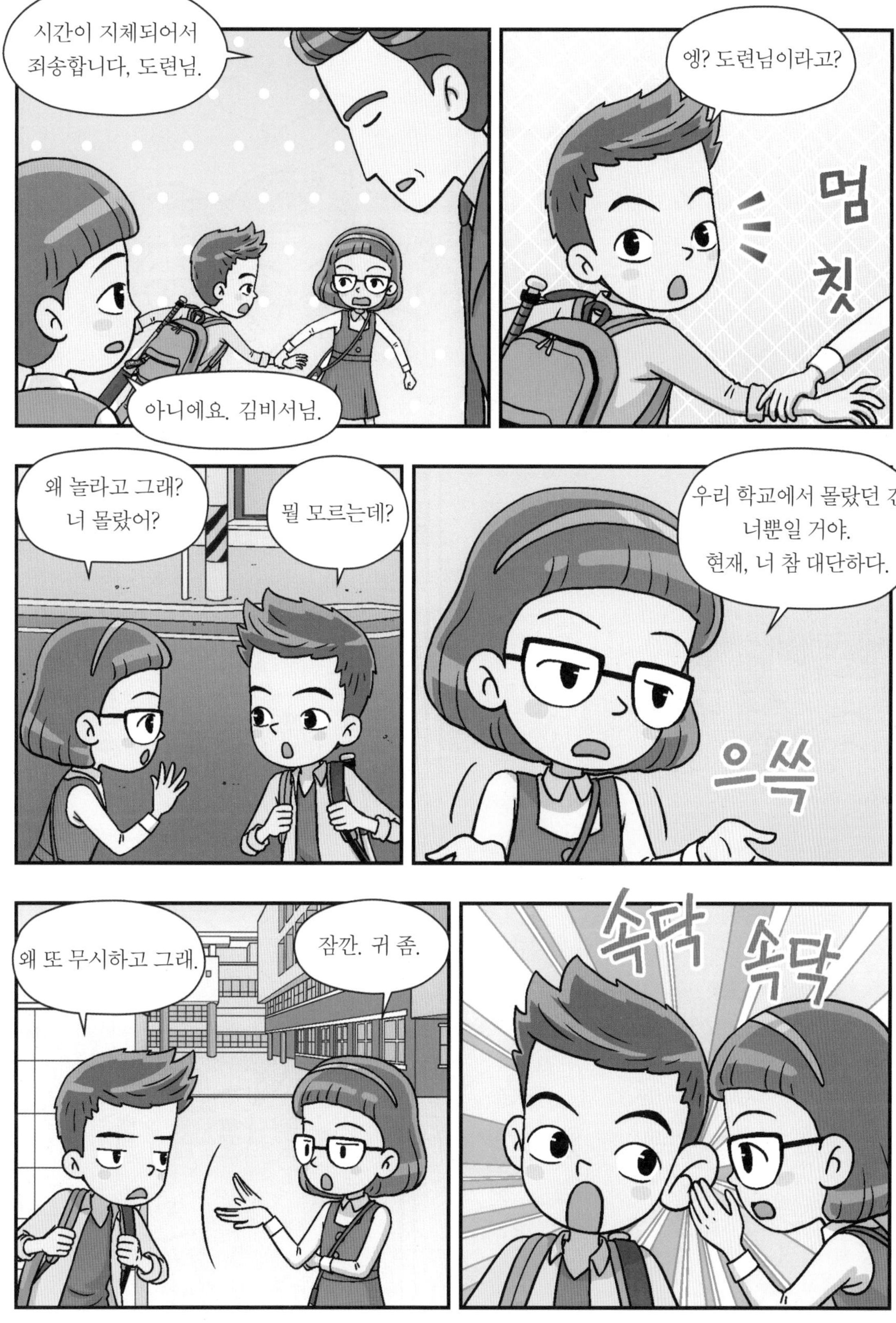
시간이 지체되어서 죄송합니다, 도련님.
아니에요. 김비서님.
엥? 도련님이라고?
멈칫
왜 놀라고 그래? 너 몰랐어?
뭘 모르는데?
우리 학교에서 몰랐던 건 너뿐일 거야. 현재, 너 참 대단하다.
으쓱
왜 또 무시하고 그래.
잠깐. 귀 좀.
속닥 속닥

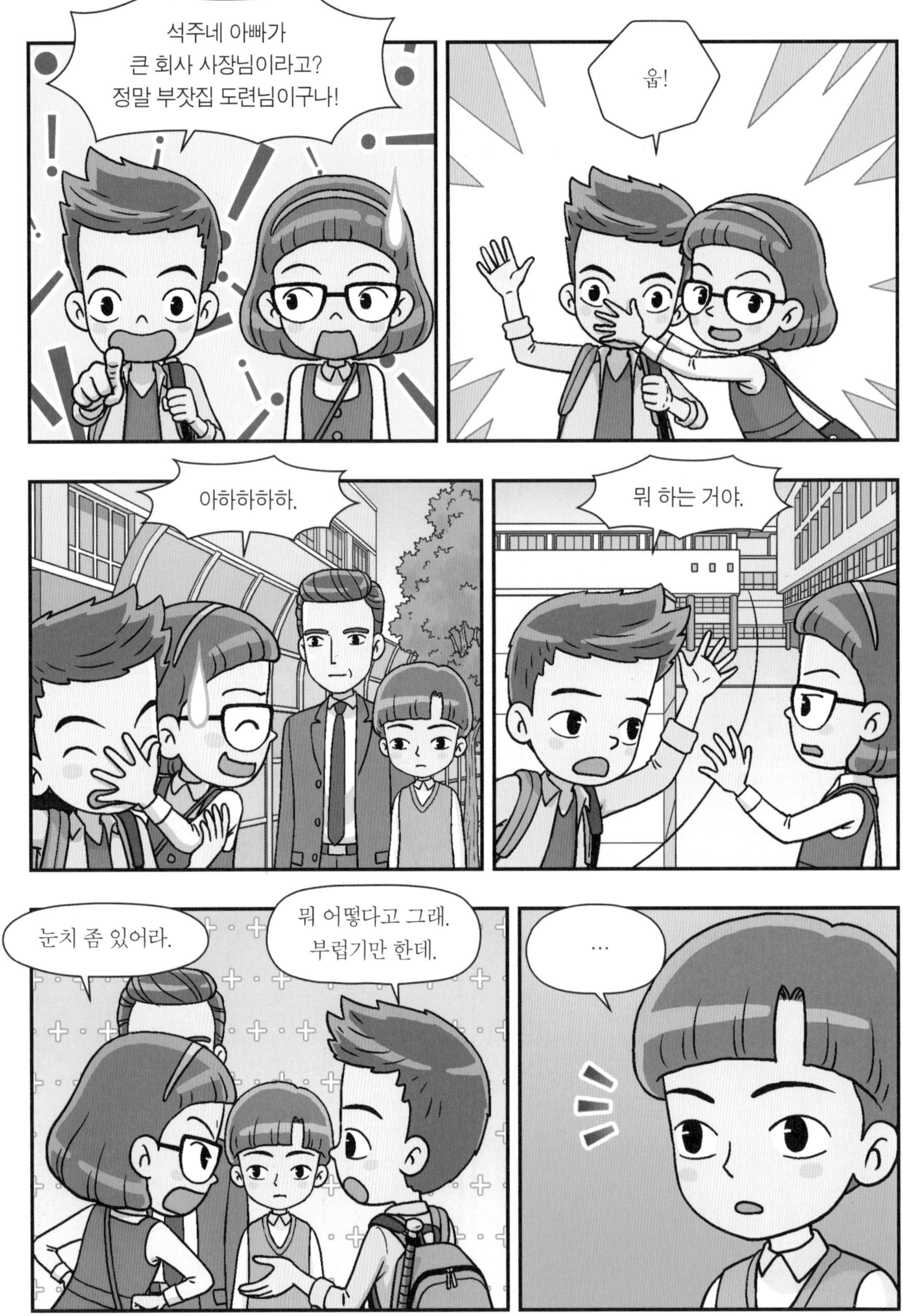
석주네 아빠가
큰 회사 사장님이라고?
정말 부잣집 도련님이구나!
읍!
아하하하하.
뭐 하는 거야.
눈치 좀 있어라.
뭐 어떻다고 그래.
부럽기만 한데.
…

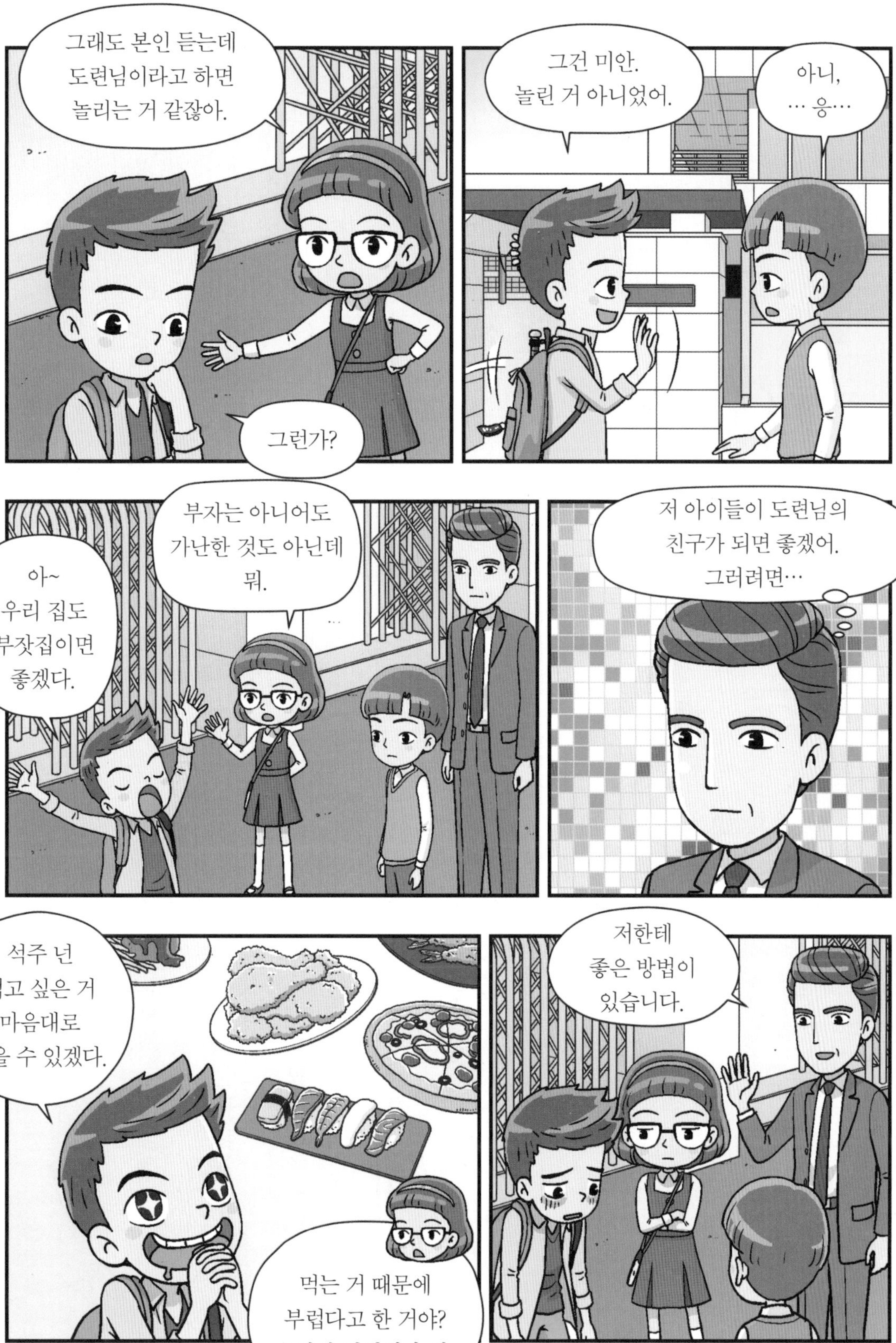

그래도 본인 듣는데 도련님이라고 하면 놀리는 거 같잖아.
그런가?
그건 미안. 놀린 거 아니었어.
아니, … 응…
부자는 아니어도 가난한 것도 아닌데 뭐.
아~ 우리 집도 부잣집이면 좋겠다.
저 아이들이 도련님의 친구가 되면 좋겠어. 그러려면…
석주 넌 먹고 싶은 거 마음대로 먹을 수 있겠다.
먹는 거 때문에 부럽다고 한 거야? 수리비 걱정이나 해.
저한테 좋은 방법이 있습니다.

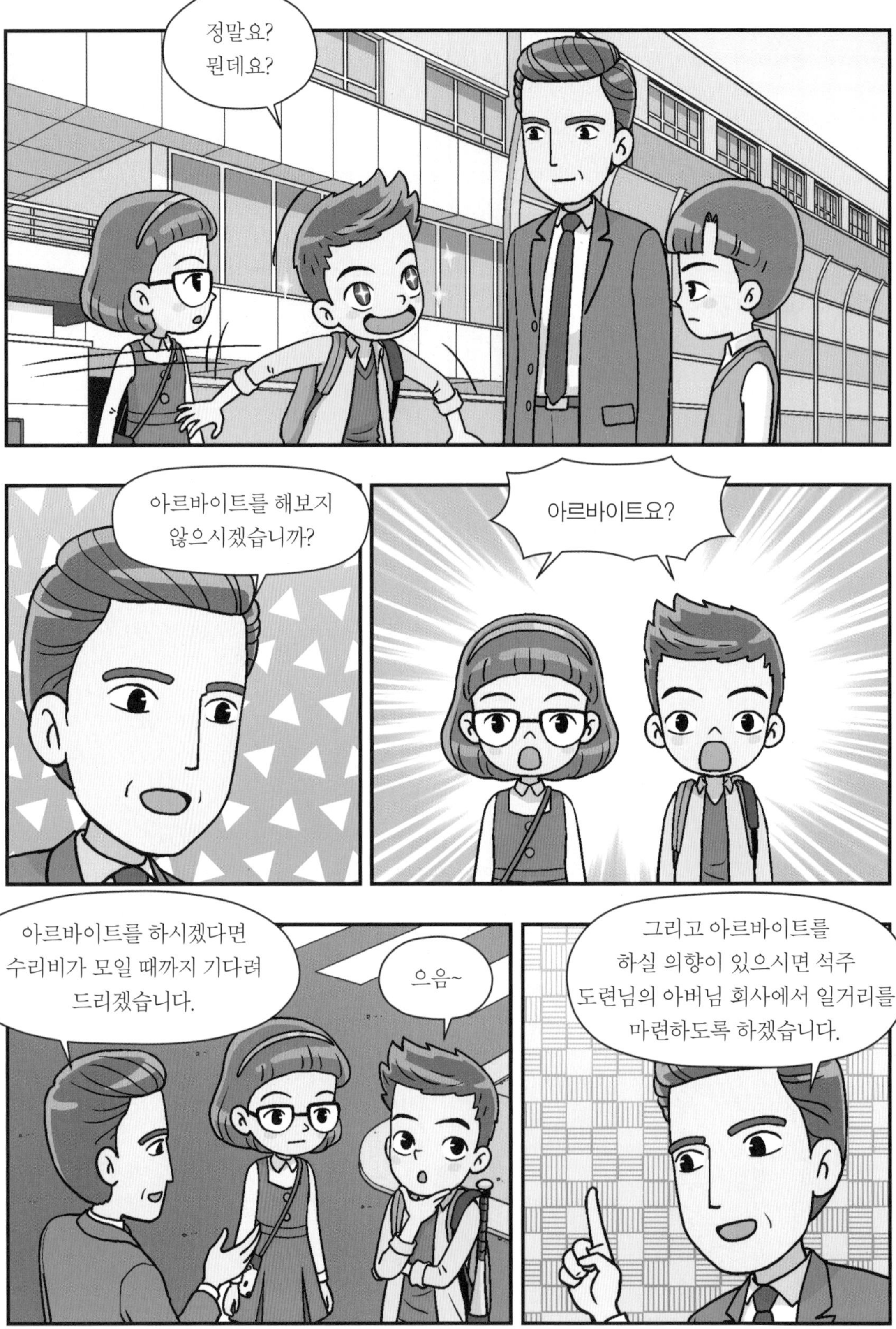
정말요?
뭔데요?
아르바이트를 해보지 않으시겠습니까?
아르바이트요?
아르바이트를 하시겠다면 수리비가 모일 때까지 기다려 드리겠습니다.
으음~
그리고 아르바이트를 하실 의향이 있으시면 석주 도련님의 아버님 회사에서 일거리를 마련하도록 하겠습니다.

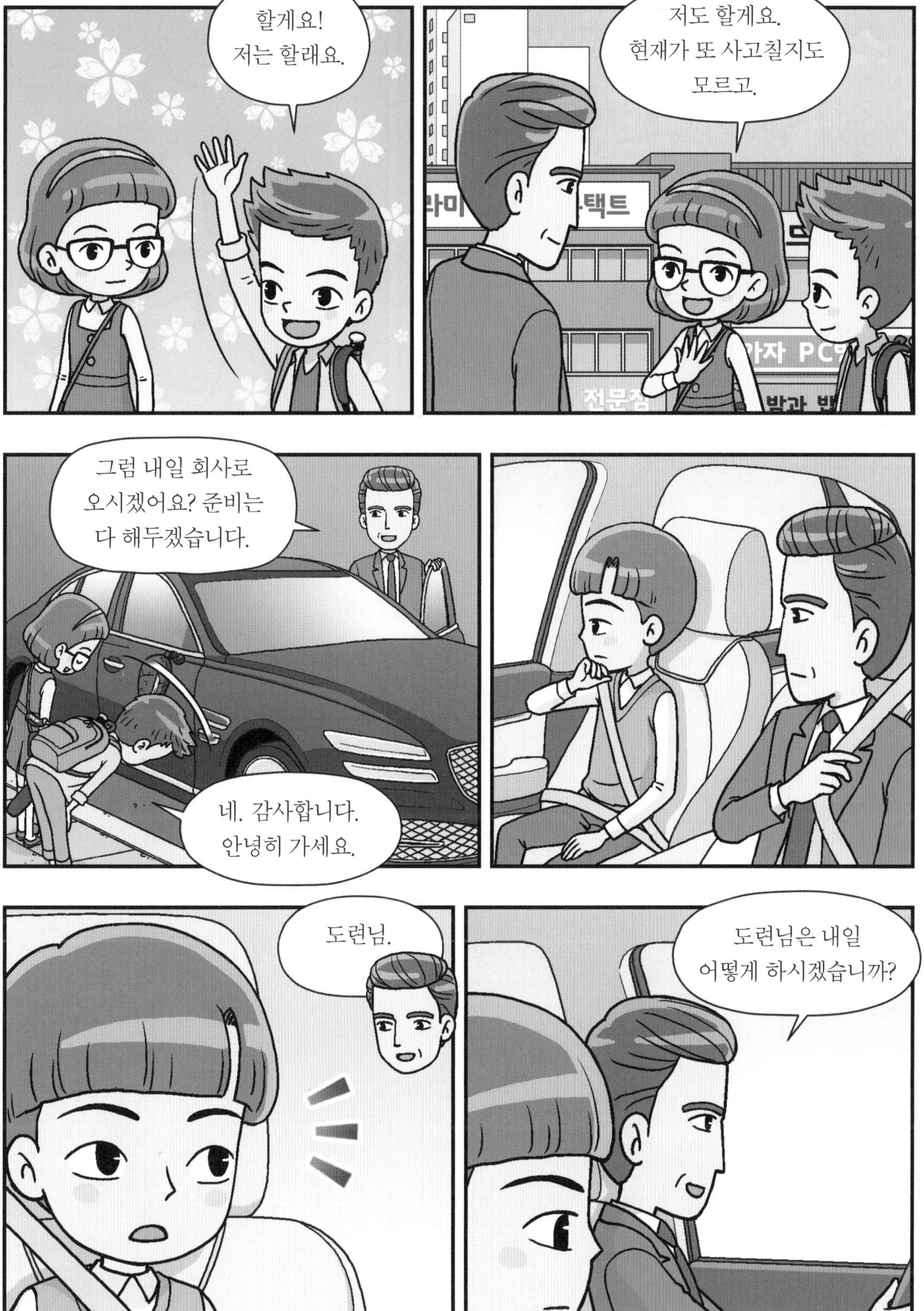
할게요!
저는 할래요.
저도 할게요.
현재가 또 사고칠지도
모르고.
그럼 내일 회사로
오시겠어요? 준비는
다 해두겠습니다.
네. 감사합니다.
안녕히 가세요.
도련님.
도련님은 내일
어떻게 하시겠습니까?

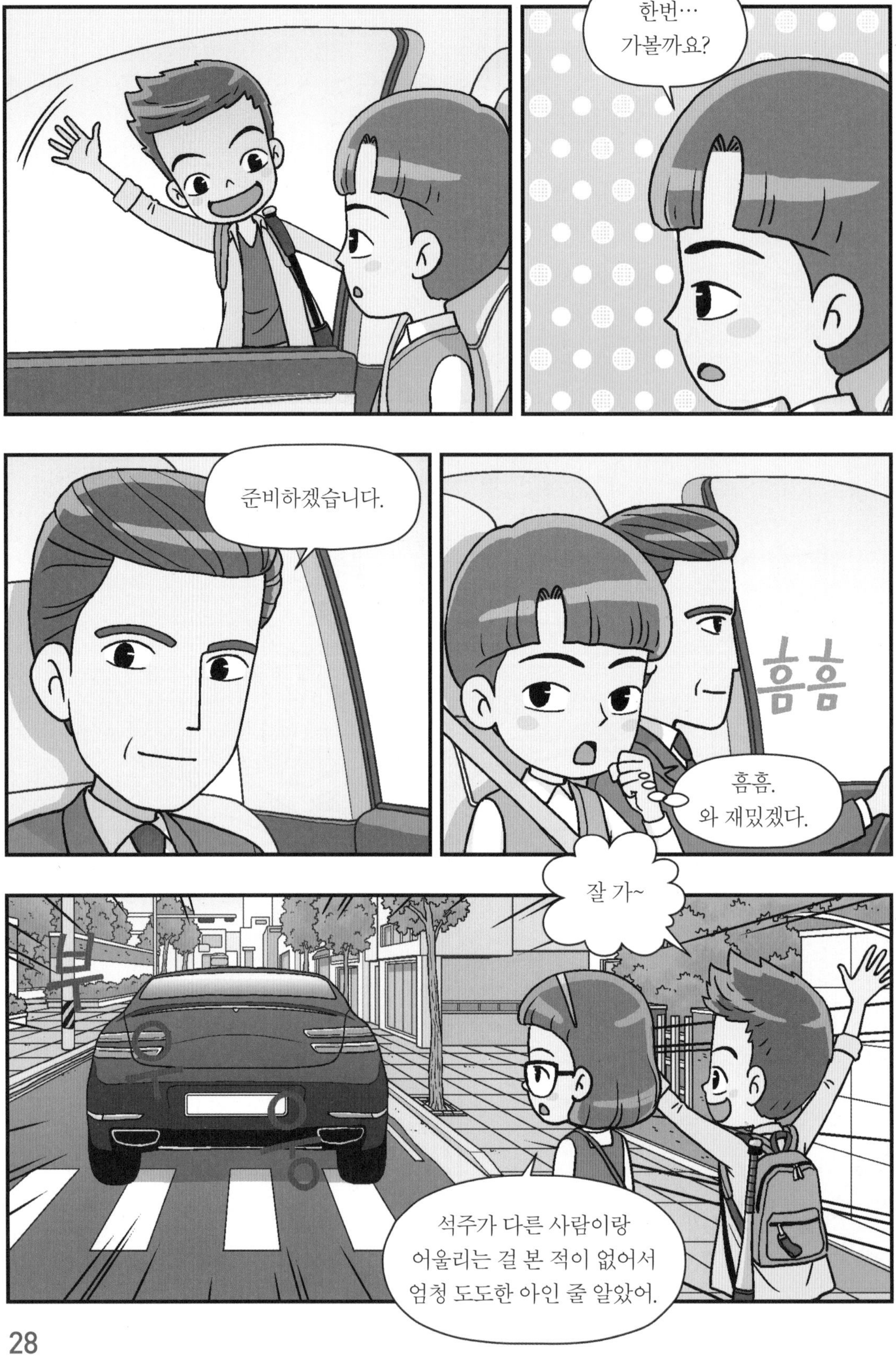
한번…
가볼까요?
준비하겠습니다.
흠흠
흠흠.
와 재밌겠다.
잘 가~
부우웅
석주가 다른 사람이랑
어울리는 걸 본 적이 없어서
엄청 도도한 아인 줄 알았어.

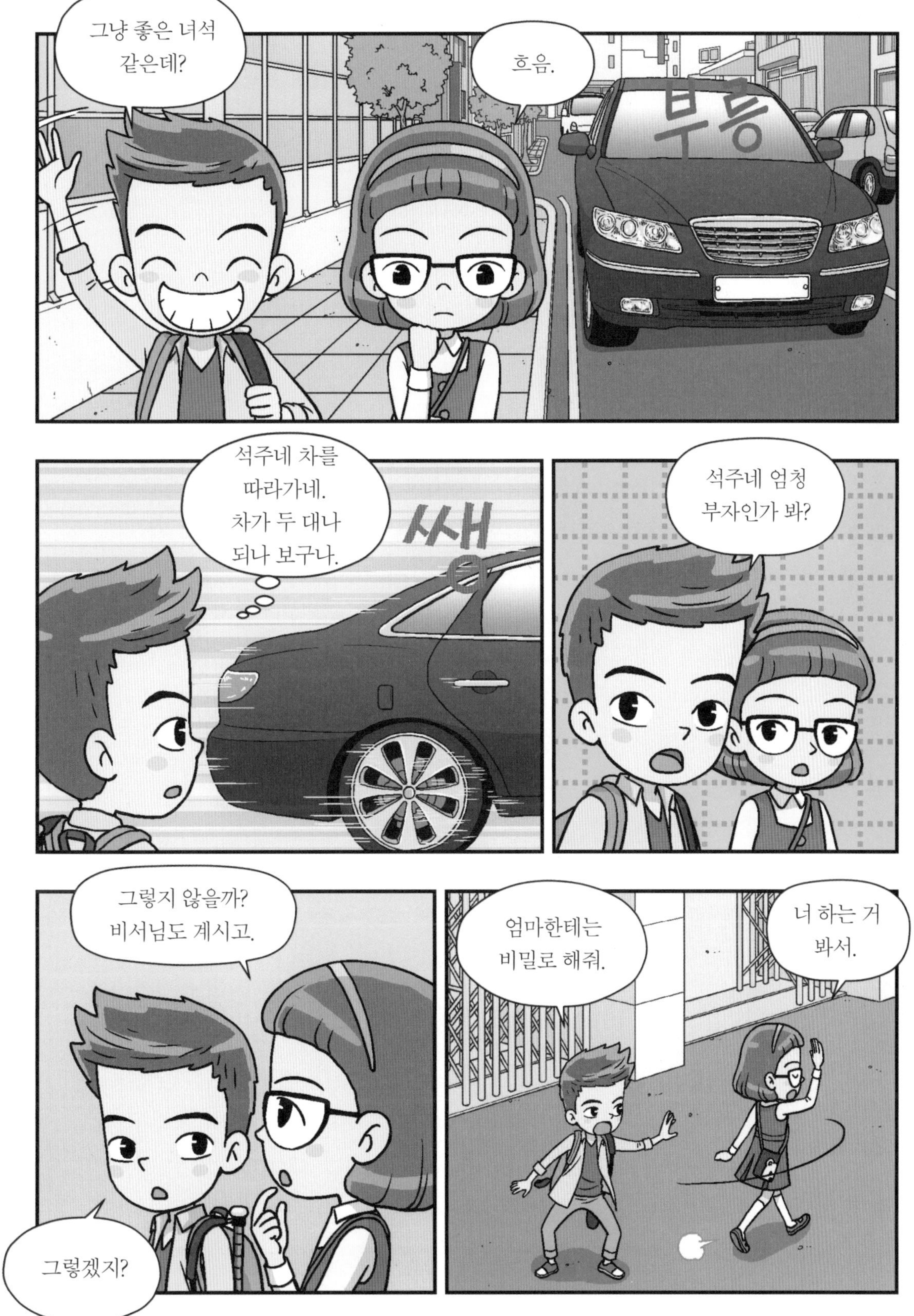
그냥 좋은 녀석
같은데?
흐음.
부릉
석주네 차를
따라가네.
차가 두 대나
되나 보구나.
쌔앵
석주네 엄청
부자인가 봐?
그렇지 않을까?
비서님도 계시고.
그렇겠지?
엄마한테는
비밀로 해줘.
너 하는 거
봐서.

핀테크의 정의

금융에 IT 기술을 더한 핀테크는 전 세계적으로 확산되고 있어요. 핀테크 덕분에 다른 나라 간 온라인과 모바일을 통한 금융거래가 늘고 있고 무역과 산업 발전에도 큰 영향을 미치고 있어요. 핀테크가 무엇인지 알아볼까요?

핀테크(FinTech)는 금융(Finance)과 기술(Technology)의 합성어로 금융서비스와 정보기술(IT)이 융합하여 금융서비스 및 산업에 변화를 일으킨 것을 의미해요. 즉 금융과 정보기술이 결합한 서비스 또는 그런 서비스를 제공하는 기술을 가리키는 말이에요.

핀테크가 생겨나면서 금융서비스는 모바일, SNS, 빅데이터 등 새로운 IT기술을 활용해 기존 금융기법과 차별화되는 금융서비스를 제공하고 있어요. 예를 들어 모바일뱅킹과 앱카드가 있어요. 산업적 측면에서 살펴보면 비금융기업이 자사가 가진 기술을 활용하여 지급결제와 같은 금융서비스를 사용자에게 직접 제공하는 것인데요. 네이버페이, 삼성페이 등 우리 주변에서 흔히 찾아볼 수 있는 결제서비스들이 바로 그것이에요.

핀테크는 크게 네 가지 영역에서 발전되어 왔어요. 그 영역은 지급결제, 금융데이터 분석, 금융소프트웨어, 플랫폼 등이에요.

① 지급결제

지급결제는 페이팔, 삼성페이, 네이버페이, 카카오페이 등 핀테크 회사의 등장부터 모바일 간편결제서비스, 앱 기반 간편결제서비스와 같은 다양한 서비스가 개발되어 발전하고 있어요. 지급결제서비스는 편리한 결제서비스를 제공하여 사용자를 모으고, 그 사용자를 결제서비스가 필요한 사업자에게 내주면서 수수료를 받는 시스템인데요. 온라인과 모바일 환경에서 사용자가 쉽고 편리하게 쓸 서비스를 만드는 일을 하는 IT 기업들의 업무와 비슷하기 때문에 많은 IT 기업이 지급결제 분야의 기술을 개발하고 서비스를 이끌고 있어요. 이런 IT 기업이 이끄는 핀테크를 테크핀이라고도 말해요.

② 금융데이터 분석

기존에는 고객의 금융거래를 바탕으로 신용도를 파악했어요. 그러나 핀테크가 등장하면서 금융거래 내역이 없어도 몇 가지 설문조사에만 답하면 신용도를 평가받을 수 있게 됐어요. 실제로 한 소액대출회사는 SNS 활동내역과 인터넷 활동내역을 바탕으로 대출 이자율을 계산해 금융거래내역이 없는 소상공인에게 돈을 빌려주기도 합니다.

③ 금융소프트웨어

금융소프트웨어는 금융업무를 더 효율적으로 만드는 소프트웨어를 제공하는 것이에요. 금융소프트웨어 덕분에 금융리스크 관리를 더 효율적으로 할 수 있어요. 예를 들어 한국에서만 사용되던 카드가 갑자기 미국에서 사용된다면 이는 기존 거래 패턴에서 벗어나는 거래이므로 사기 거래로 의심하여 리스크를 관리하도록 돕는 것입니다. 리스크 관리 외에도 자산관리와 회계관리 등과 같은 소프트웨어도 있어요.

④ 플랫폼

플랫폼은 금융기관을 중개기관으로 두지 않고 전 세계 고객이 자유롭게 금융거래를 할 수 있도록 기반을 제공해요. 플랫폼은 기존 은행에서 하는 일을 온라인 플랫폼에서 처리한다는 점에서 차이를 가져요. 또한 고객 동의를 받아 여러 금융기관에 흩어진 금융자산 정보를 한 곳에 모아 관리할 수 있도록 해줘요.

아르바이트를 하자!

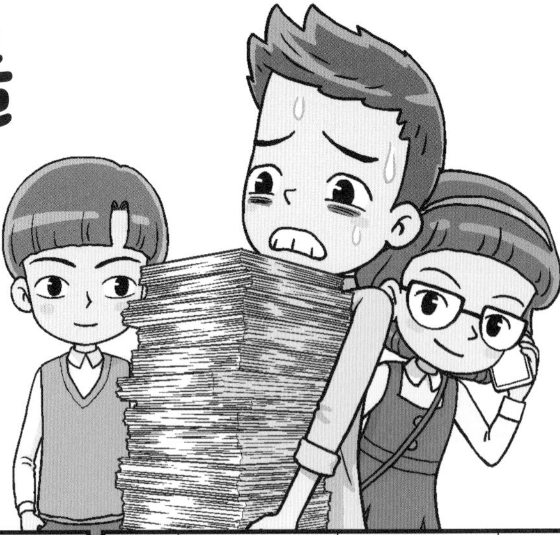

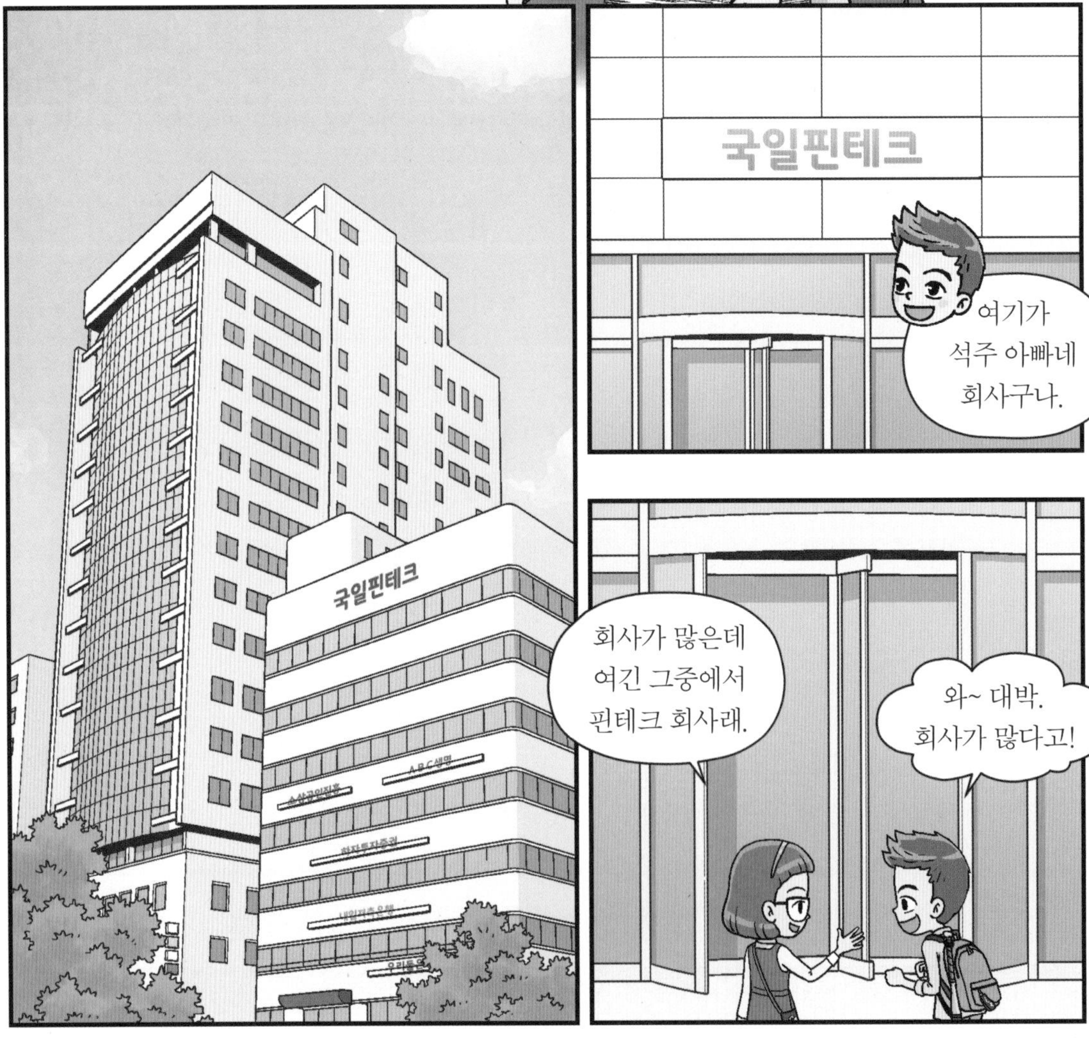
국일핀테크
국일핀테크
여기가 석주 아빠네 회사구나.
회사가 많은데 여긴 그중에서 핀테크 회사래.
와~ 대박. 회사가 많다고!

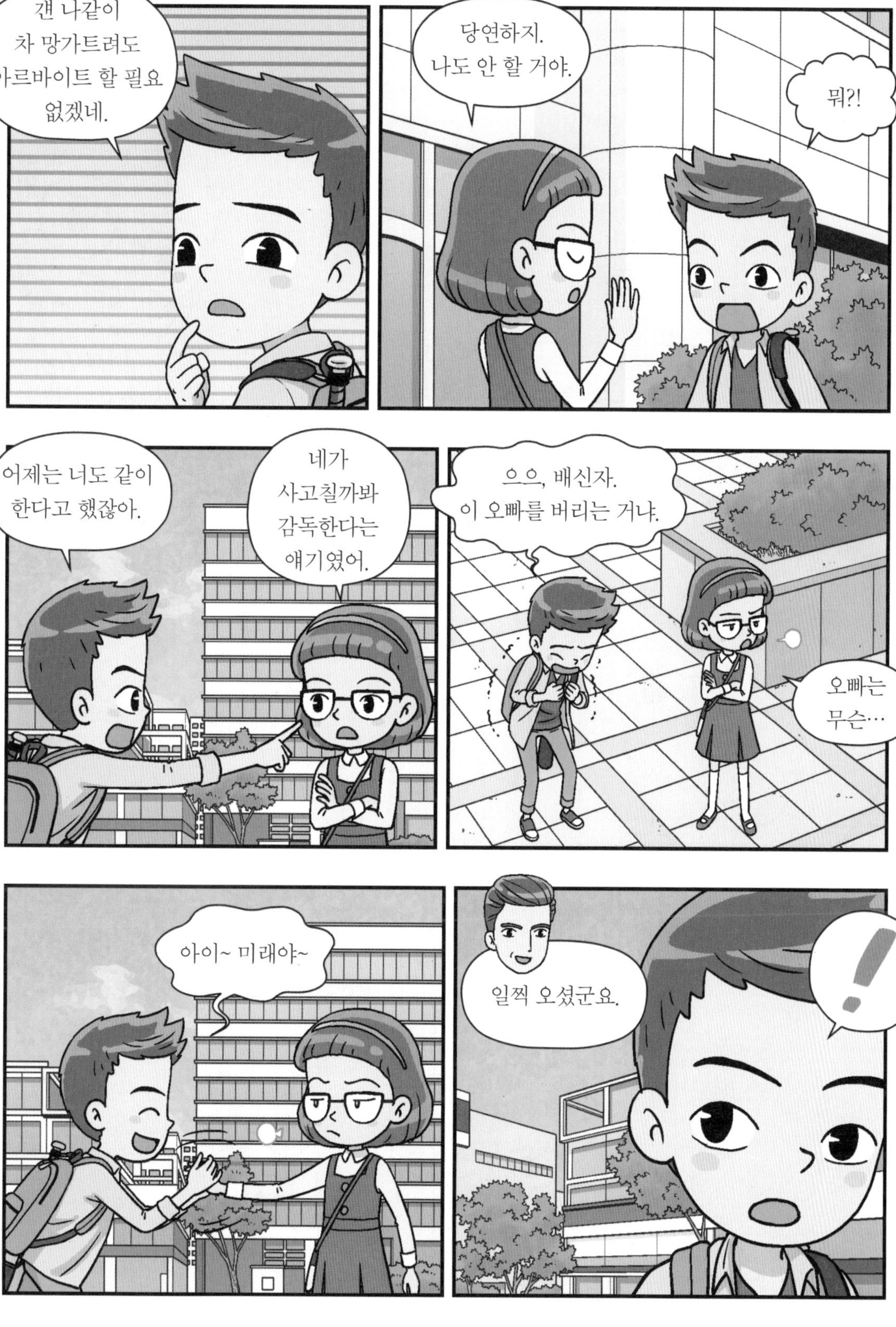
걘 나같이 차 망가트려도 아르바이트 할 필요 없겠네.
당연하지. 나도 안 할 거야.
뭐?!
어제는 너도 같이 한다고 했잖아.
네가 사고칠까봐 감독한다는 얘기였어.
으으, 배신자. 이 오빠를 버리는 거냐.
오빠는 무슨…
아이~ 미래야~
일찍 오셨군요.
!

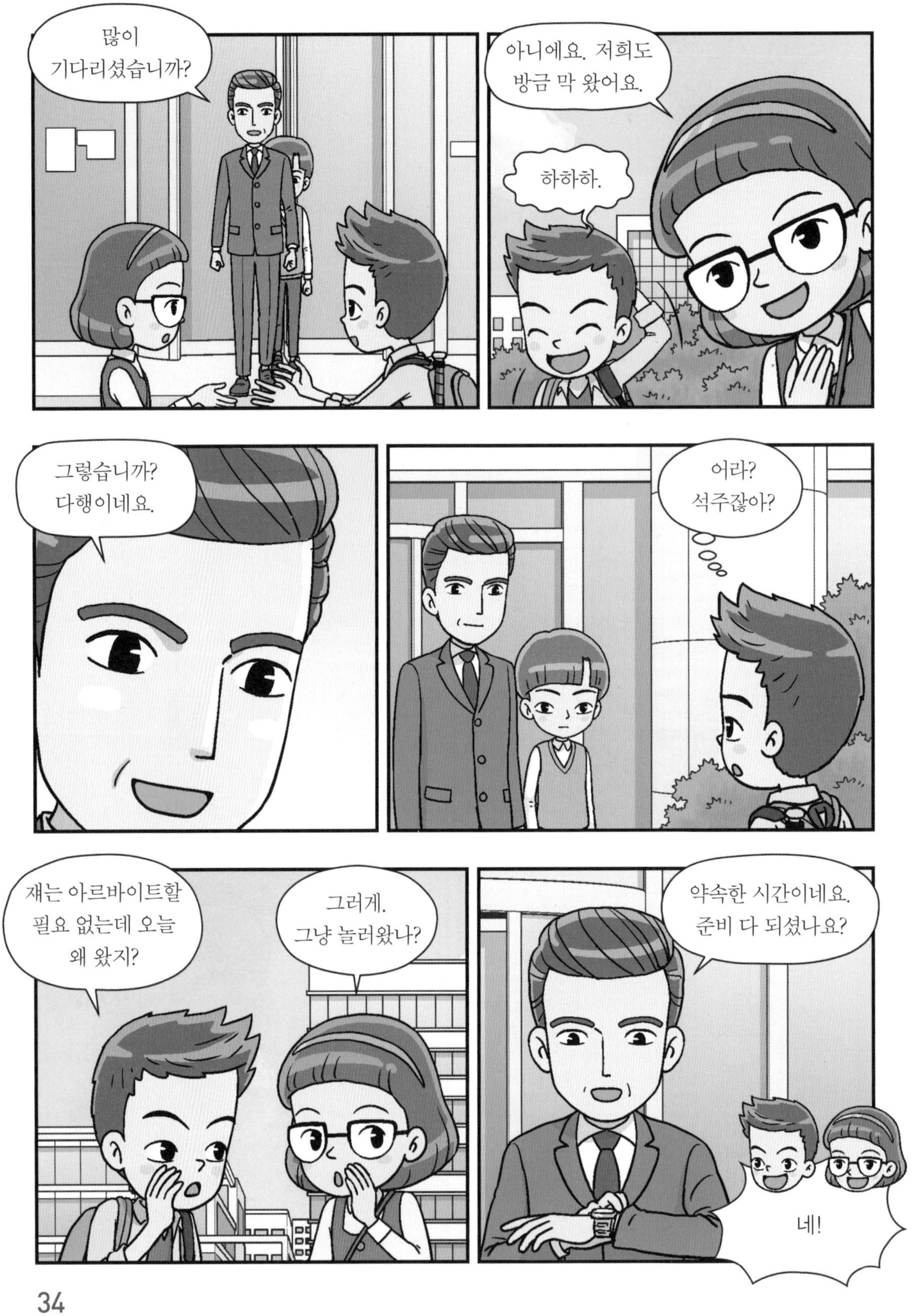
많이
기다리셨습니까?
아니에요. 저희도
방금 막 왔어요.
하하하.
그렇습니까?
다행이네요.
어라?
석주잖아?
쟤는 아르바이트할
필요 없는데 오늘
왜 왔지?
그러게.
그냥 놀러왔나?
약속한 시간이네요.
준비 다 되셨나요?
네!

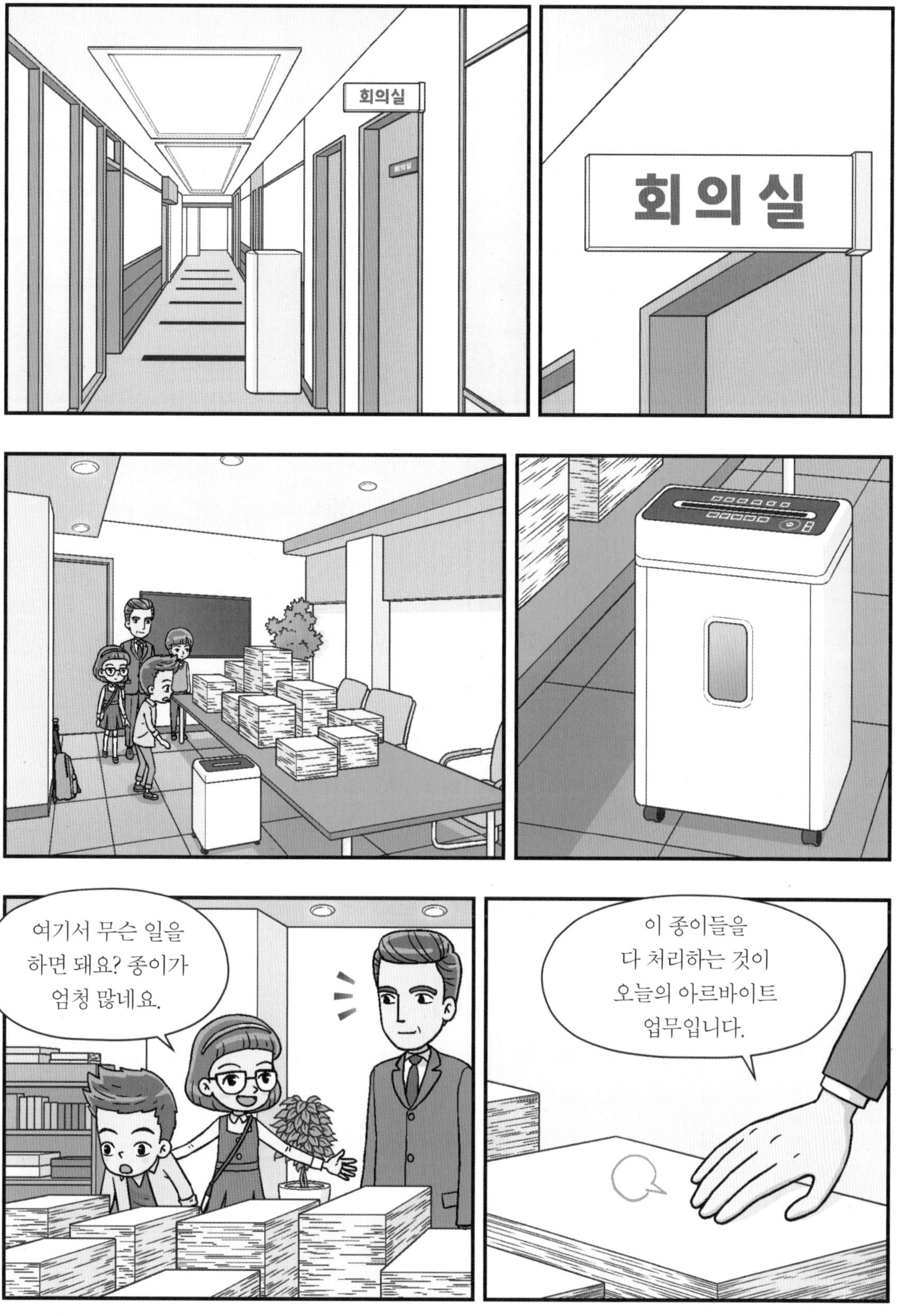

회의실
회의실
회의실
여기서 무슨 일을 하면 돼요? 종이가 엄청 많네요.
이 종이들을 다 처리하는 것이 오늘의 아르바이트 업무입니다.

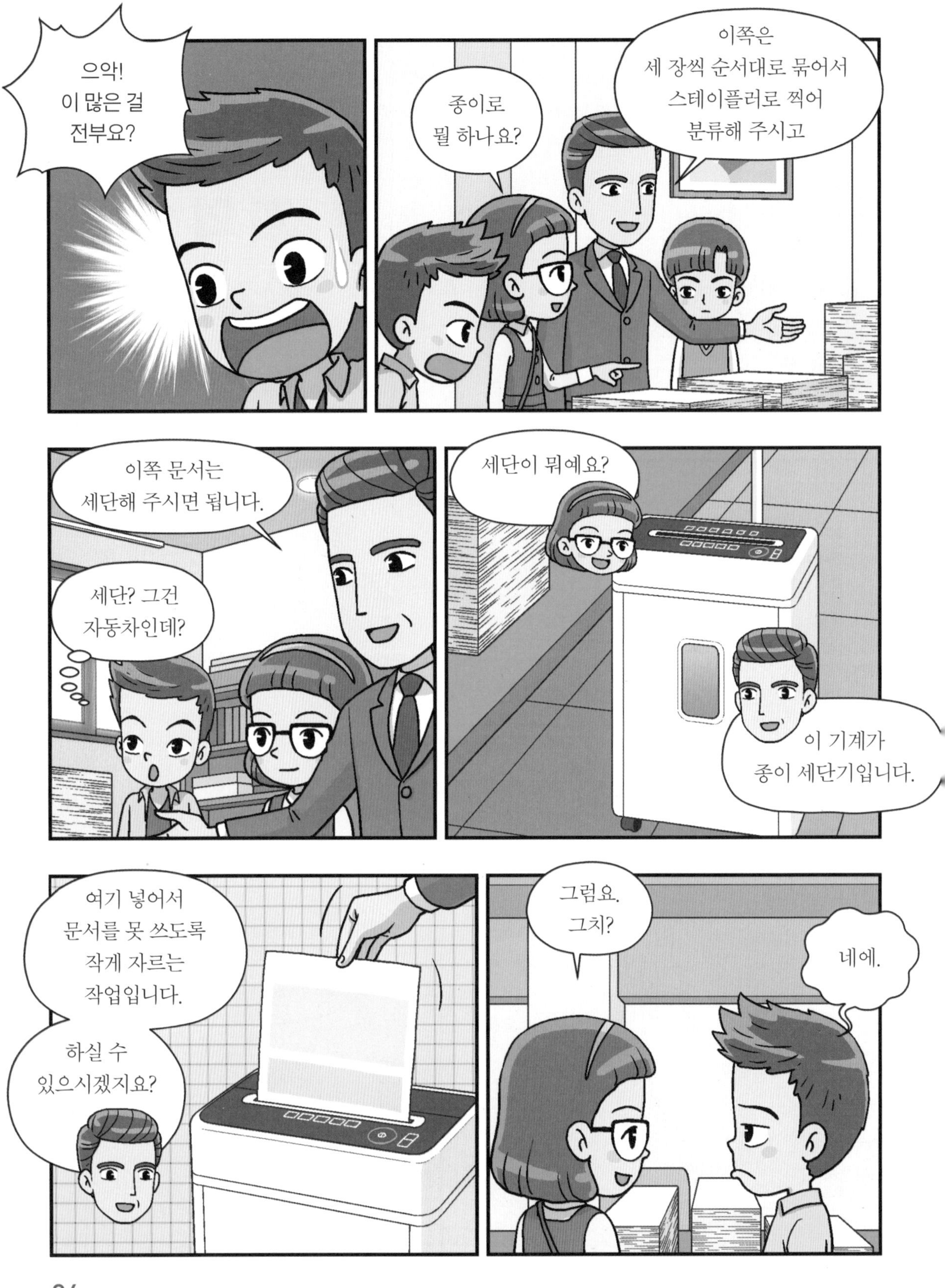
으악!
이 많은 걸
전부요?
종이로
뭘 하나요?
이쪽은
세 장씩 순서대로 묶어서
스테이플러로 찍어
분류해 주시고
이쪽 문서는
세단해 주시면 됩니다.
세단? 그건
자동차인데?
세단이 뭐예요?
이 기계가
종이 세단기입니다.
여기 넣어서
문서를 못 쓰도록
작게 자르는
작업입니다.
하실 수
있으시겠지요?
그럼요.
그치?
네에.

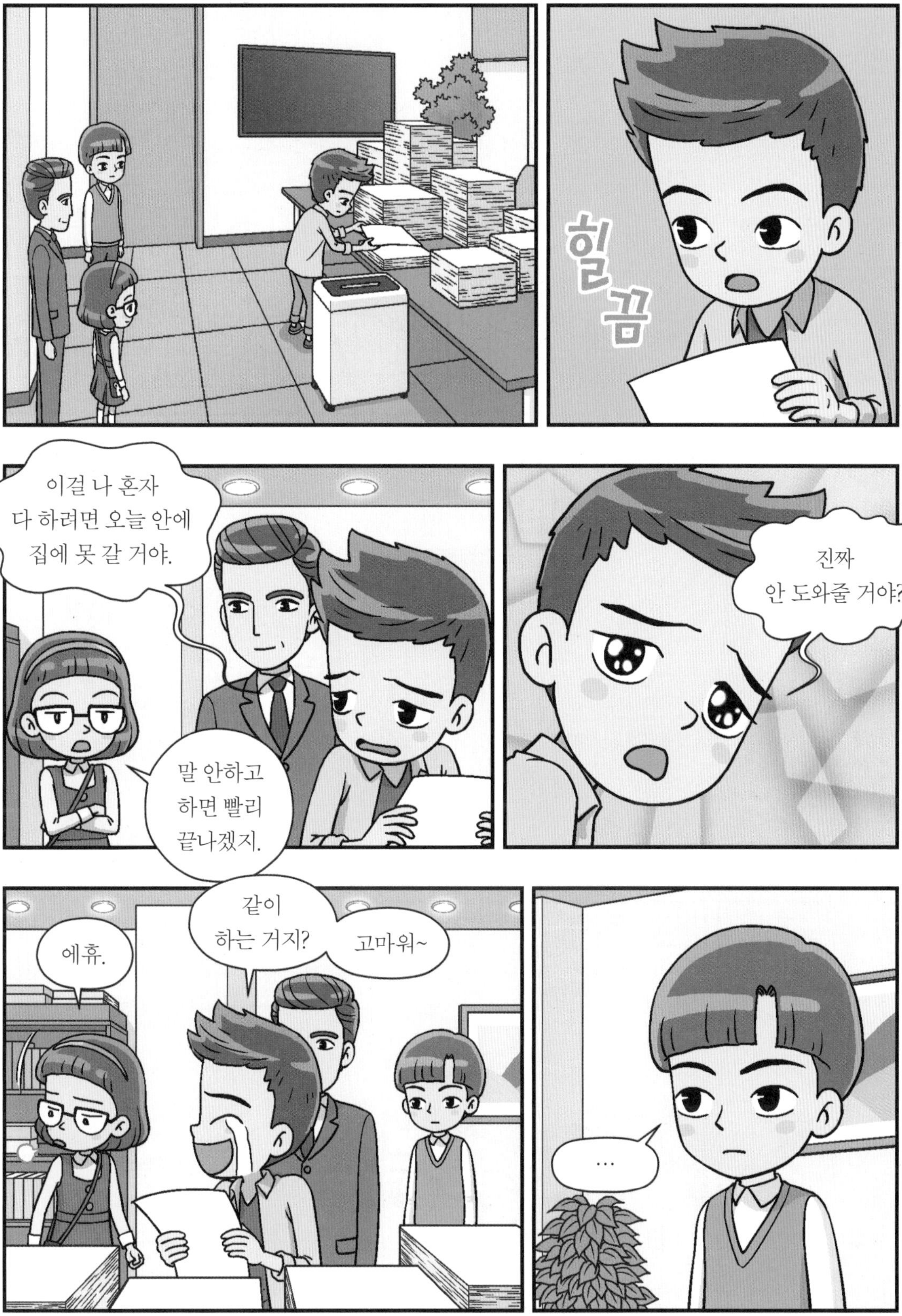

힐끔
이걸 나 혼자 다 하려면 오늘 안에 집에 못 갈 거야.
말 안하고 하면 빨리 끝나겠지.
진짜 안 도와줄 거야?
에휴.
같이 하는 거지?
고마워~
…

여긴 내가 할 테니까 너는 세단하는 것만 해.

똑똑한 동생이 있어서 오빠는 행복해.

미래야. 오늘은 오빠라고 안 불러도 돼.

다른 날도 그렇게 부를 생각 전혀 없어.

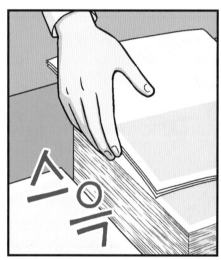

스윽

어?

쿡

어? 네가 왜 일을 해?

맞아. 그냥 보고 있어도 돼.

그… 그건…

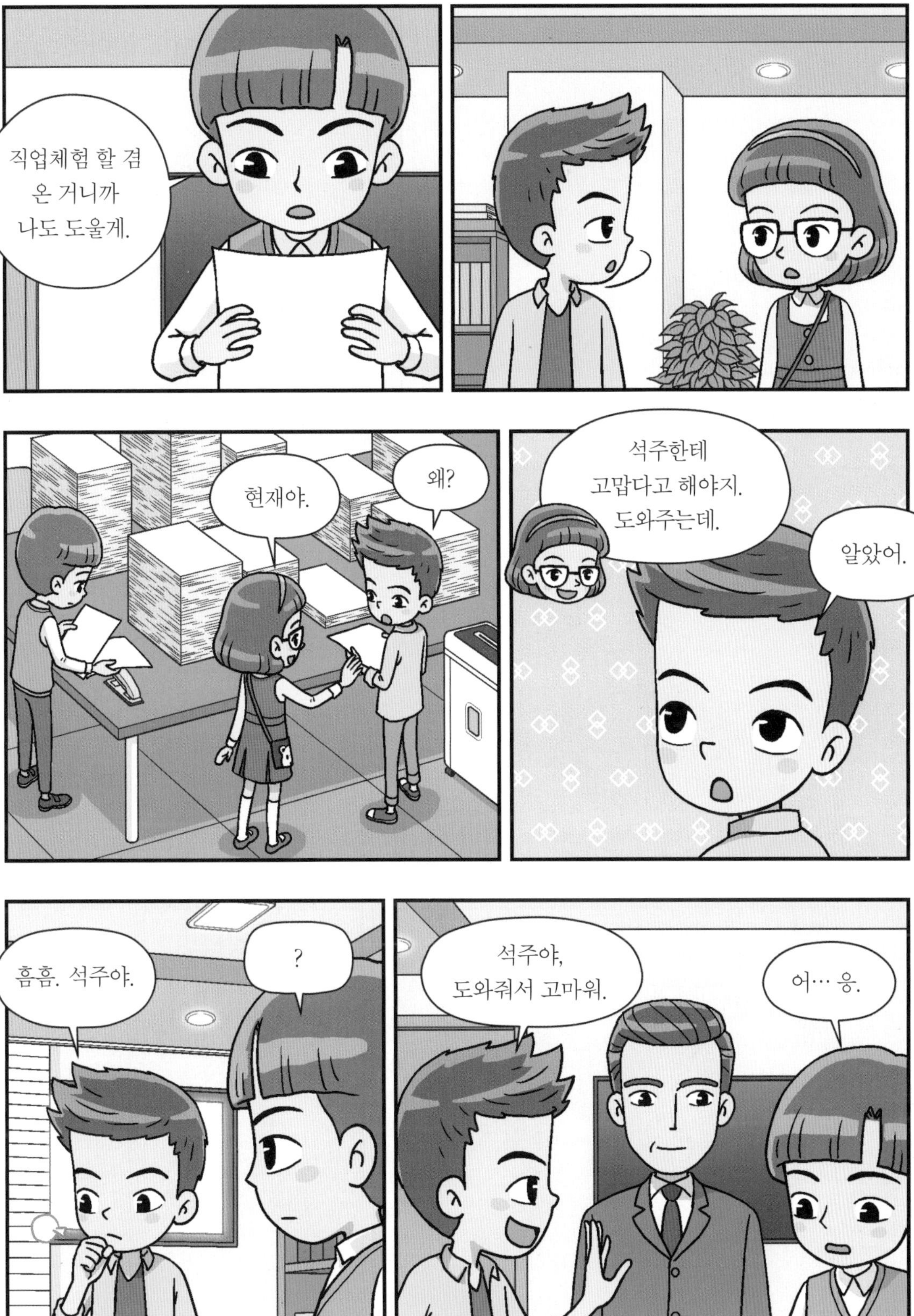
직업체험 할 겸
온 거니까
나도 도울게.
현재야.
왜?
석주한테
고맙다고 해야지.
도와주는데.
알았어.
흠흠. 석주야.
?
석주야,
도와줘서 고마워.
어… 응.

몇 시간 후

국일핀테크

끝났다!

회 의 실

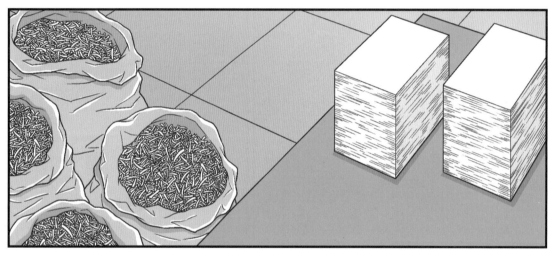

다 했다~

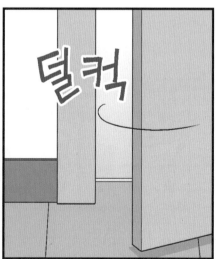

덜컥

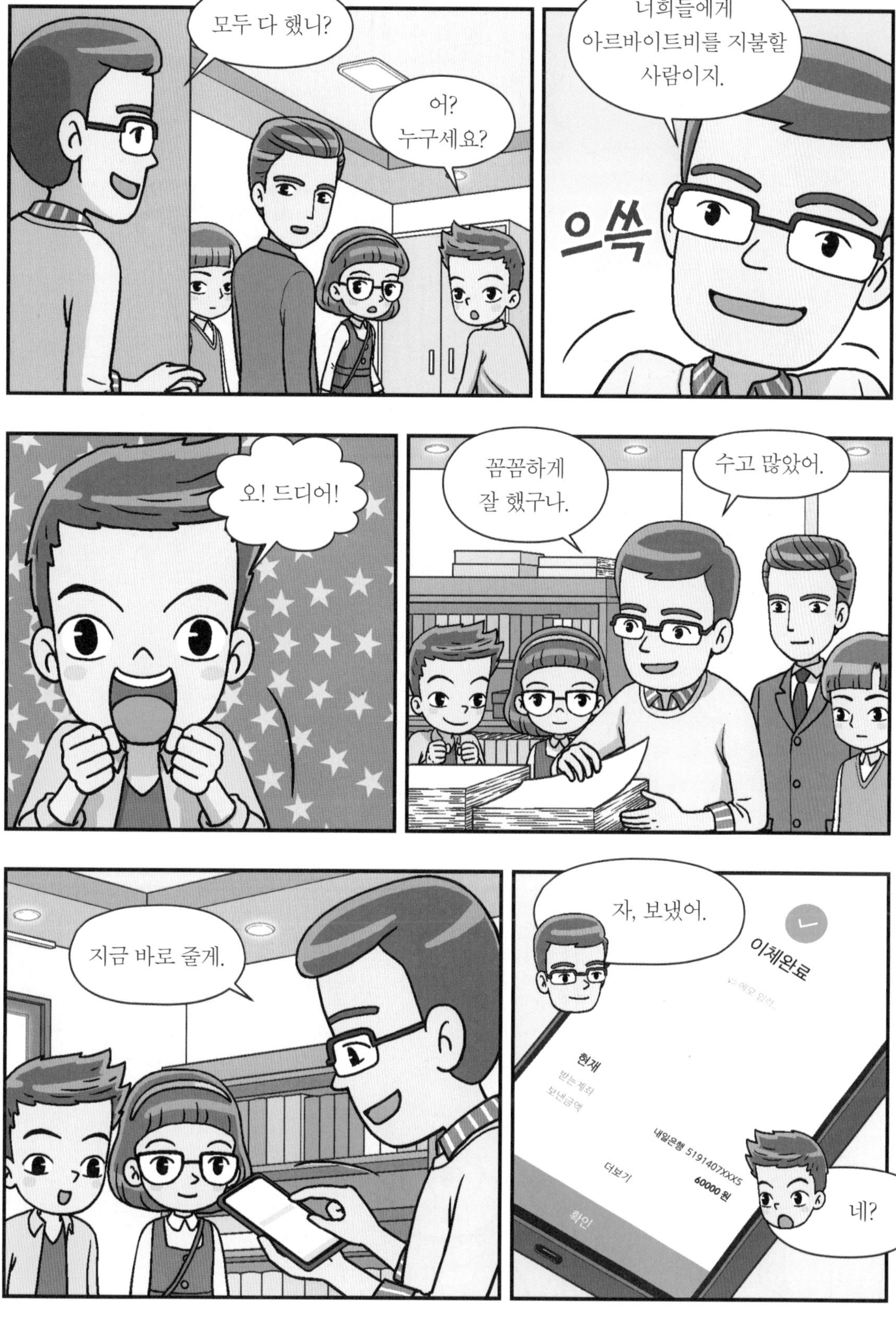
모두 다 했니?
어?
누구세요?
너희들에게
아르바이트비를 지불할
사람이지.
으쓱
오! 드디어!
꼼꼼하게
잘 했구나.
수고 많았어.
지금 바로 줄게.
자, 보냈어.
이체완료
현재
내일은행 5191407XXX5
60000 원
더보기
확인
네?

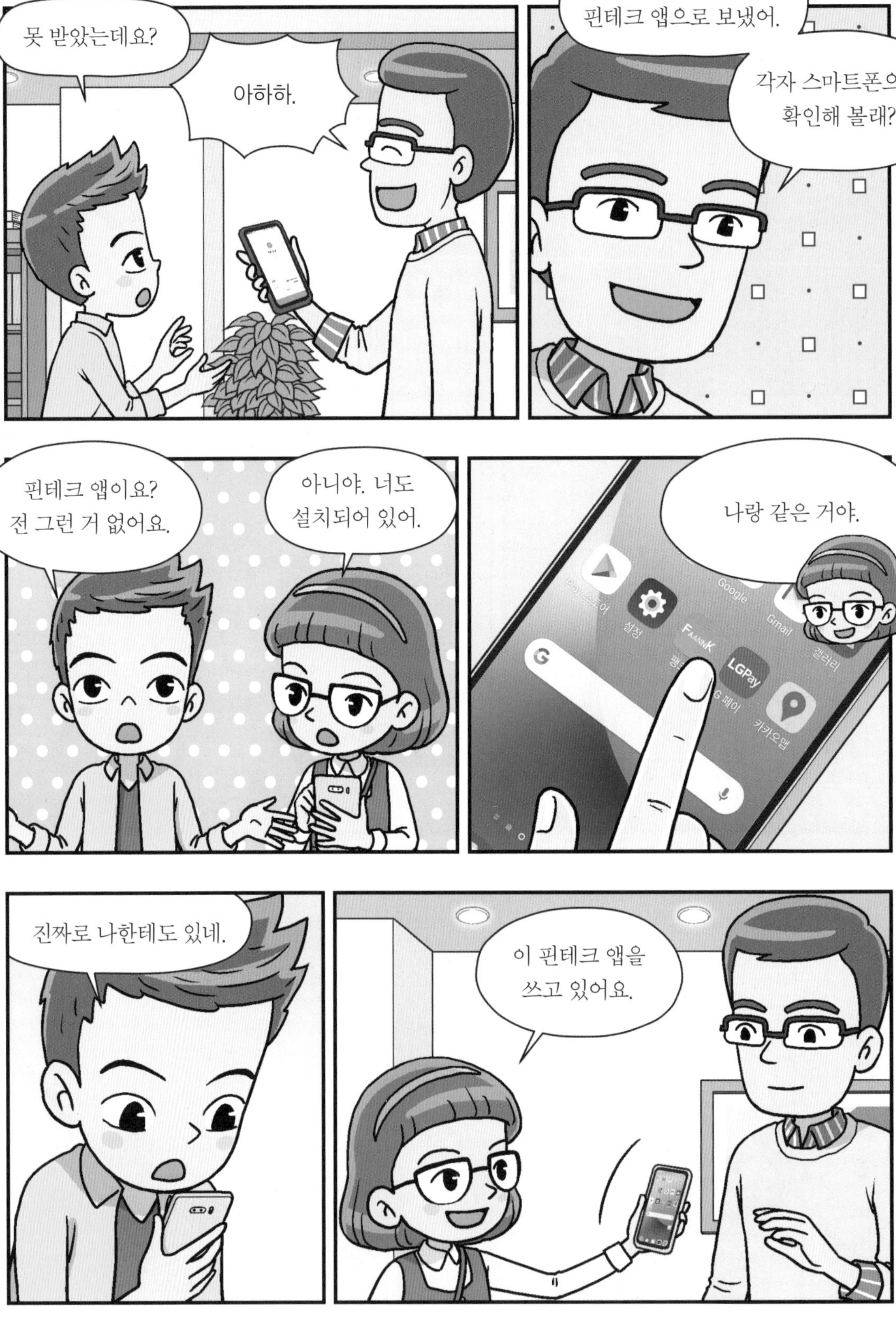
못 받았는데요?
아하하.
아르바이트비는 핀테크 앱으로 보냈어.
각자 스마트폰으로 확인해 볼래?
핀테크 앱이요? 전 그런 거 없어요.
아니야. 너도 설치되어 있어.
나랑 같은 거야.
설정
Google
Gmail
갤러리
LGPay
카카오맵
진짜로 나한테도 있네.
이 핀테크 앱을 쓰고 있어요.

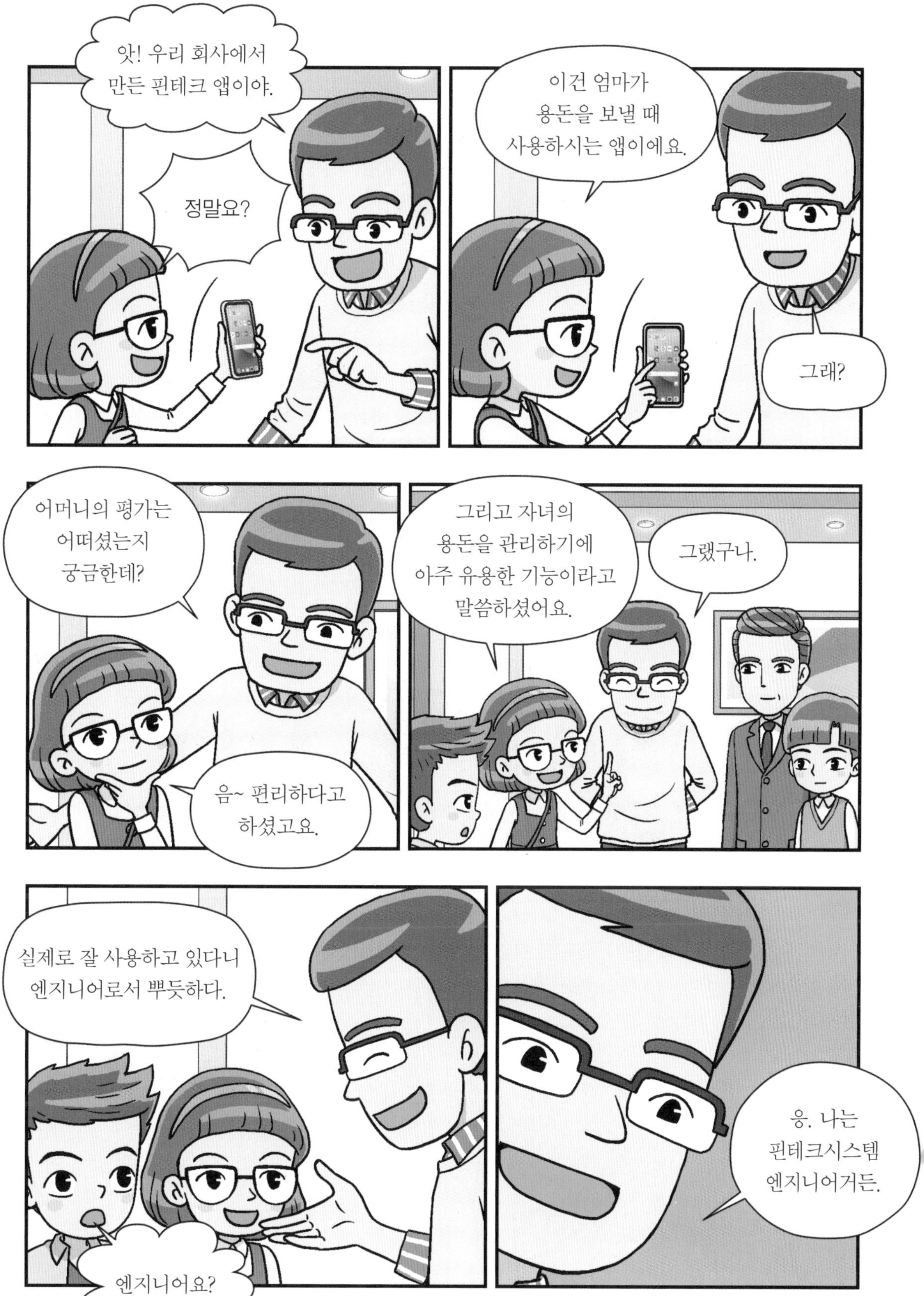

앗! 우리 회사에서 만든 핀테크 앱이야.
정말요?
이건 엄마가 용돈을 보낼 때 사용하시는 앱이에요.
그래?
어머니의 평가는 어떠셨는지 궁금한데?
음~ 편리하다고 하셨고요.
그리고 자녀의 용돈을 관리하기에 아주 유용한 기능이라고 말씀하셨어요.
그랬구나.
실제로 잘 사용하고 있다니 엔지니어로서 뿌듯하다.
엔지니어요?
응. 나는 핀테크시스템 엔지니어거든.

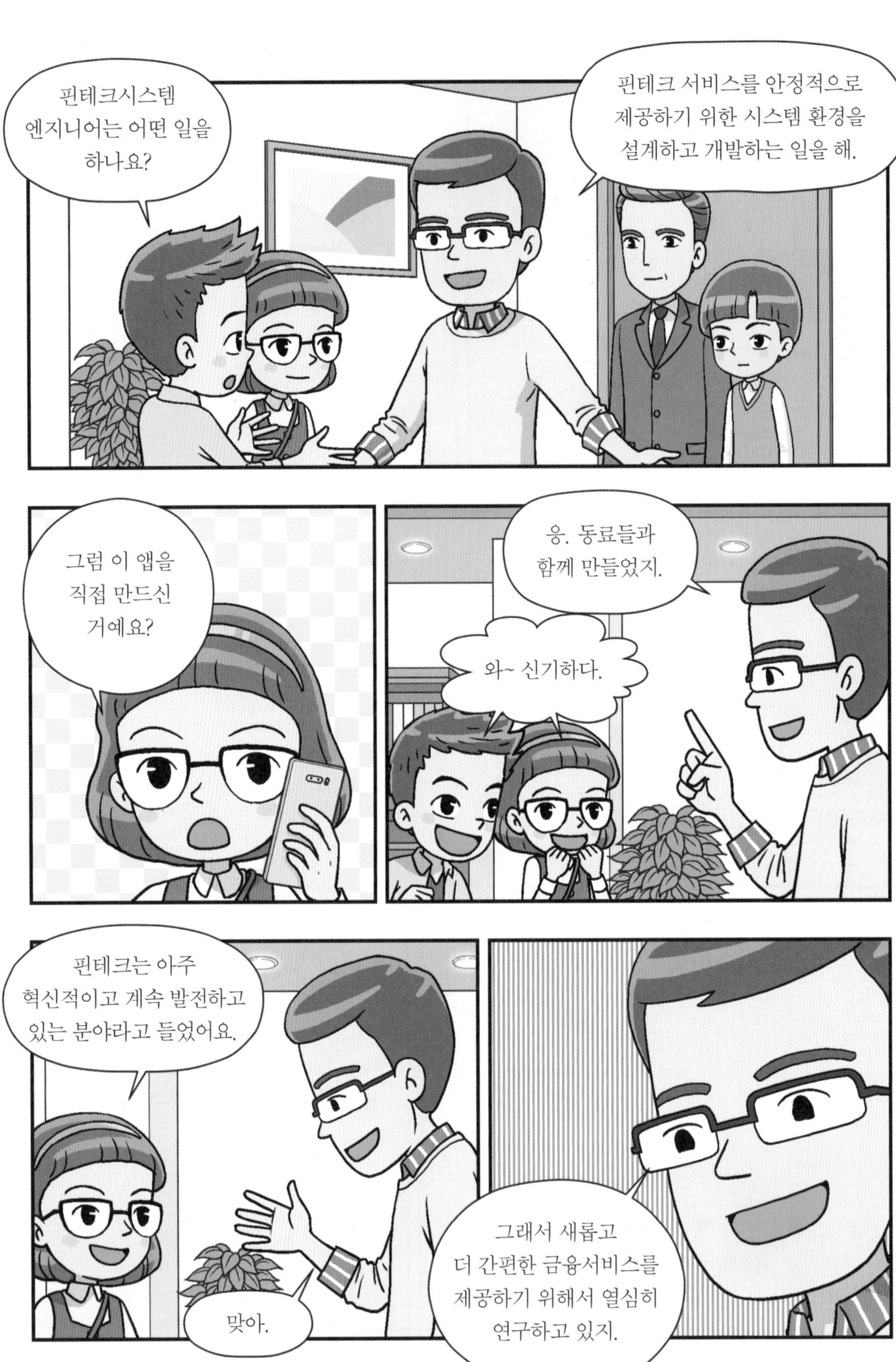
핀테크시스템 엔지니어는 어떤 일을 하나요?
핀테크 서비스를 안정적으로 제공하기 위한 시스템 환경을 설계하고 개발하는 일을 해.
그럼 이 앱을 직접 만드신 거예요?
응. 동료들과 함께 만들었지.
와~ 신기하다.
핀테크는 아주 혁신적이고 계속 발전하고 있는 분야라고 들었어요.
맞아.
그래서 새롭고 더 간편한 금융서비스를 제공하기 위해서 열심히 연구하고 있지.

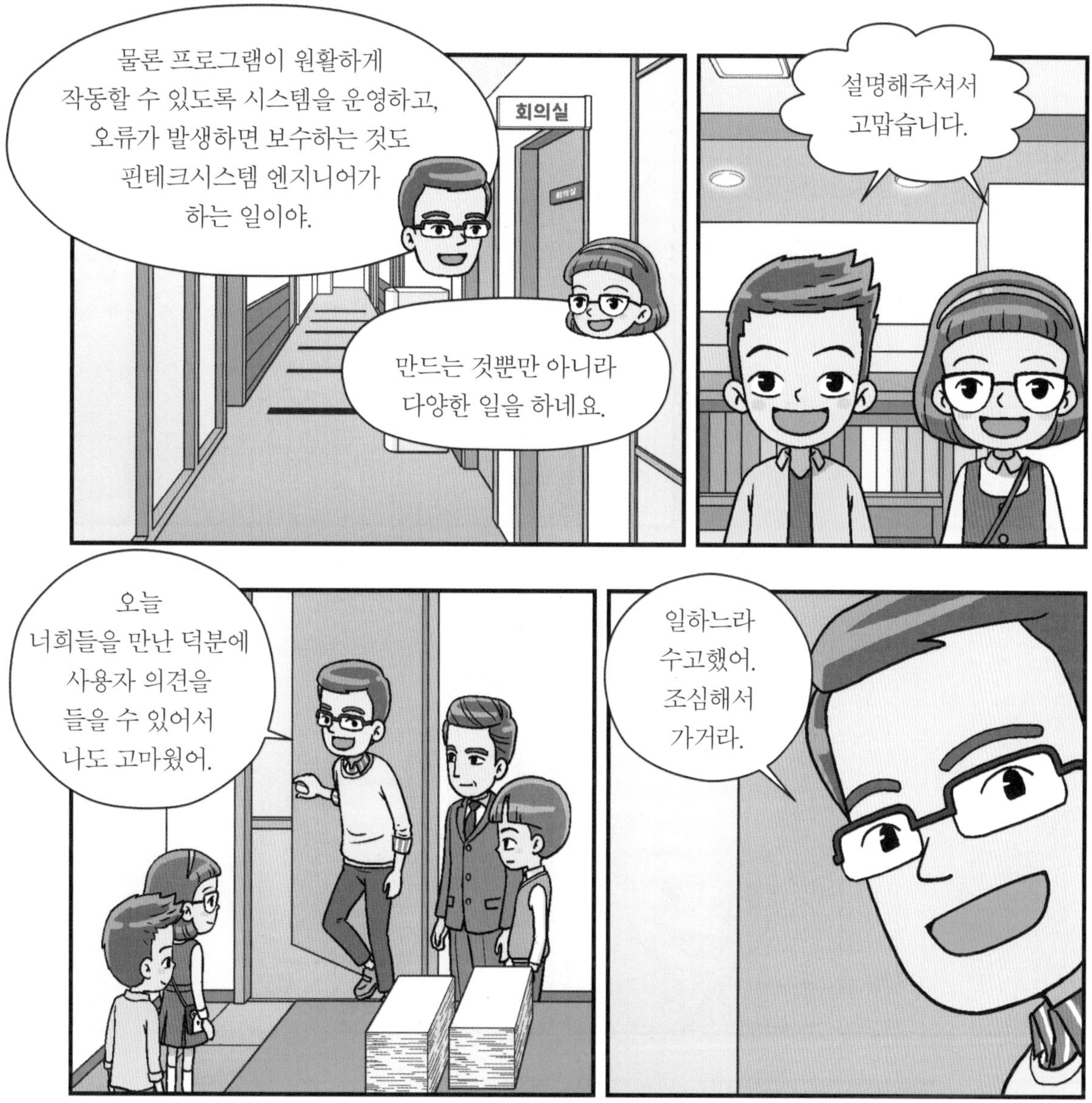
물론 프로그램이 원활하게 작동할 수 있도록 시스템을 운영하고, 오류가 발생하면 보수하는 것도 핀테크시스템 엔지니어가 하는 일이야.
회의실
만드는 것뿐만 아니라 다양한 일을 하네요.
설명해주셔서 고맙습니다.
오늘 너희들을 만난 덕분에 사용자 의견을 들을 수 있어서 나도 고마웠어.
일하느라 수고했어. 조심해서 가거라.

핀테크시스템 엔지니어

핀테크시스템 엔지니어는 금융과 정보통신기술(ICT)을 융합해서 인터넷이나 모바일에서 사용하는 안전한 핀테크 서비스를 구현합니다. 핀테크 인프라나 인터페이스를 설계하고 구축하며 핀테크시스템을 관리하고 운영합니다. 또한 개인정보보호, 인증 등의 시스템 보안 이슈와 잠재 위험요소를 파악하고 적합한 해결방안을 제시합니다.

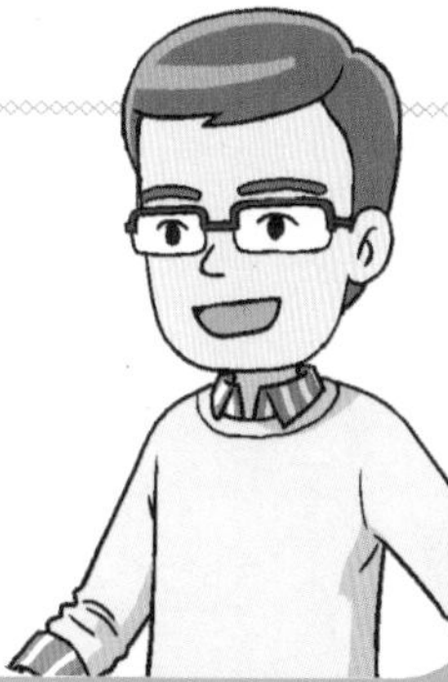

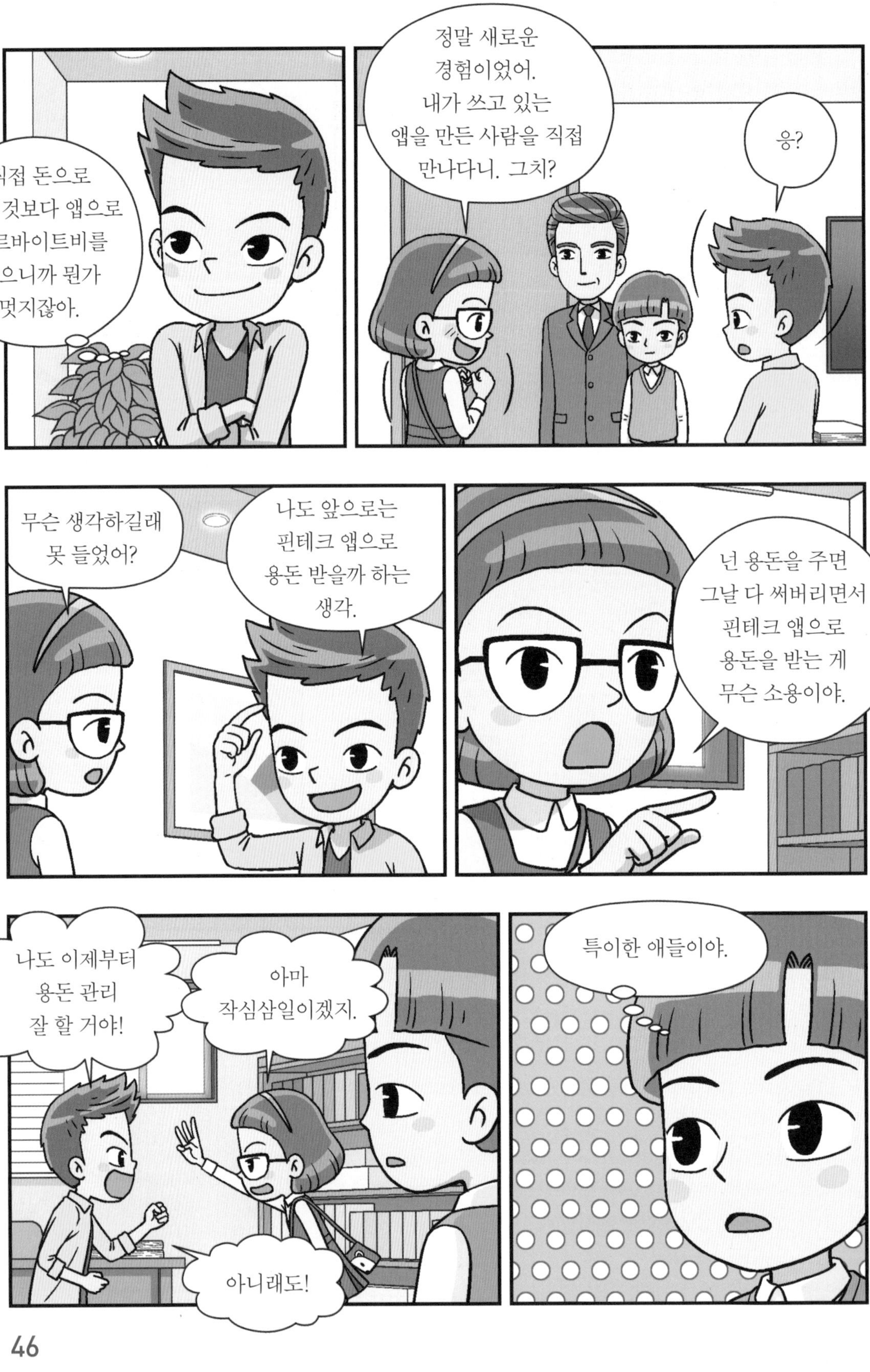

직접 돈으로 받는 것보다 앱으로 아르바이트비를 받으니까 뭔가 멋지잖아.
정말 새로운 경험이었어. 내가 쓰고 있는 앱을 만든 사람을 직접 만나다니. 그치?
응?
무슨 생각하길래 못 들었어?
나도 앞으로는 핀테크 앱으로 용돈 받을까 하는 생각.
넌 용돈을 주면 그날 다 써버리면서 핀테크 앱으로 용돈을 받는 게 무슨 소용이야.
나도 이제부터 용돈 관리 잘 할 거야!
아마 작심삼일이겠지.
아니래도!
특이한 애들이야.

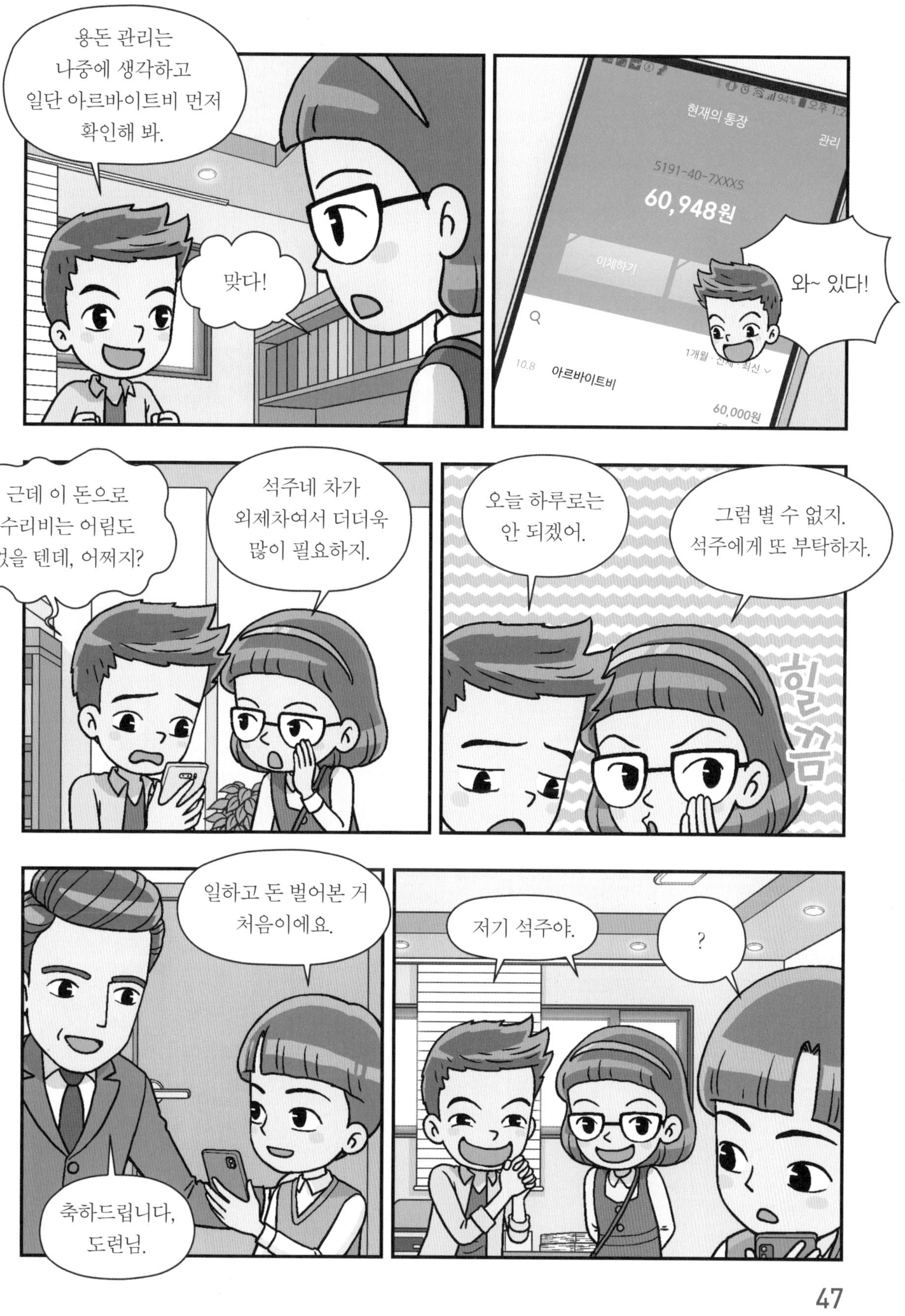
용돈 관리는
나중에 생각하고
일단 아르바이트비 먼저
확인해 봐.
맞다!
현재의 통장
관리
5191-40-7XXX5
60,948원
이체하기
10.8
아르바이트비
60,000원
와~ 있다!
근데 이 돈으로
수리비는 어림도
없을 텐데, 어쩌지?
석주네 차가
외제차여서 더더욱
많이 필요하지.
오늘 하루로는
안 되겠어.
그럼 별 수 없지.
석주에게 또 부탁하자.
힐끔
일하고 돈 벌어본 거
처음이에요.
축하드립니다,
도련님.
저기 석주야.
?

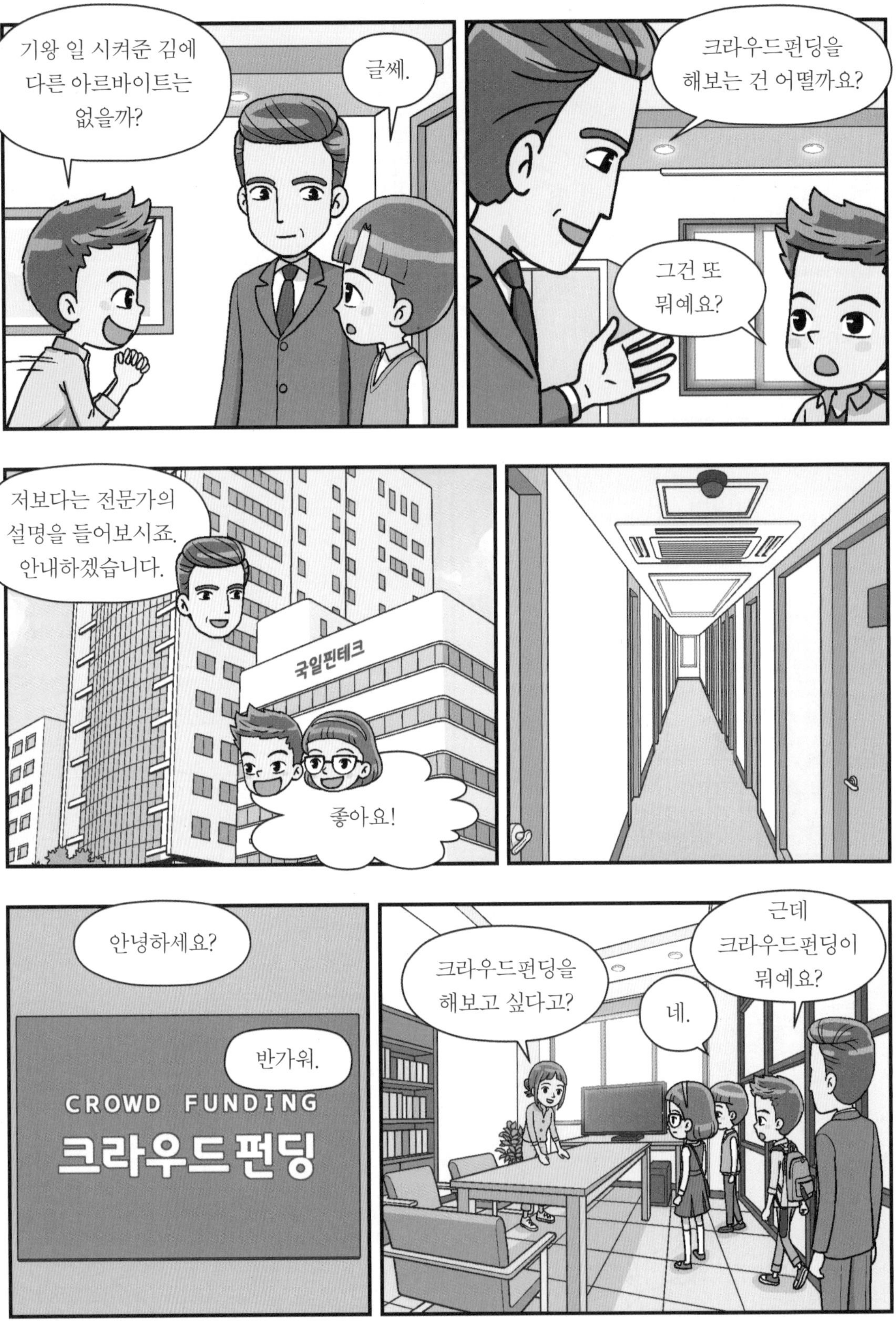
기왕 일 시켜준 김에 다른 아르바이트는 없을까?
글쎄.
크라우드펀딩을 해보는 건 어떨까요?
그건 또 뭐예요?
저보다는 전문가의 설명을 들어보시죠. 안내하겠습니다.
국일핀테크
좋아요!
안녕하세요?
반가워.
CROWD FUNDING
크라우드펀딩
크라우드펀딩을 해보고 싶다고?
네.
근데 크라우드펀딩이 뭐예요?

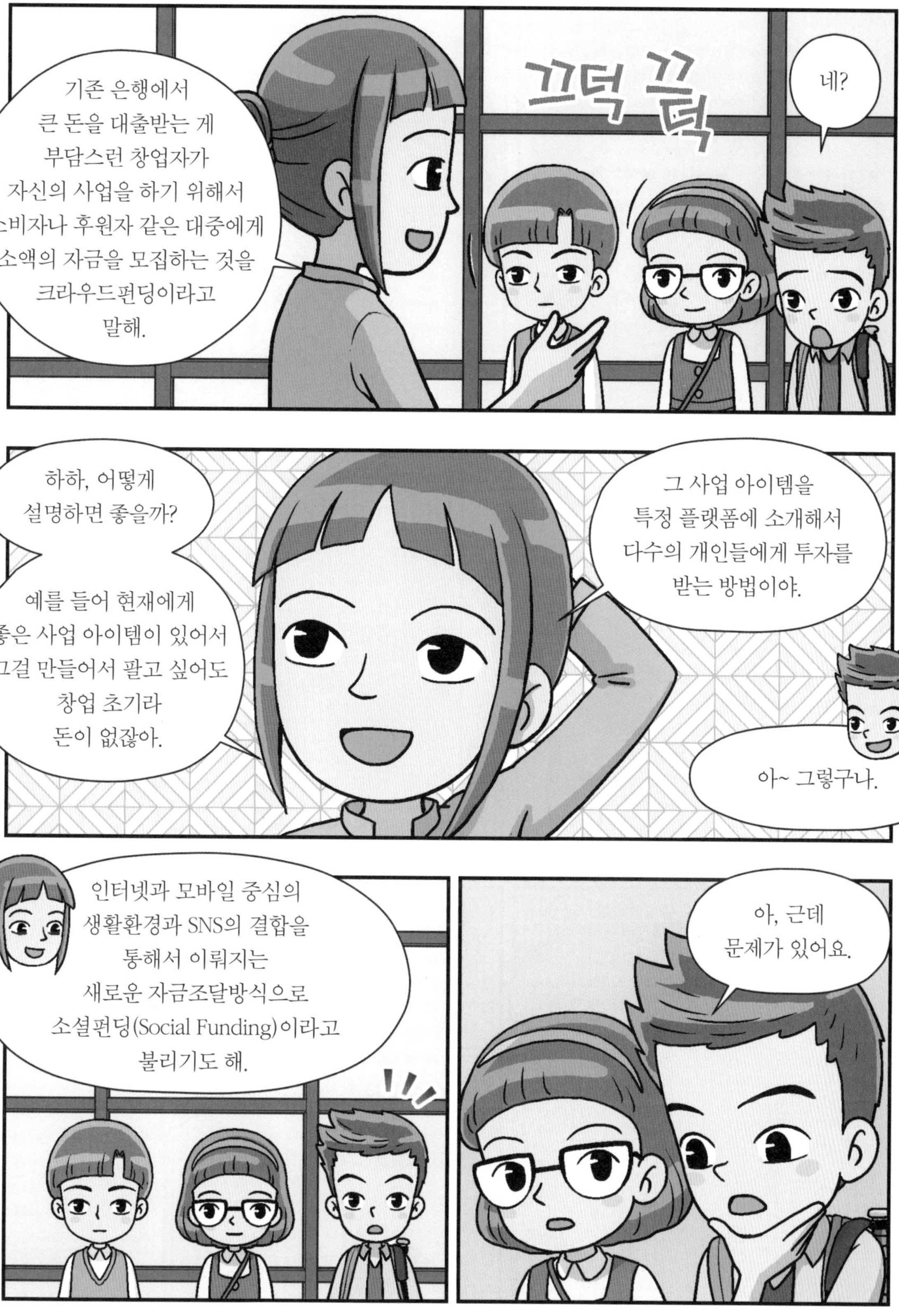
기존 은행에서 큰 돈을 대출받는 게 부담스런 창업자가 자신의 사업을 하기 위해서 소비자나 후원자 같은 대중에게 소액의 자금을 모집하는 것을 크라우드펀딩이라고 말해.
끄덕 끄덕
네?
하하, 어떻게 설명하면 좋을까?
예를 들어 현재에게 좋은 사업 아이템이 있어서 그걸 만들어서 팔고 싶어도 창업 초기라 돈이 없잖아.
그 사업 아이템을 특정 플랫폼에 소개해서 다수의 개인들에게 투자를 받는 방법이야.
아~ 그렇구나.
인터넷과 모바일 중심의 생활환경과 SNS의 결합을 통해서 이뤄지는 새로운 자금조달방식으로 소셜펀딩(Social Funding)이라고 불리기도 해.
아, 근데 문제가 있어요.

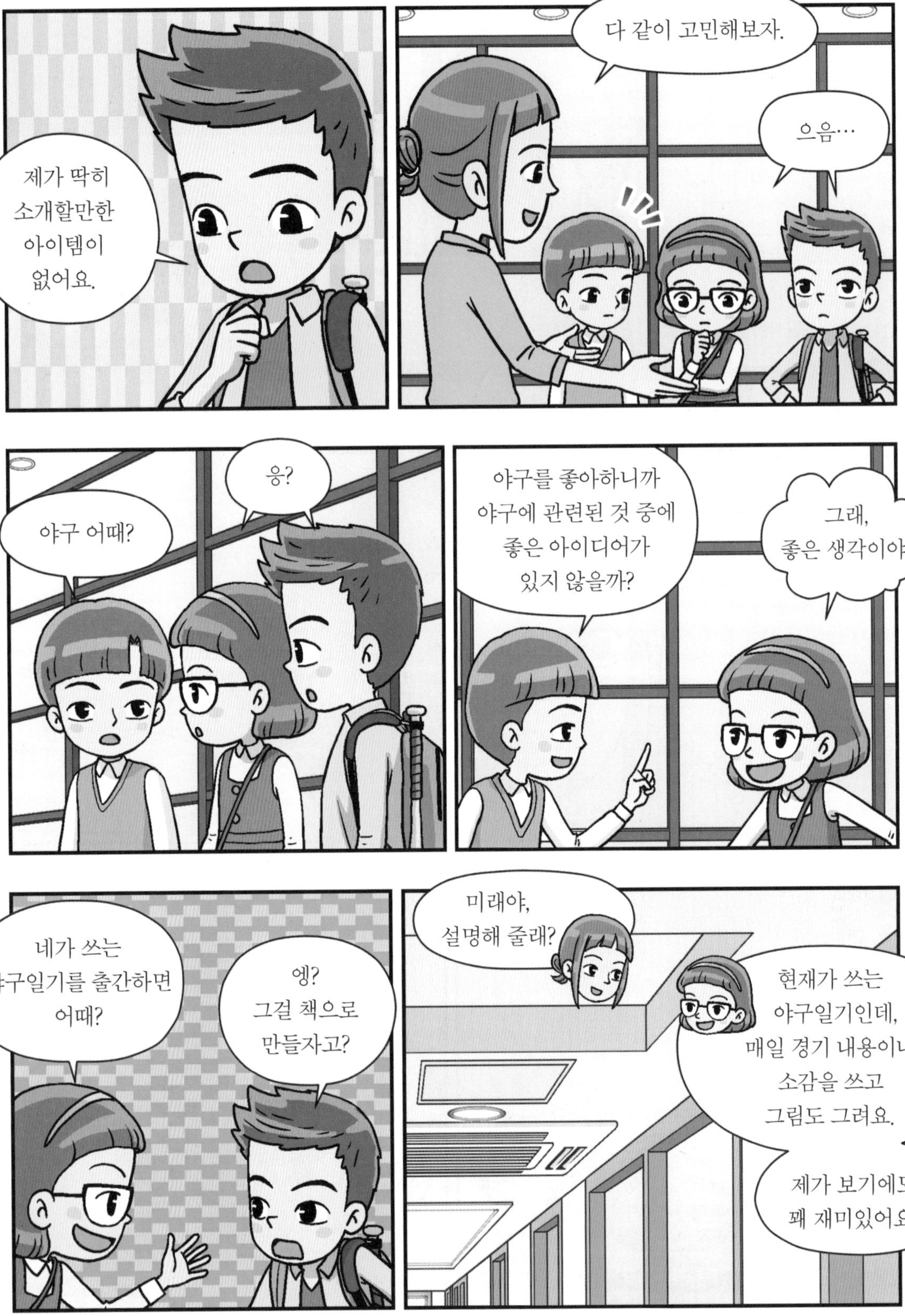
제가 딱히 소개할만한 아이템이 없어요.
다 같이 고민해보자.
으음…
응?
야구 어때?
야구를 좋아하니까 야구에 관련된 것 중에 좋은 아이디어가 있지 않을까?
그래, 좋은 생각이야!
네가 쓰는 야구일기를 출간하면 어때?
엥? 그걸 책으로 만들자고?
미래야, 설명해 줄래?
현재가 쓰는 야구일기인데, 매일 경기 내용이나 소감을 쓰고 그림도 그려요.
제가 보기에도 꽤 재미있어요.

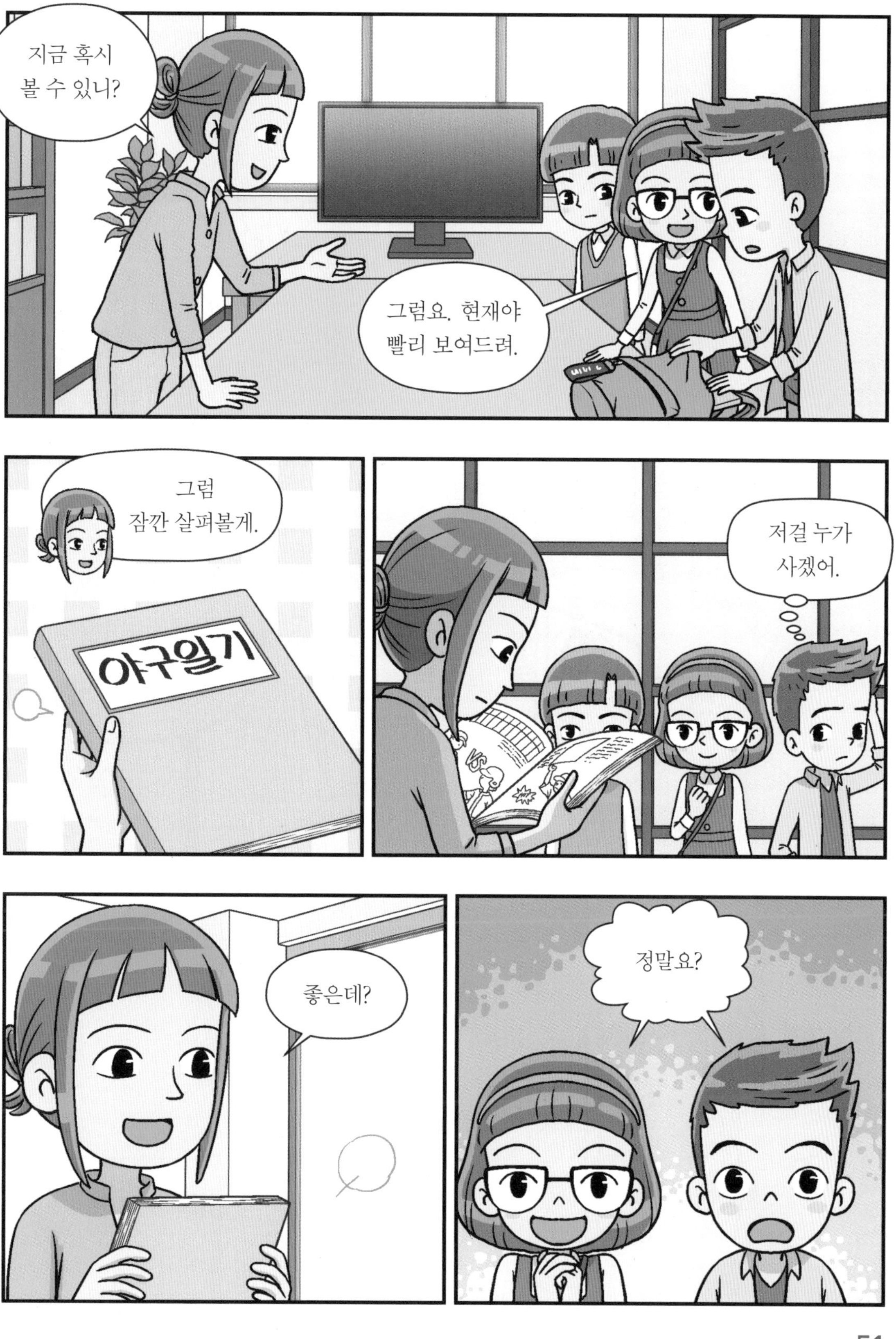
지금 혹시 볼 수 있니?
그럼요. 현재야 빨리 보여드려.
그럼 잠깐 살펴볼게.
야구일기
저걸 누가 사겠어.
좋은데?
정말요?

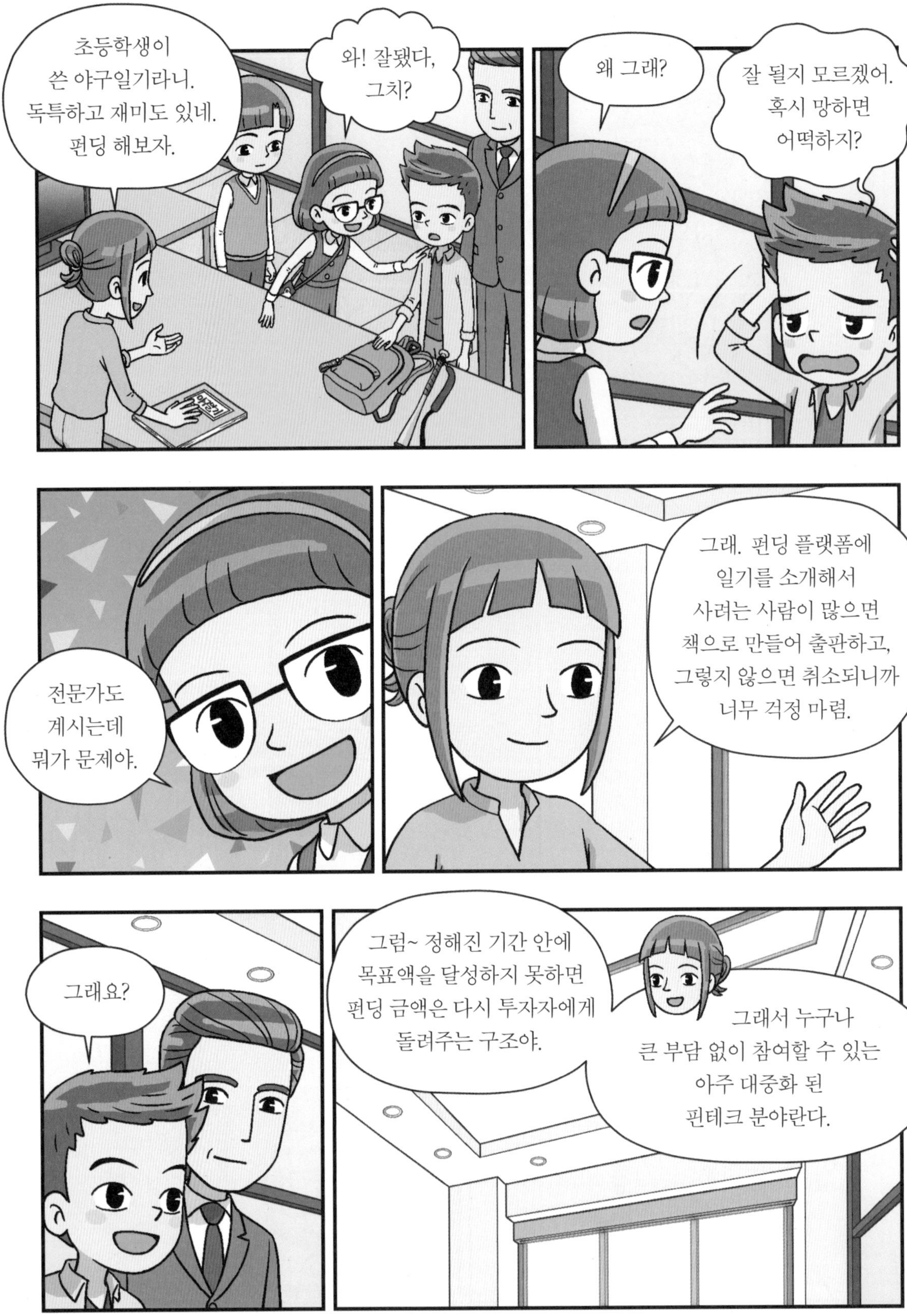
초등학생이
쓴 야구일기라니.
독특하고 재미도 있네.
펀딩 해보자.
와! 잘됐다,
그치?
왜 그래?
잘 될지 모르겠어.
혹시 망하면
어떡하지?
전문가도
계시는데
뭐가 문제야.
그래. 펀딩 플랫폼에
일기를 소개해서
사려는 사람이 많으면
책으로 만들어 출판하고,
그렇지 않으면 취소되니까
너무 걱정 마렴.
그래요?
그럼~ 정해진 기간 안에
목표액을 달성하지 못하면
펀딩 금액은 다시 투자자에게
돌려주는 구조야.
그래서 누구나
큰 부담 없이 참여할 수 있는
아주 대중화 된
핀테크 분야란다.

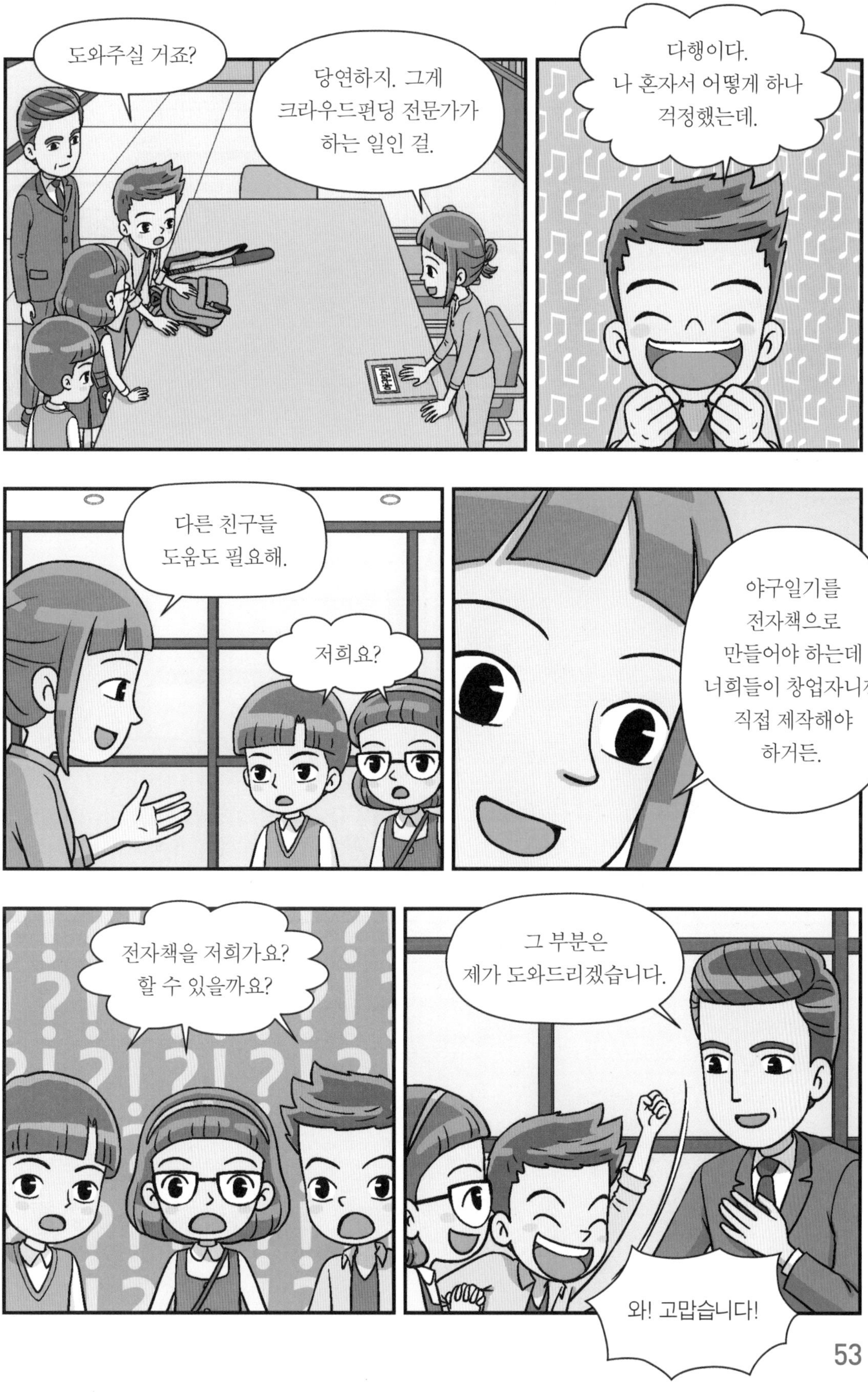
도와주실 거죠?
당연하지. 그게 크라우드펀딩 전문가가 하는 일인 걸.
다행이다. 나 혼자서 어떻게 하나 걱정했는데.
다른 친구들 도움도 필요해.
저희요?
야구일기를 전자책으로 만들어야 하는데 너희들이 창업자니까 직접 제작해야 하거든.
전자책을 저희가요? 할 수 있을까요?
그 부분은 제가 도와드리겠습니다.
와! 고맙습니다!

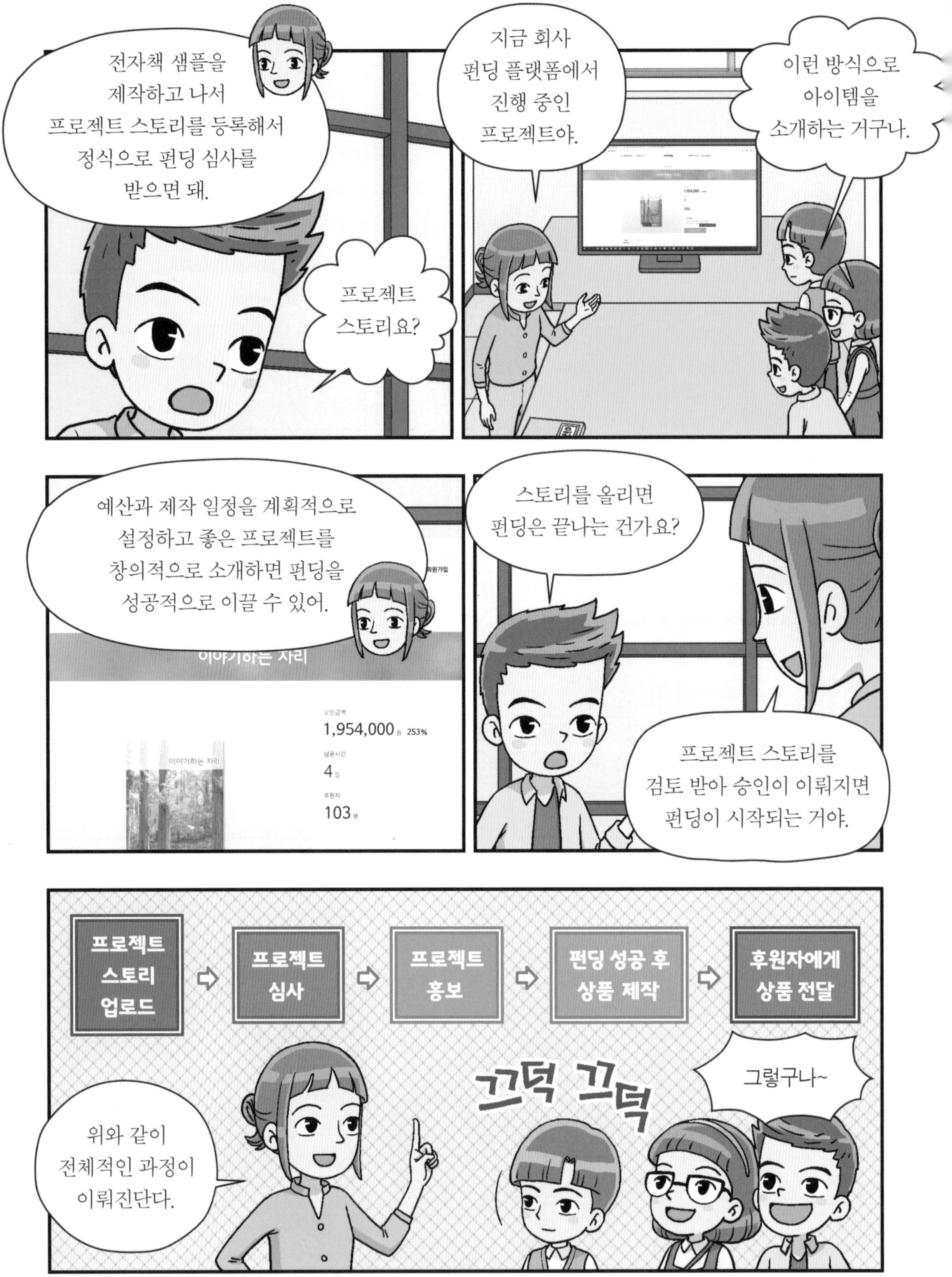

전자책 샘플을 제작하고 나서 프로젝트 스토리를 등록해서 정식으로 펀딩 심사를 받으면 돼.
프로젝트 스토리요?
지금 회사 펀딩 플랫폼에서 진행 중인 프로젝트야.
이런 방식으로 아이템을 소개하는 거구나.
예산과 제작 일정을 계획적으로 설정하고 좋은 프로젝트를 창의적으로 소개하면 펀딩을 성공적으로 이끌 수 있어.
이야기하는 자리
1,954,000 원 253%
4 일
103 명
스토리를 올리면 펀딩은 끝나는 건가요?
프로젝트 스토리를 검토 받아 승인이 이뤄지면 펀딩이 시작되는 거야.
프로젝트 스토리 업로드
프로젝트 심사
프로젝트 홍보
펀딩 성공 후 상품 제작
후원자에게 상품 전달
끄덕 끄덕
그렇구나~
위와 같이 전체적인 과정이 이뤄진단다.

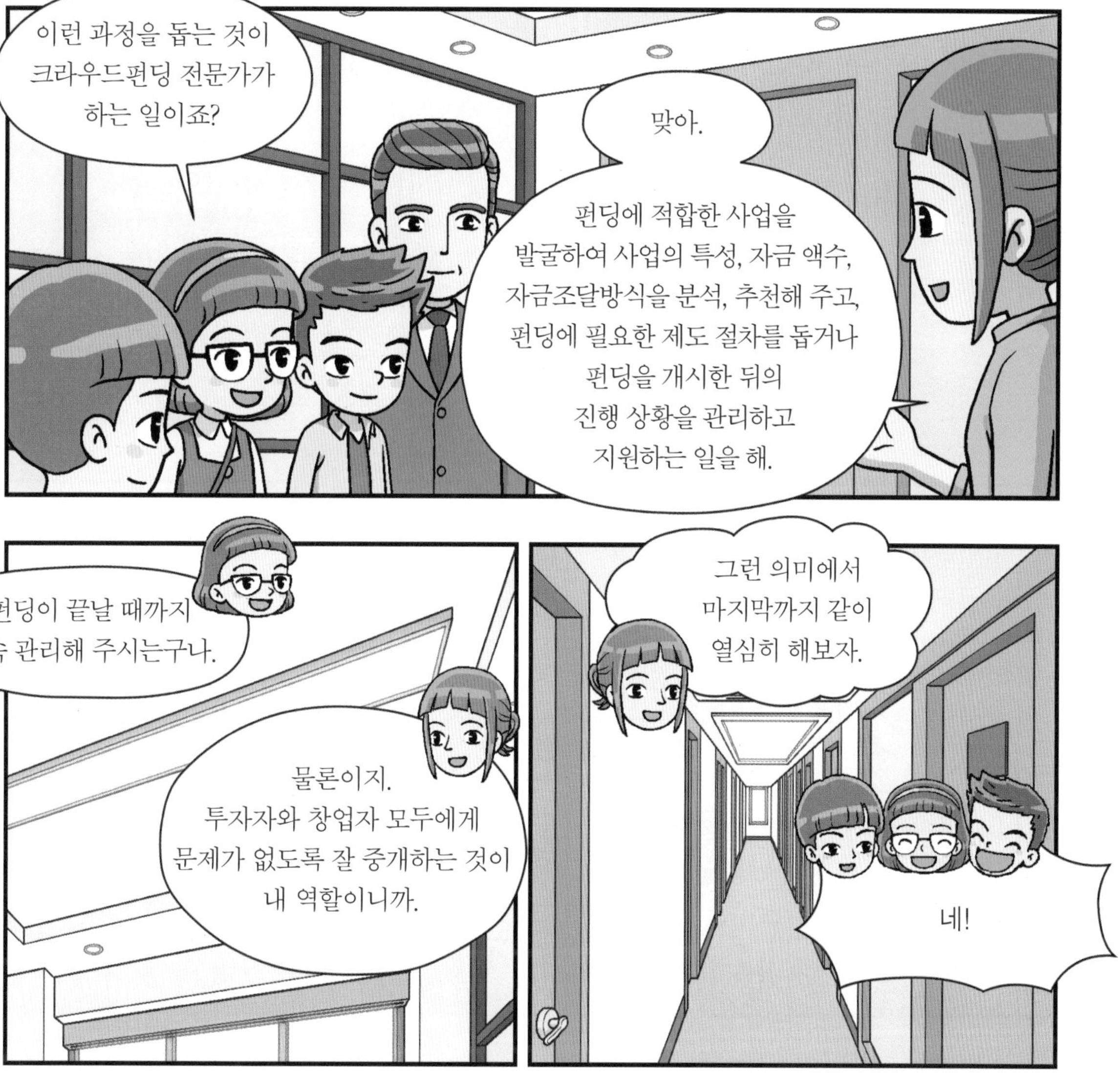
이런 과정을 돕는 것이 크라우드펀딩 전문가가 하는 일이죠?
맞아.
펀딩에 적합한 사업을 발굴하여 사업의 특성, 자금 액수, 자금조달방식을 분석, 추천해 주고, 펀딩에 필요한 제도 절차를 돕거나 펀딩을 개시한 뒤의 진행 상황을 관리하고 지원하는 일을 해.
펀딩이 끝날 때까지 계속 관리해 주시는구나.
물론이지. 투자자와 창업자 모두에게 문제가 없도록 잘 중개하는 것이 내 역할이니까.
그런 의미에서 마지막까지 같이 열심히 해보자.
네!

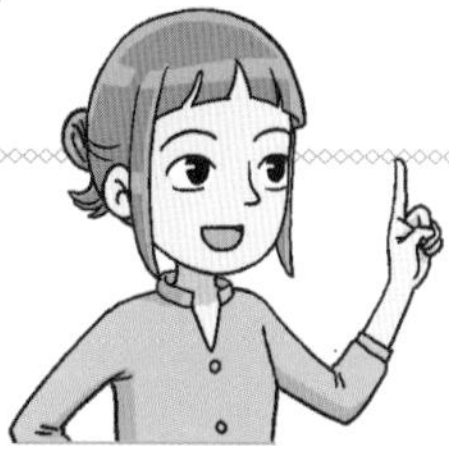

크라우드펀딩 전문가

크라우드펀딩이란 군중이라는 뜻의 크라우드(Crowd)와 자금조달을 의미하는 펀딩(Funding)의 합성어로 대중으로부터 자금을 모은다는 의미입니다. 크라우드펀딩 전문가는 펀딩을 중개하는 일을 합니다. 창업자의 자율성을 해치지 않고 후원자에게 피해가 없도록 다양한 요소를 분석합니다. 크라우드펀딩 과정에서 발생하는 제도적인 절차를 포함하여 관련된 법과 규제에 대한 전반적인 지식이 필요합니다.

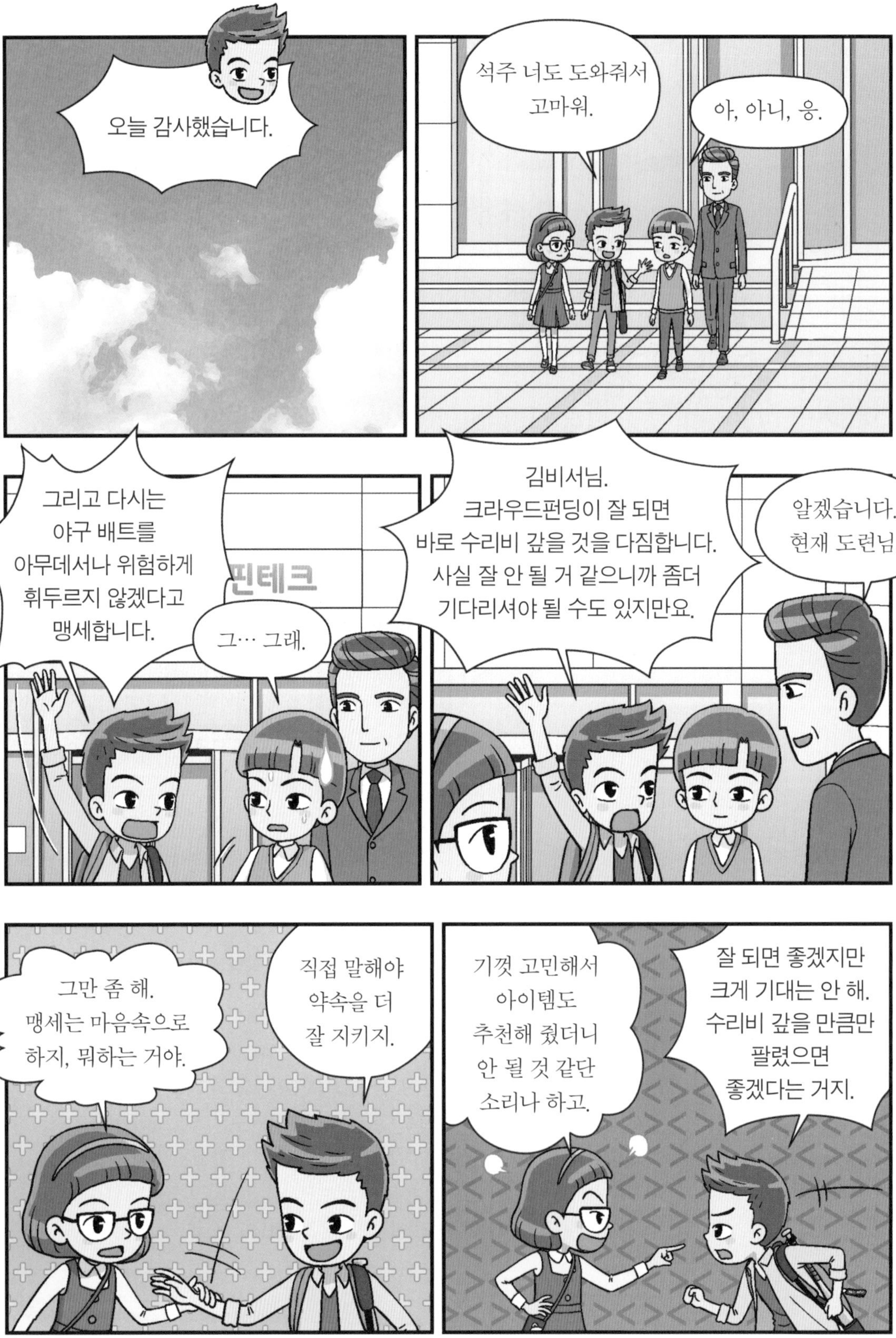
오늘 감사했습니다.
석주 너도 도와줘서 고마워.
아, 아니, 응.
그리고 다시는 야구 배트를 아무데서나 위험하게 휘두르지 않겠다고 맹세합니다.
그… 그래.
김비서님. 크라우드펀딩이 잘 되면 바로 수리비 갚을 것을 다짐합니다. 사실 잘 안 될 거 같으니까 좀더 기다리셔야 될 수도 있지만요.
알겠습니다. 현재 도련님.
핀테크
그만 좀 해. 맹세는 마음속으로 하지, 뭐하는 거야.
직접 말해야 약속을 더 잘 지키지.
기껏 고민해서 아이템도 추천해 줬더니 안 될 것 같단 소리나 하고.
잘 되면 좋겠지만 크게 기대는 안 해. 수리비 갚을 만큼만 팔렸으면 좋겠다는 거지.

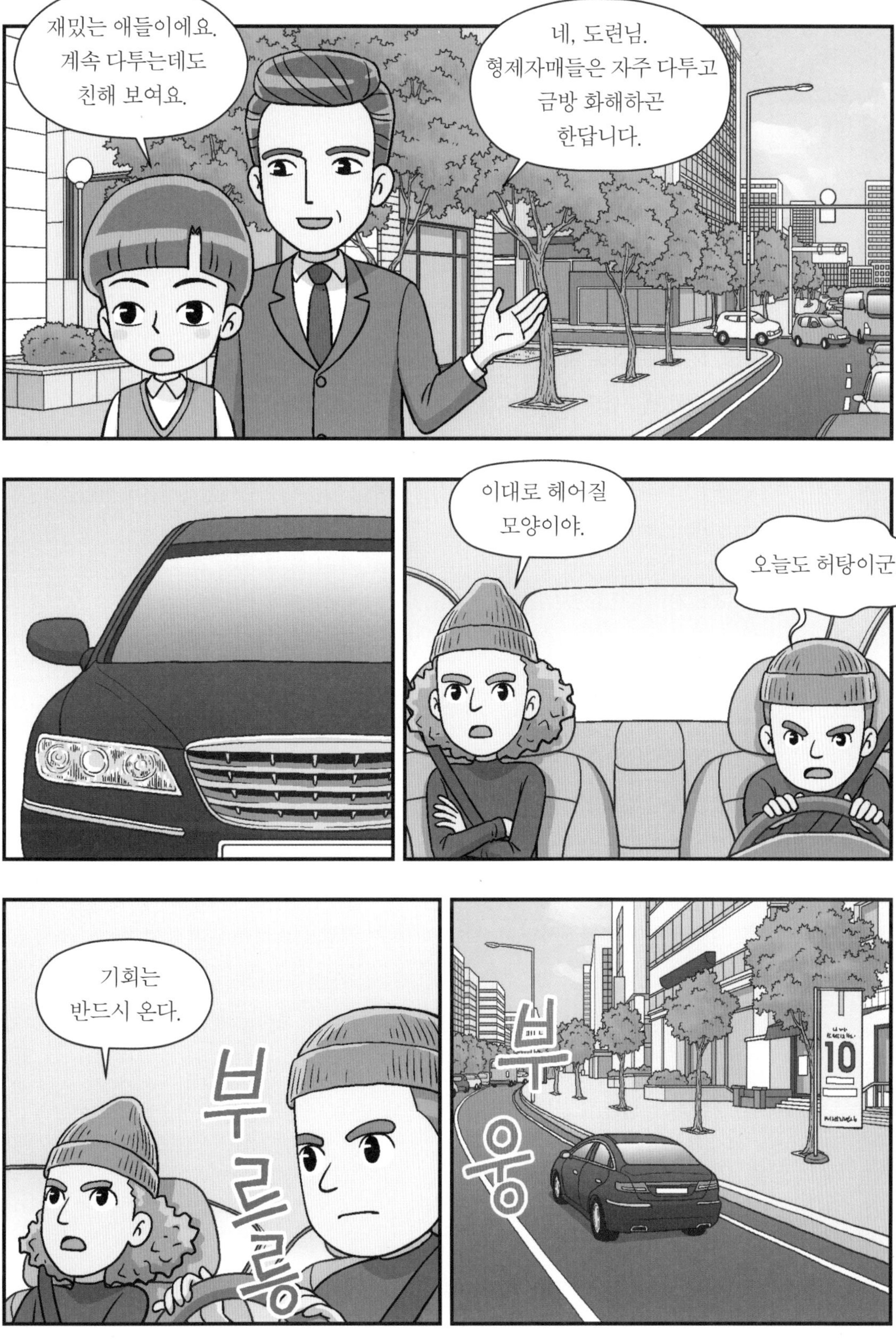
재밌는 애들이에요. 계속 다투는데도 친해 보여요.
네, 도련님. 형제자매들은 자주 다투고 금방 화해하곤 한답니다.
이대로 헤어질 모양이야.
오늘도 허탕이군.
기회는 반드시 온다.
부르릉
부웅
10

핀테크의 장단점

핀테크는 여러 산업에 커다란 파급 효과를 일으키고 있어요. 미국에서는 향후 비금융 회사가 핀테크를 통해 기존 금융권 시장의 30% 이상을 잠식할 것으로 전망하고 있어요. 특히 페이스북, 아마존 등 거대한 글로벌기업들도 자사만의 결제서비스를 선보이면서 플랫폼 사업자로서 영역을 확장해나가고 있어요. 이러한 거대 인터넷 기업과 같은 플랫폼사업자가 이끄는 핀테크를 빅테크라고도 말해요. 핀테크는 기존 금융 산업뿐만 아니라 다른 여러 산업까지 영향을 미치고 있는데요. 이러한 핀테크의 장단점은 무엇인지 알아볼까요?

장점

① 사용하기 쉽고 간편하다.

② 결제할 때마다 보안카드나 공동인증서를 필요로 하지 않기 때문에 편리하게 금융거래를 할 수 있다.

③ 중간 수수료가 없어 비교적 저렴하게 이용할 수 있다.

④ 결제 통신망을 거치지 않기 때문에 카드 단말기, 결제 회선, 회선 이용료가 필요 없다.

⑤ 핀테크 산업이 발전하면서 새로운 기술이 개발되고 많은 일자리가 창출되고 있다.

⑥ 소액투자자도 투자를 할 수 있어 창업과 투자가 활발하게 이뤄지는 환경을 구축한다.

⑦ 금융거래 기록이 없는 사회초년생들도 신용도를 인정받고 대출을 받을 수 있다.

⑧ 특정지역을 넘어서 전 세계적으로 이용할 수 있다.

단점

① 기존 은행보다 더 안전한 보안이 필요하다.

② 온라인을 통해 거래되기 때문에 그에 맞는 보안 시스템이 함께 개발되어야
한다.

③ 해킹이 발생하면 대규모로 일어나 전 세계로 고객의 정보가 유출될 염려가
있다.

④ 스마트폰 애플리케이션이나 인터넷을 잘 사용하지 못하는 고객은 이용하기
어렵다.

⑤ SNS 활동내역, 온라인 쇼핑 거래내역 등 수많은 개인 정보가 일일이 수집되
어 사생활 침해 우려가 있다.

투자를 해볼까?

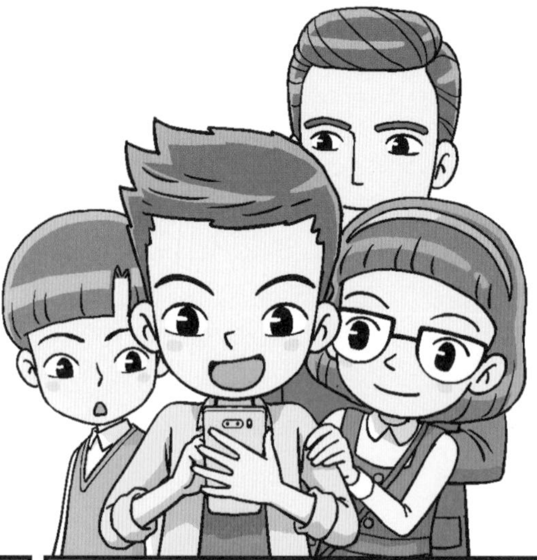

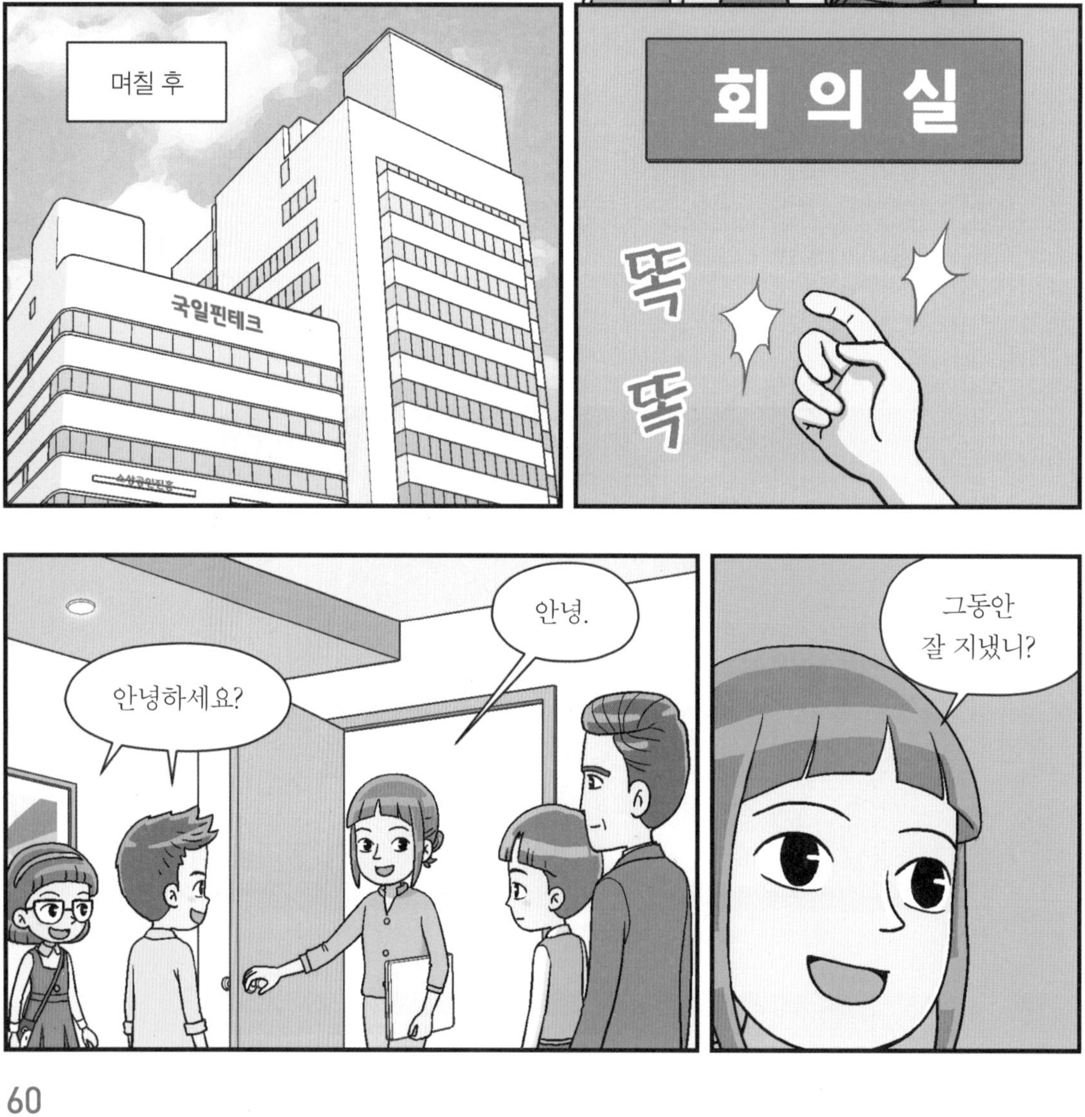

며칠 후
국일핀테크
회의실
똑 똑
안녕하세요?
안녕.
그동안 잘 지냈니?

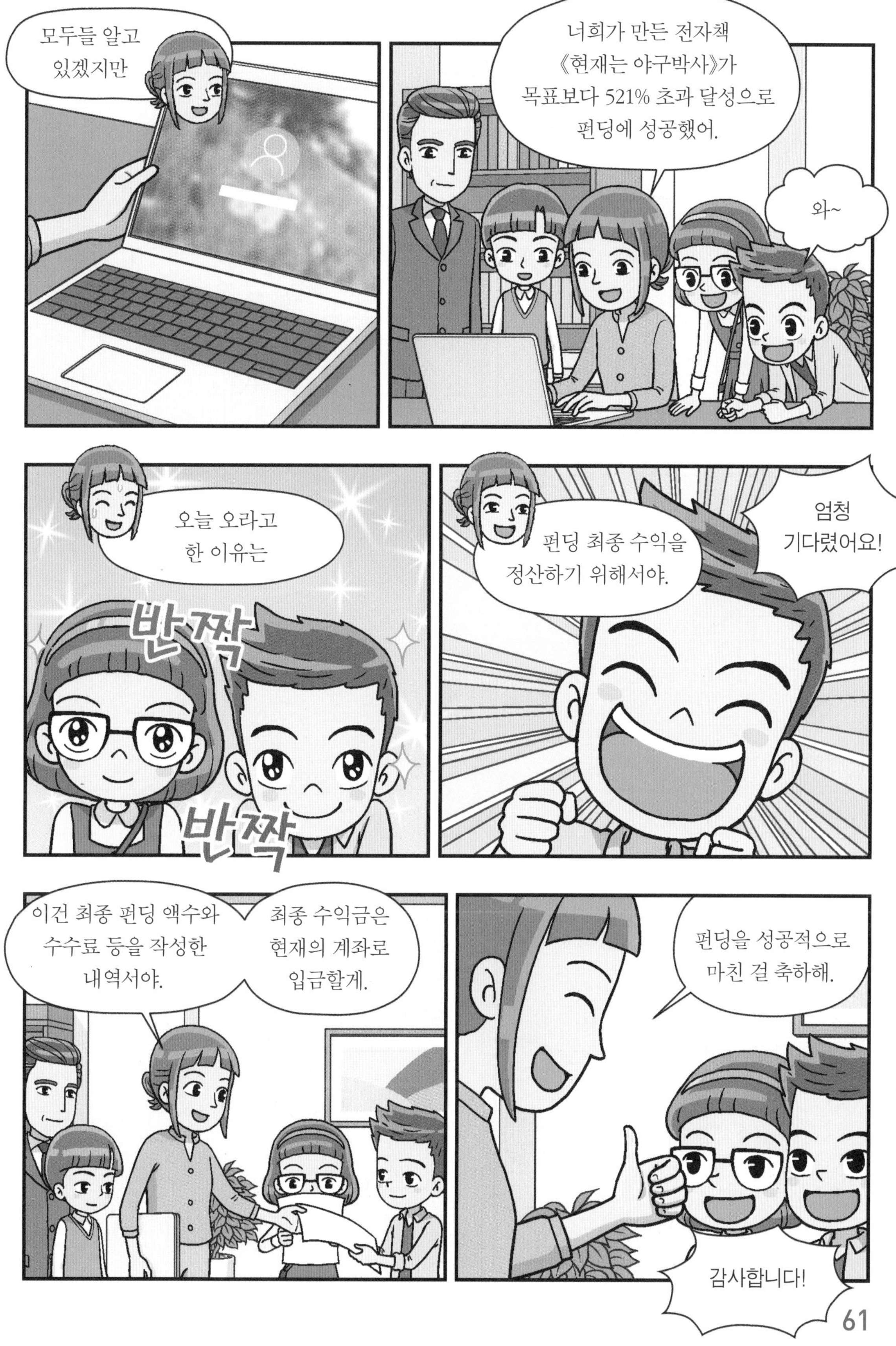
모두들 알고 있겠지만
너희가 만든 전자책 《현재는 야구박사》가 목표보다 521% 초과 달성으로 펀딩에 성공했어.
와~
오늘 오라고 한 이유는
반짝
반짝
펀딩 최종 수익을 정산하기 위해서야.
엄청 기다렸어요!
이건 최종 펀딩 액수와 수수료 등을 작성한 내역서야.
최종 수익금은 현재의 계좌로 입금할게.
펀딩을 성공적으로 마친 걸 축하해.
감사합니다!

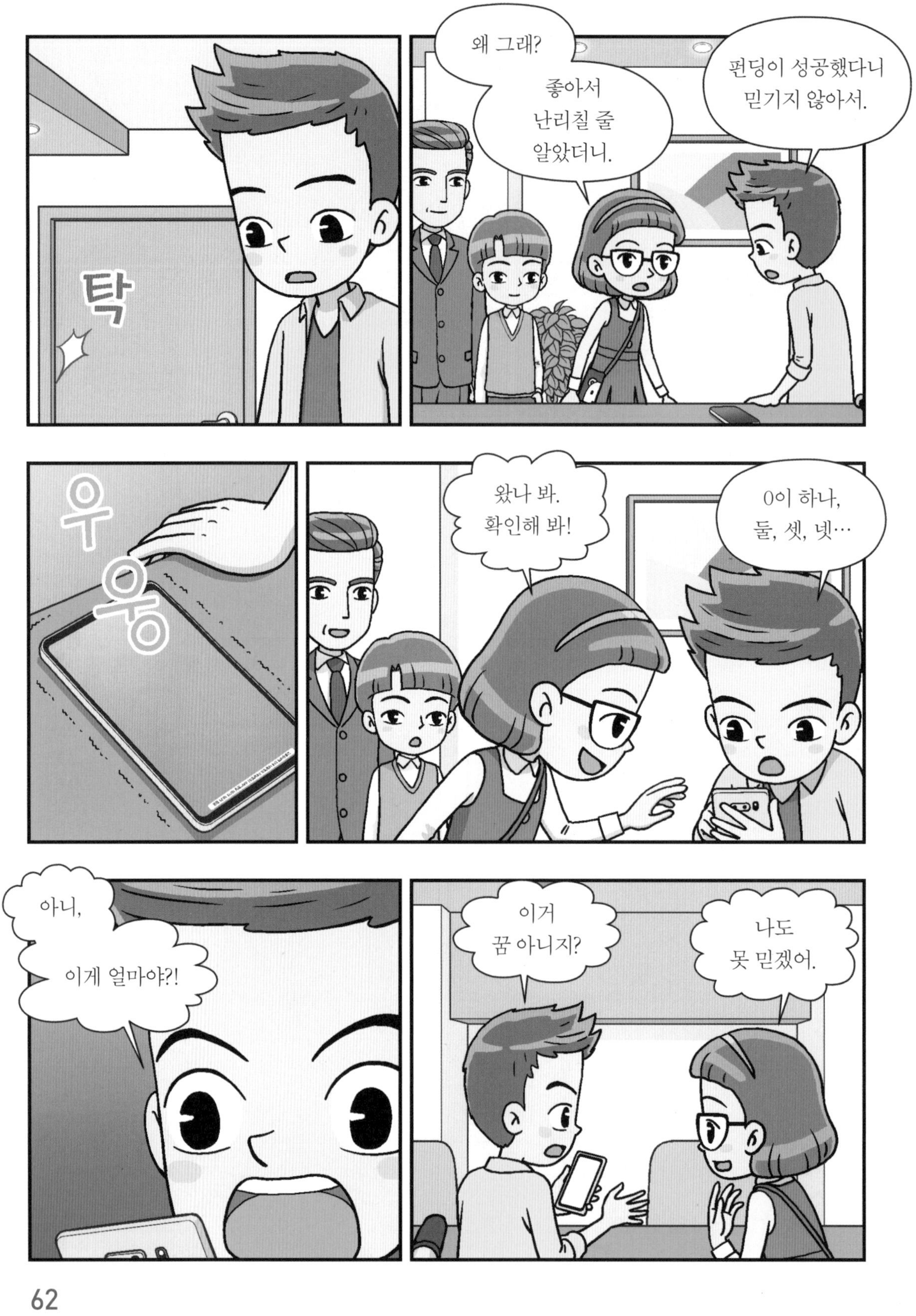
탁
왜 그래?
좋아서 난리칠 줄 알았더니.
펀딩이 성공했다니 믿기지 않아서.
우웅
왔나 봐. 확인해 봐!
0이 하나, 둘, 셋, 넷…
아니,
이게 얼마야?!
이거 꿈 아니지?
나도 못 믿겠어.

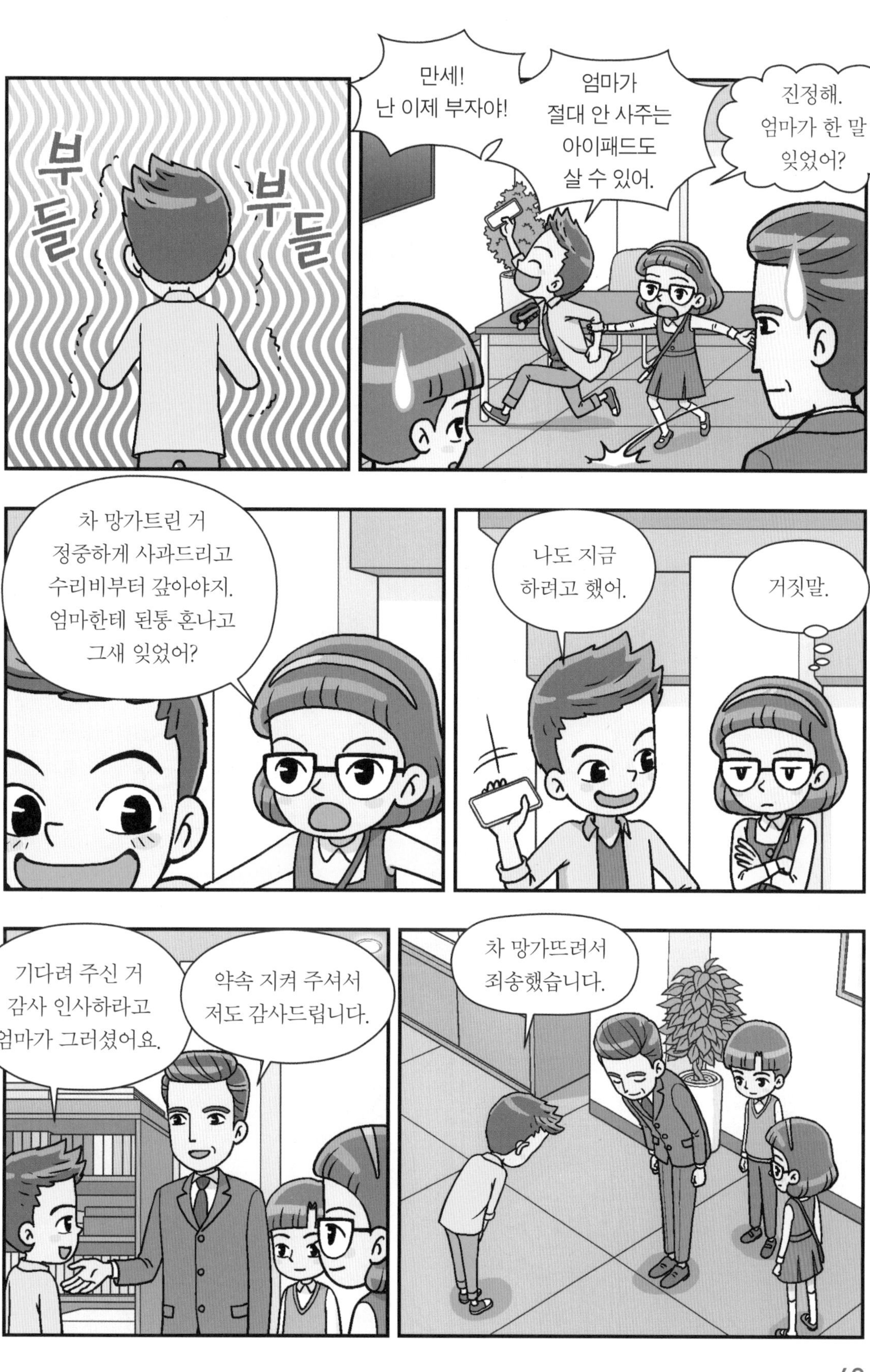
부들 부들
만세! 난 이제 부자야!
엄마가 절대 안 사주는 아이패드도 살 수 있어.
진정해. 엄마가 한 말 잊었어?
차 망가트린 거 정중하게 사과드리고 수리비부터 갚아야지. 엄마한테 된통 혼나고 그새 잊었어?
나도 지금 하려고 했어.
거짓말.
기다려 주신 거 감사 인사하라고 엄마가 그러셨어요.
약속 지켜 주셔서 저도 감사드립니다.
차 망가뜨려서 죄송했습니다.

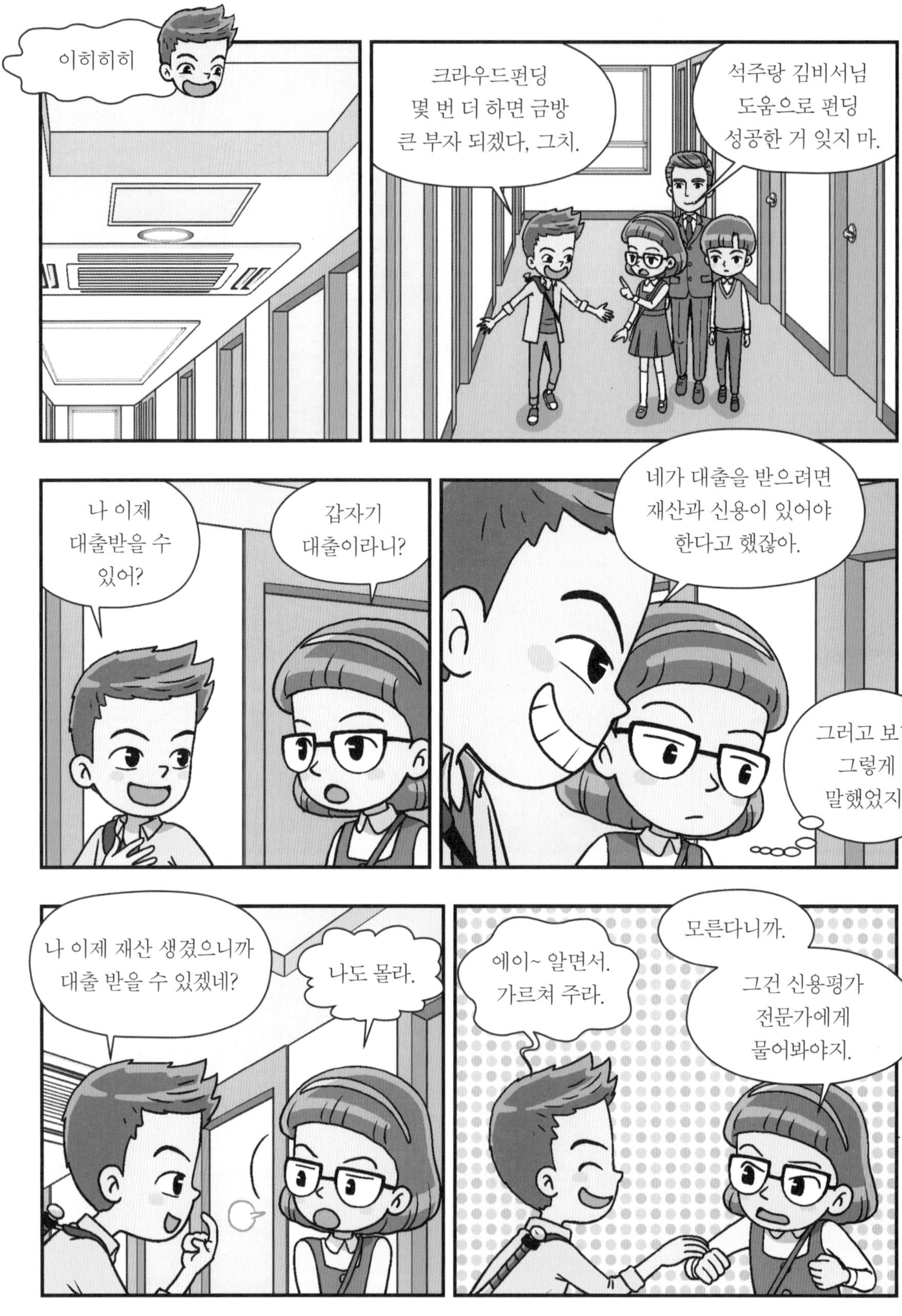
이히히히
크라우드펀딩 몇 번 더 하면 금방 큰 부자 되겠다, 그치.
석주랑 김비서님 도움으로 펀딩 성공한 거 잊지 마.
나 이제 대출받을 수 있어?
갑자기 대출이라니?
네가 대출을 받으려면 재산과 신용이 있어야 한다고 했잖아.
그러고 보니 그렇게 말했었지.
나 이제 재산 생겼으니까 대출 받을 수 있겠네?
나도 몰라.
에이~ 알면서. 가르쳐 주라.
모른다니까.
그건 신용평가 전문가에게 물어봐야지.

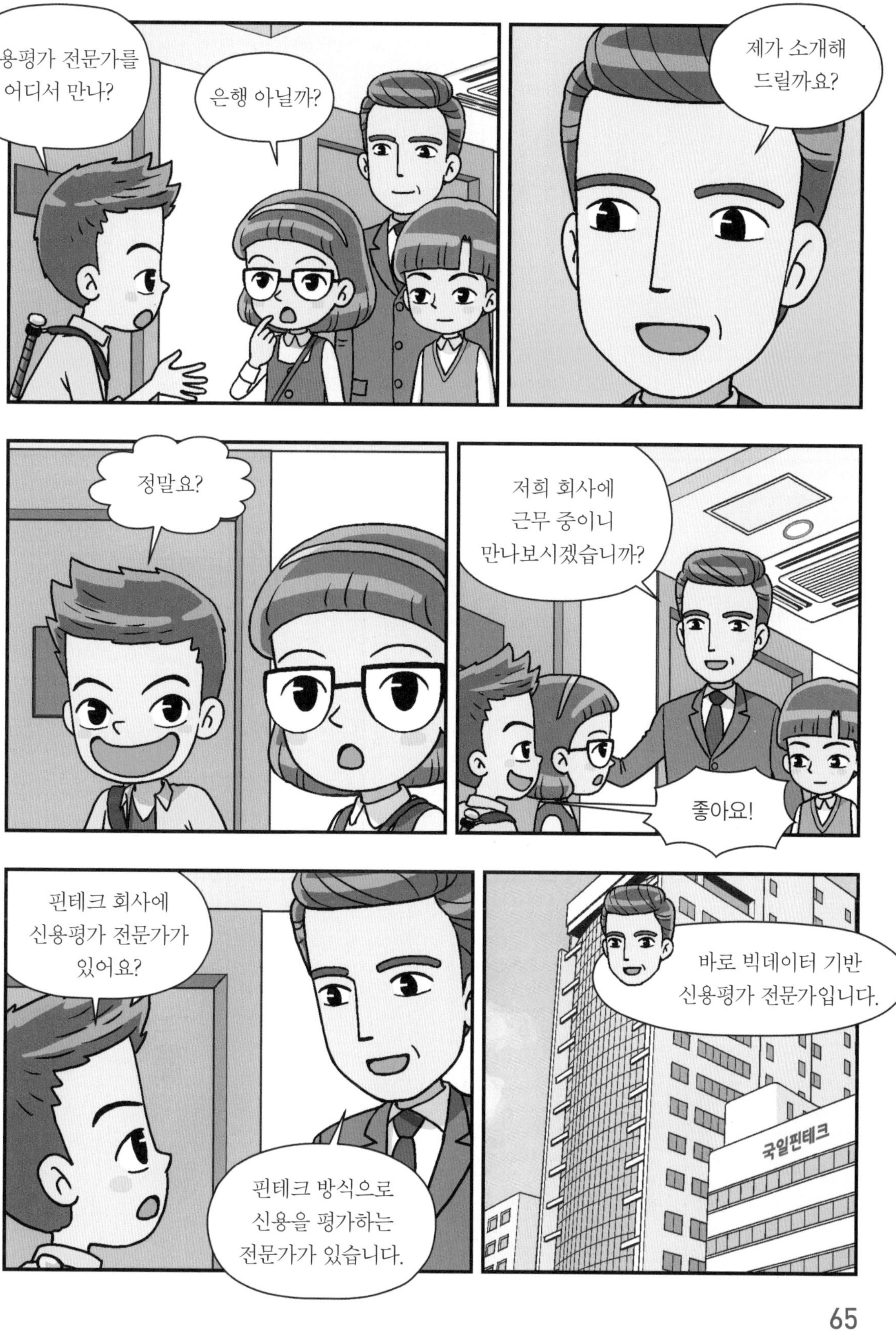
신용평가 전문가를 어디서 만나?
은행 아닐까?
제가 소개해 드릴까요?
정말요?
저희 회사에 근무 중이니 만나보시겠습니까?
좋아요!
핀테크 회사에 신용평가 전문가가 있어요?
핀테크 방식으로 신용을 평가하는 전문가가 있습니다.
바로 빅데이터 기반 신용평가 전문가입니다.
국일핀테크

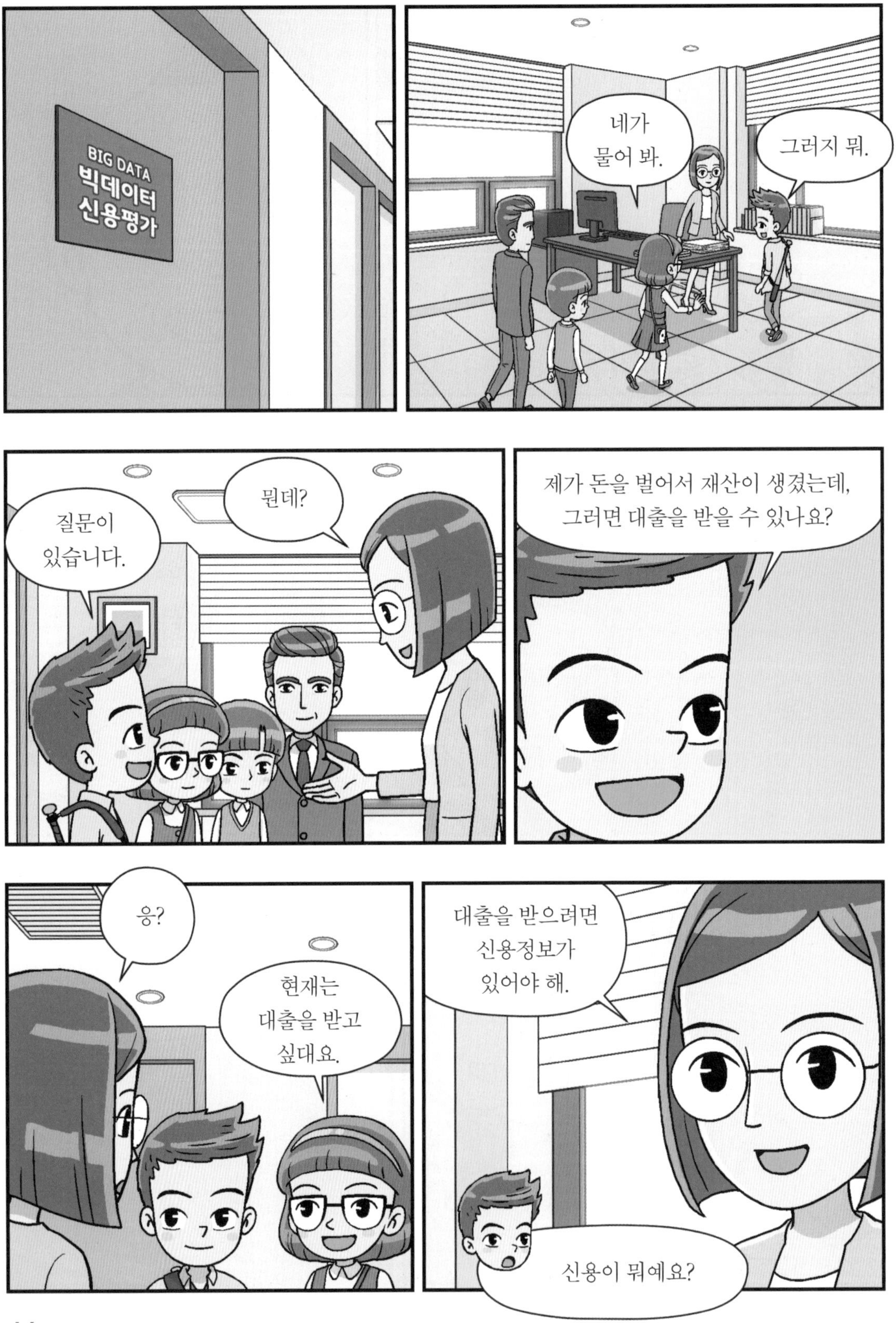
BIG DATA
빅데이터
신용평가
네가
물어 봐.
그러지 뭐.
질문이
있습니다.
뭔데?
제가 돈을 벌어서 재산이 생겼는데,
그러면 대출을 받을 수 있나요?
응?
현재는
대출을 받고
싶대요.
대출을 받으려면
신용정보가
있어야 해.
신용이 뭐예요?

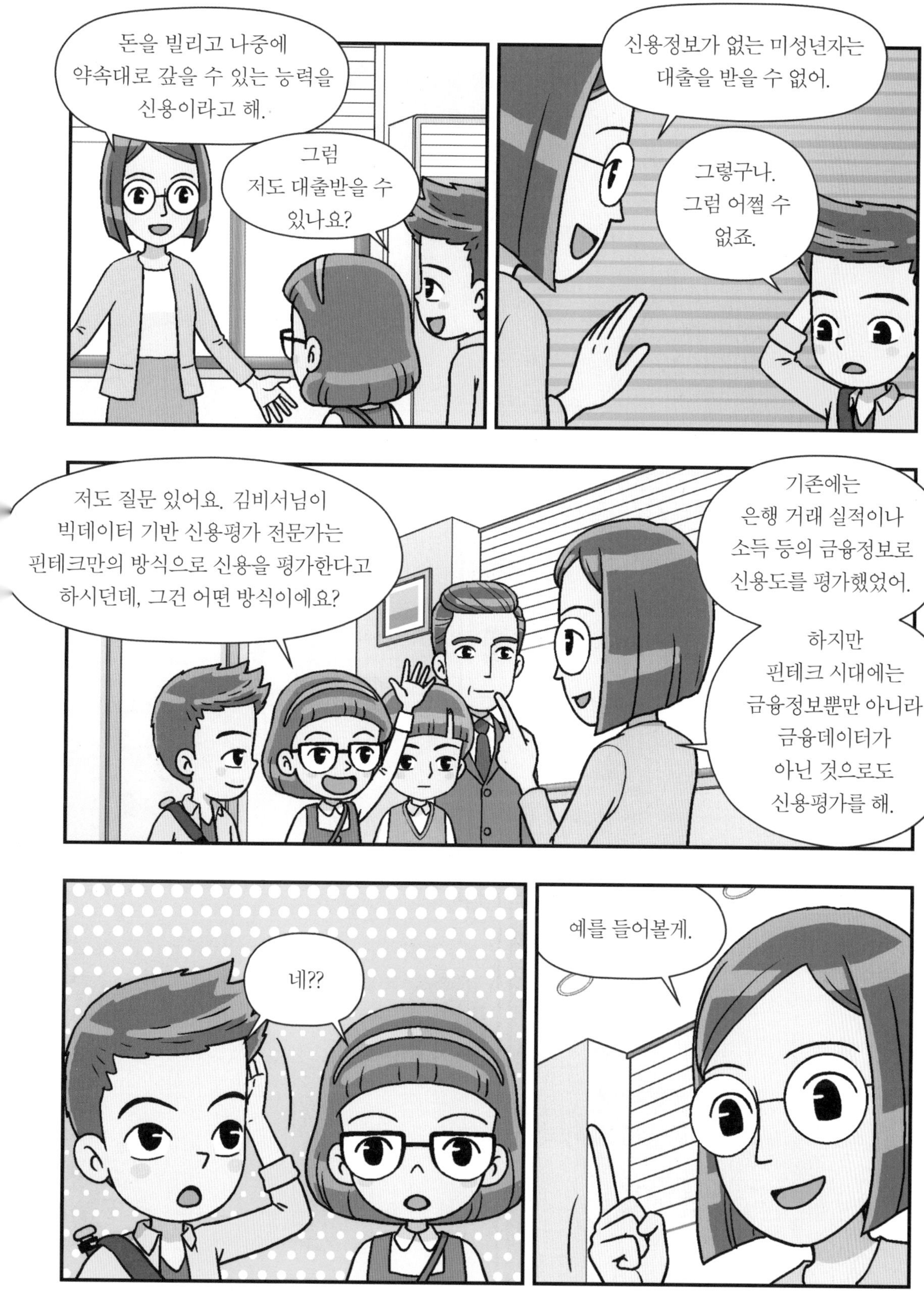

돈을 빌리고 나중에 약속대로 갚을 수 있는 능력을 신용이라고 해.
그럼 저도 대출받을 수 있나요?
신용정보가 없는 미성년자는 대출을 받을 수 없어.
그렇구나. 그럼 어쩔 수 없죠.
저도 질문 있어요. 김비서님이 빅데이터 기반 신용평가 전문가는 핀테크만의 방식으로 신용을 평가한다고 하시던데, 그건 어떤 방식이에요?
기존에는 은행 거래 실적이나 소득 등의 금융정보로 신용도를 평가했었어.
하지만 핀테크 시대에는 금융정보뿐만 아니라 금융데이터가 아닌 것으로도 신용평가를 해.
네??
예를 들어볼게.

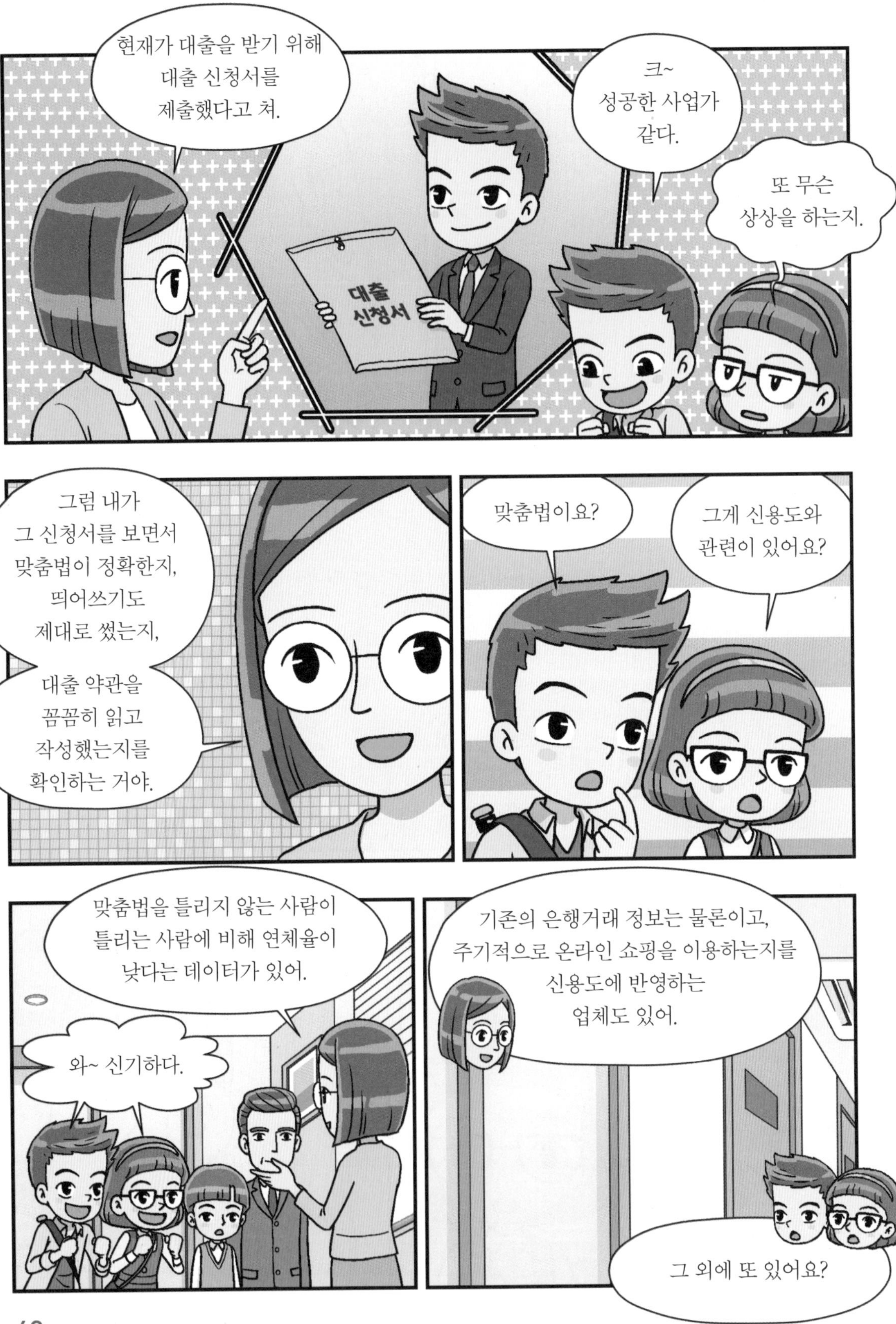
현재가 대출을 받기 위해 대출 신청서를 제출했다고 쳐.
대출 신청서
크~ 성공한 사업가 같다.
또 무슨 상상을 하는지.
그럼 내가 그 신청서를 보면서 맞춤법이 정확한지, 띄어쓰기도 제대로 썼는지,
대출 약관을 꼼꼼히 읽고 작성했는지를 확인하는 거야.
맞춤법이요?
그게 신용도와 관련이 있어요?
맞춤법을 틀리지 않는 사람이 틀리는 사람에 비해 연체율이 낮다는 데이터가 있어.
와~ 신기하다.
기존의 은행거래 정보는 물론이고, 주기적으로 온라인 쇼핑을 이용하는지를 신용도에 반영하는 업체도 있어.
그 외에 또 있어요?

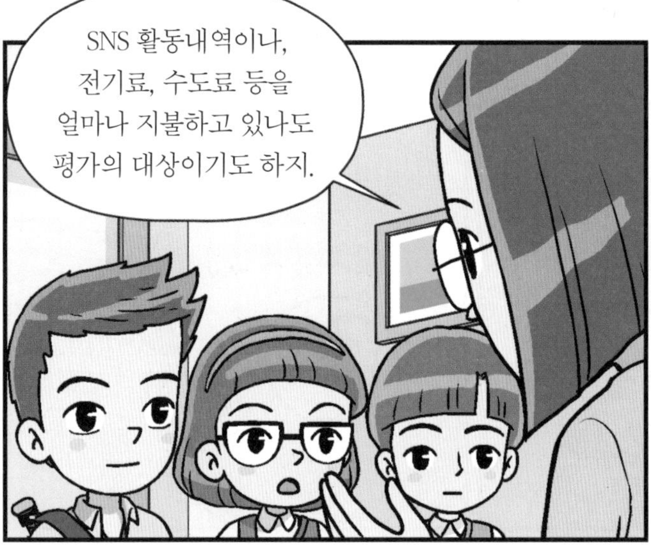
SNS 활동내역이나, 전기료, 수도료 등을 얼마나 지불하고 있나도 평가의 대상이기도 하지.

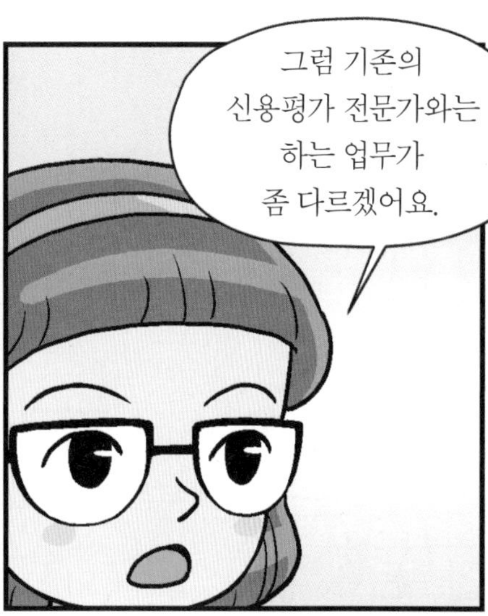
그럼 기존의 신용평가 전문가와는 하는 업무가 좀 다르겠어요.

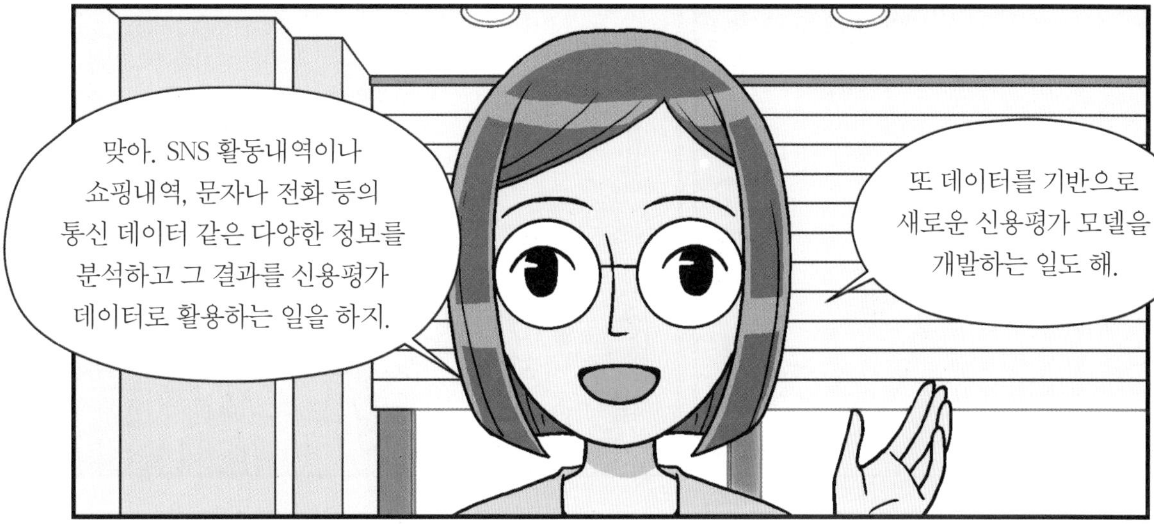
맞아. SNS 활동내역이나 쇼핑내역, 문자나 전화 등의 통신 데이터 같은 다양한 정보를 분석하고 그 결과를 신용평가 데이터로 활용하는 일을 하지.
또 데이터를 기반으로 새로운 신용평가 모델을 개발하는 일도 해.

빅데이터 기반 신용평가 전문가

핀테크 시대가 도래하면서 다양한 정보와 빅데이터를 활용한 신용평가 방식이 도입되고 있습니다. 빅데이터 기반 신용평가 전문가는 다양한 정보와 빅데이터를 활용해서 신용평가를 세분화합니다. SNS 활동내역이나 쇼핑내역 혹은 생활습관과 같은 새로운 데이터를 적용한 신용평가 모델을 구축하고, 빅데이터를 활용해서 수많은 데이터를 처리하며 유의미한 통계를 도출하여 결과를 분석합니다. 기존의 신용평가가 금융거래정보를 기반으로 신뢰도를 평가한 데 비해 빅데이터 기반 신용평가는 금융거래 경험이 없는 청년이나 사회초년생들도 신용도를 평가받을 수 있는 기준을 만들어냄으로써 금융거래에 더 쉽게 접근할 수 있도록 합니다.

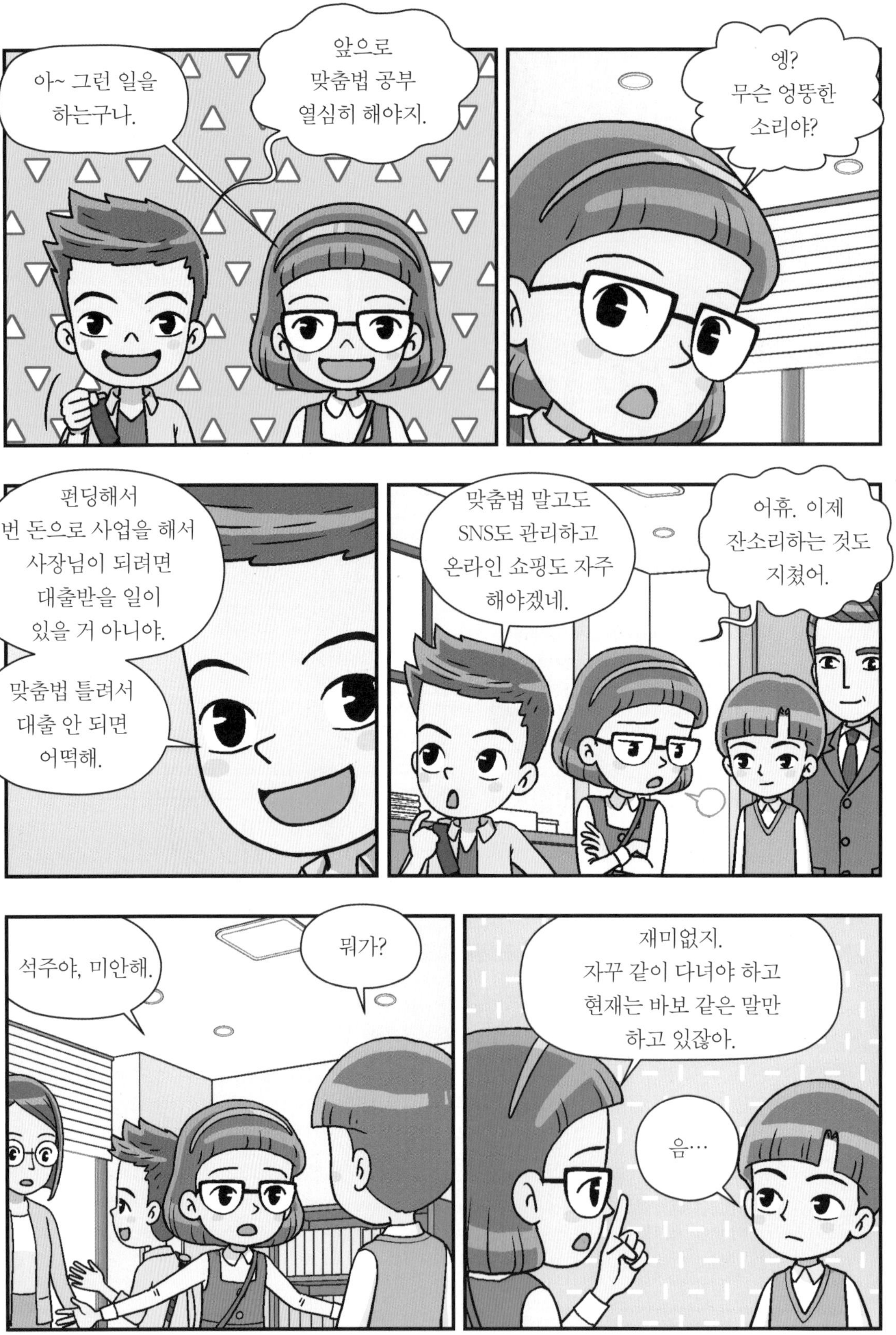
아~ 그런 일을 하는구나.
앞으로 맞춤법 공부 열심히 해야지.
엥? 무슨 엉뚱한 소리야?
펀딩해서 번 돈으로 사업을 해서 사장님이 되려면 대출받을 일이 있을 거 아니야.
맞춤법 틀려서 대출 안 되면 어떡해.
맞춤법 말고도 SNS도 관리하고 온라인 쇼핑도 자주 해야겠네.
어휴. 이제 잔소리하는 것도 지쳤어.
석주야, 미안해.
뭐가?
재미없지. 자꾸 같이 다녀야 하고 현재는 바보 같은 말만 하고 있잖아.
음…

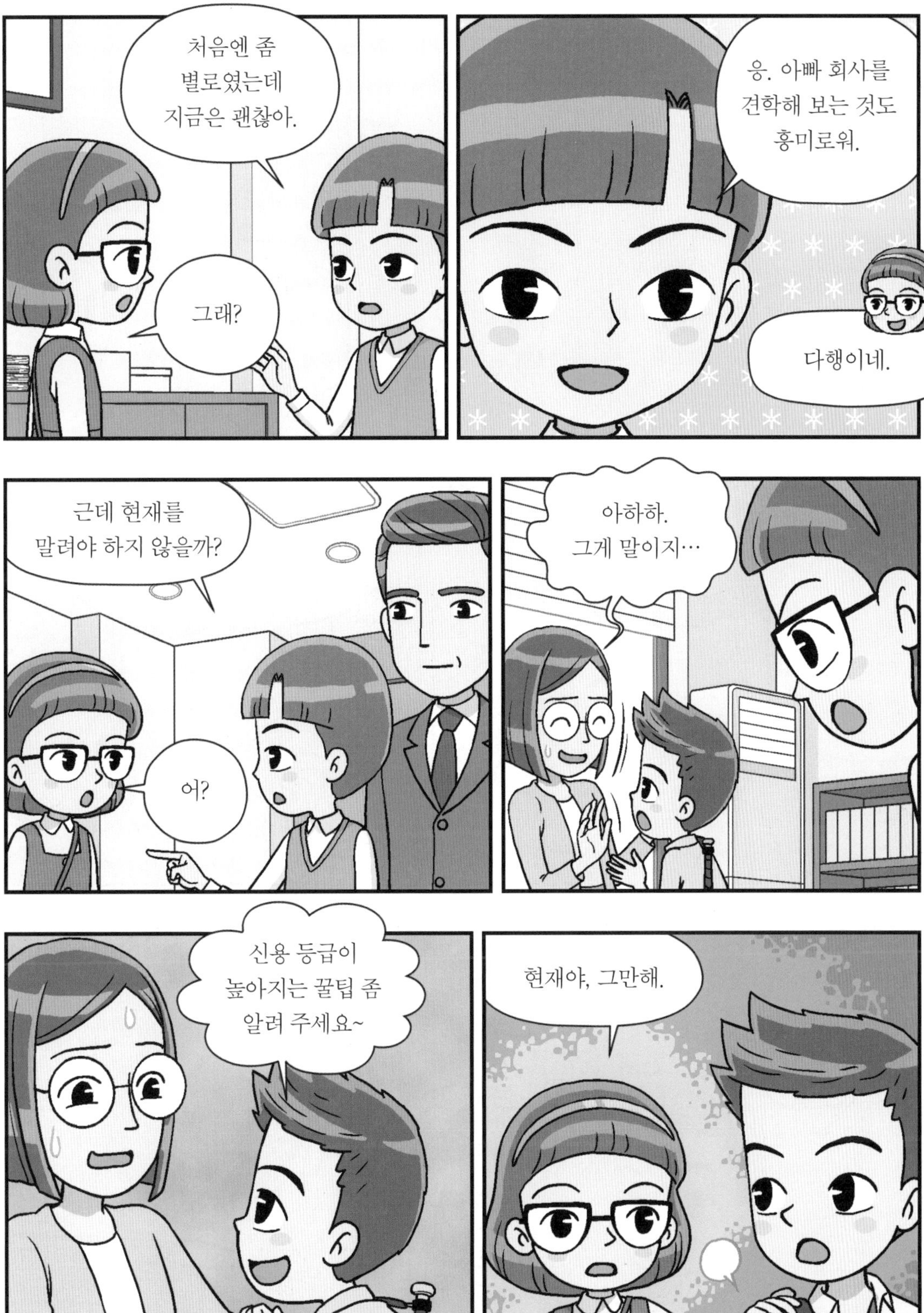
처음엔 좀 별로였는데 지금은 괜찮아.
그래?
응. 아빠 회사를 견학해 보는 것도 흥미로워.
다행이네.
근데 현재를 말려야 하지 않을까?
어?
아하하. 그게 말이지…
신용 등급이 높아지는 꿀팁 좀 알려 주세요~
현재야, 그만해.

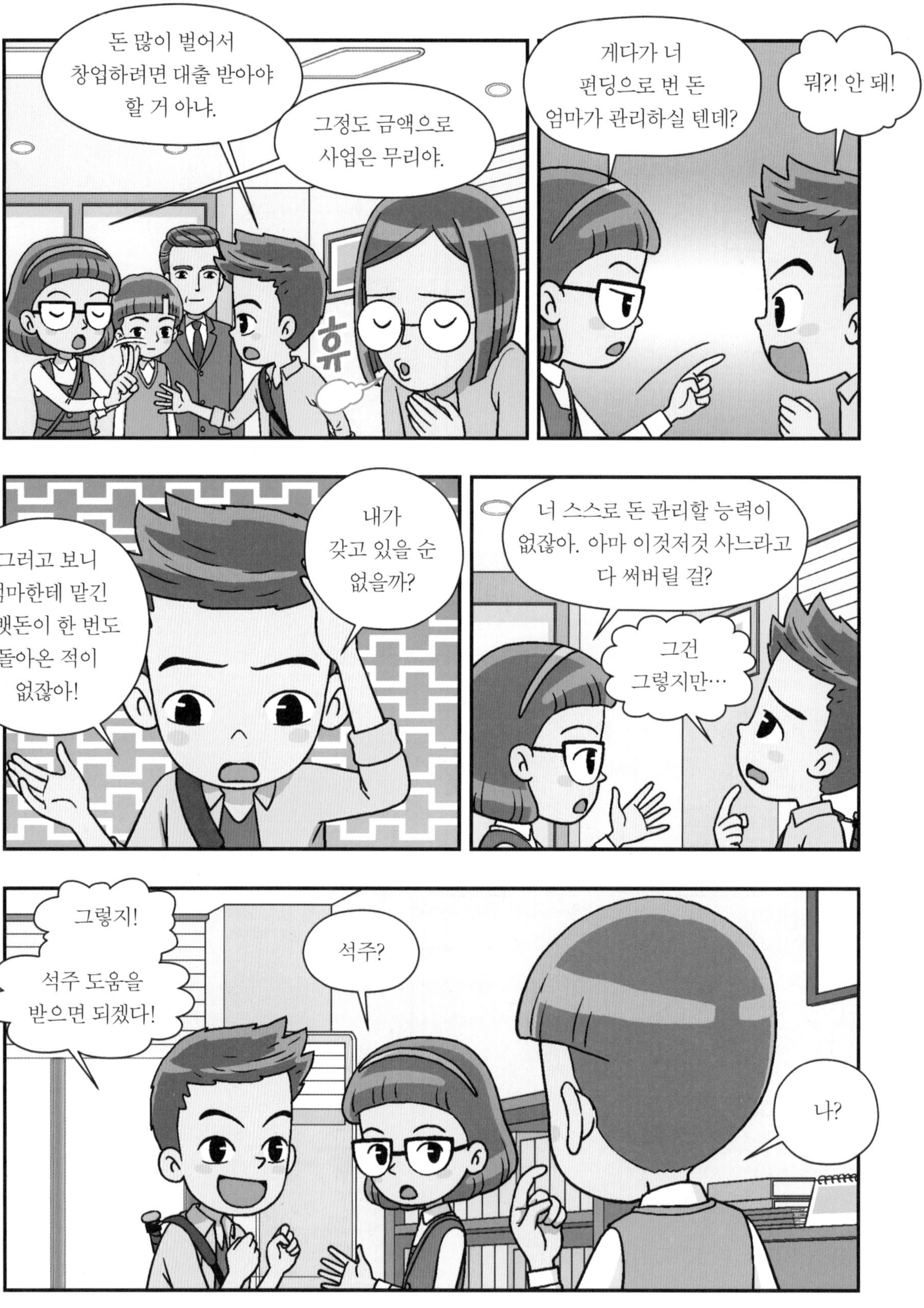
돈 많이 벌어서 창업하려면 대출 받아야 할 거 아냐.
그정도 금액으로 사업은 무리야.
휴
게다가 너 펀딩으로 번 돈 엄마가 관리하실 텐데?
뭐?! 안 돼!
그러고 보니 엄마한테 맡긴 세뱃돈이 한 번도 돌아온 적이 없잖아!
내가 갖고 있을 순 없을까?
너 스스로 돈 관리할 능력이 없잖아. 아마 이것저것 사느라고 다 써버릴 걸?
그건 그렇지만…
그렇지!
석주 도움을 받으면 되겠다!
석주?
나?

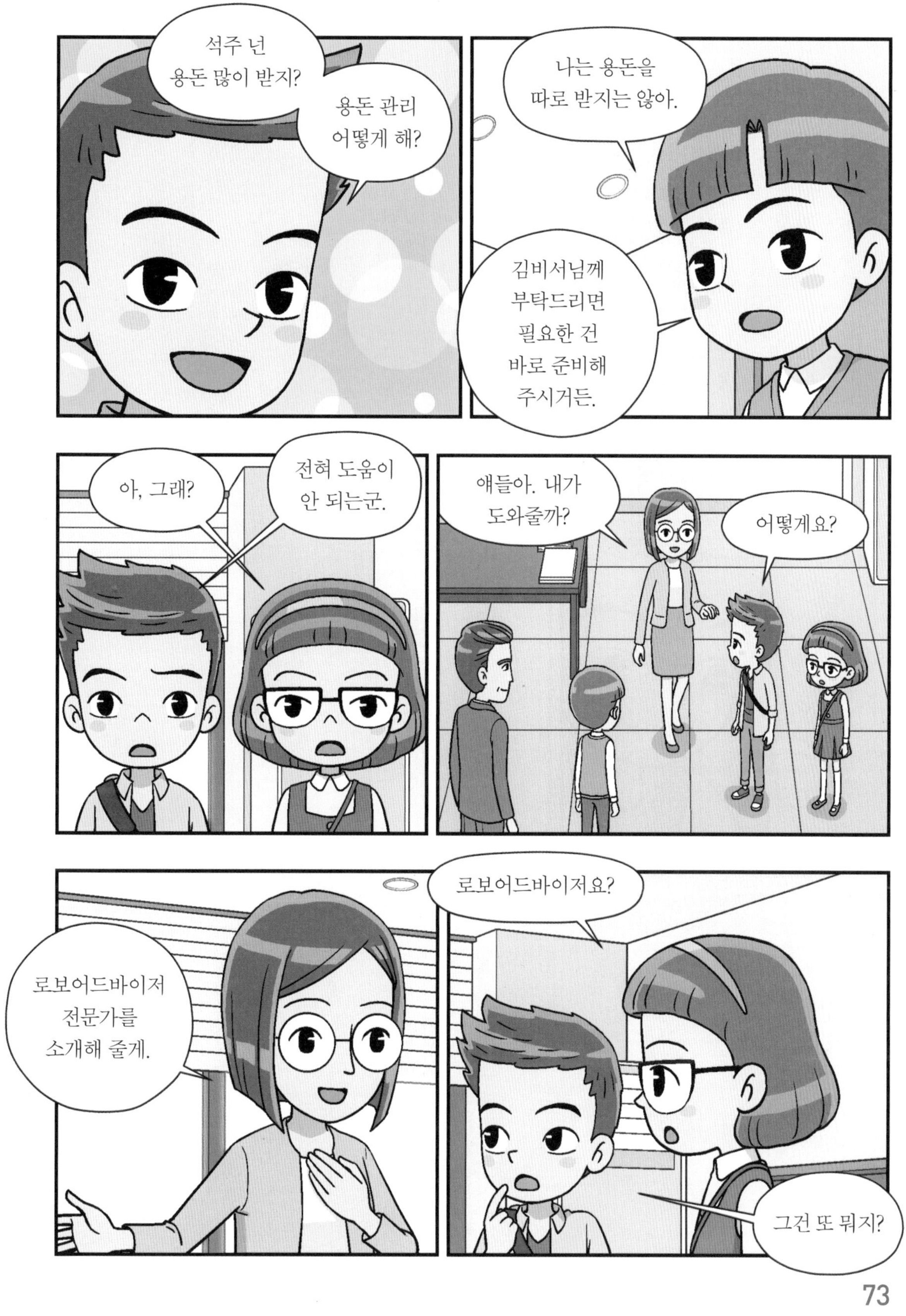
석주 넌
용돈 많이 받지?
용돈 관리
어떻게 해?
나는 용돈을
따로 받지는 않아.
김비서님께
부탁드리면
필요한 건
바로 준비해
주시거든.
아, 그래?
전혀 도움이
안 되는군.
얘들아. 내가
도와줄까?
어떻게요?
로보어드바이저
전문가를
소개해 줄게.
로보어드바이저요?
그건 또 뭐지?

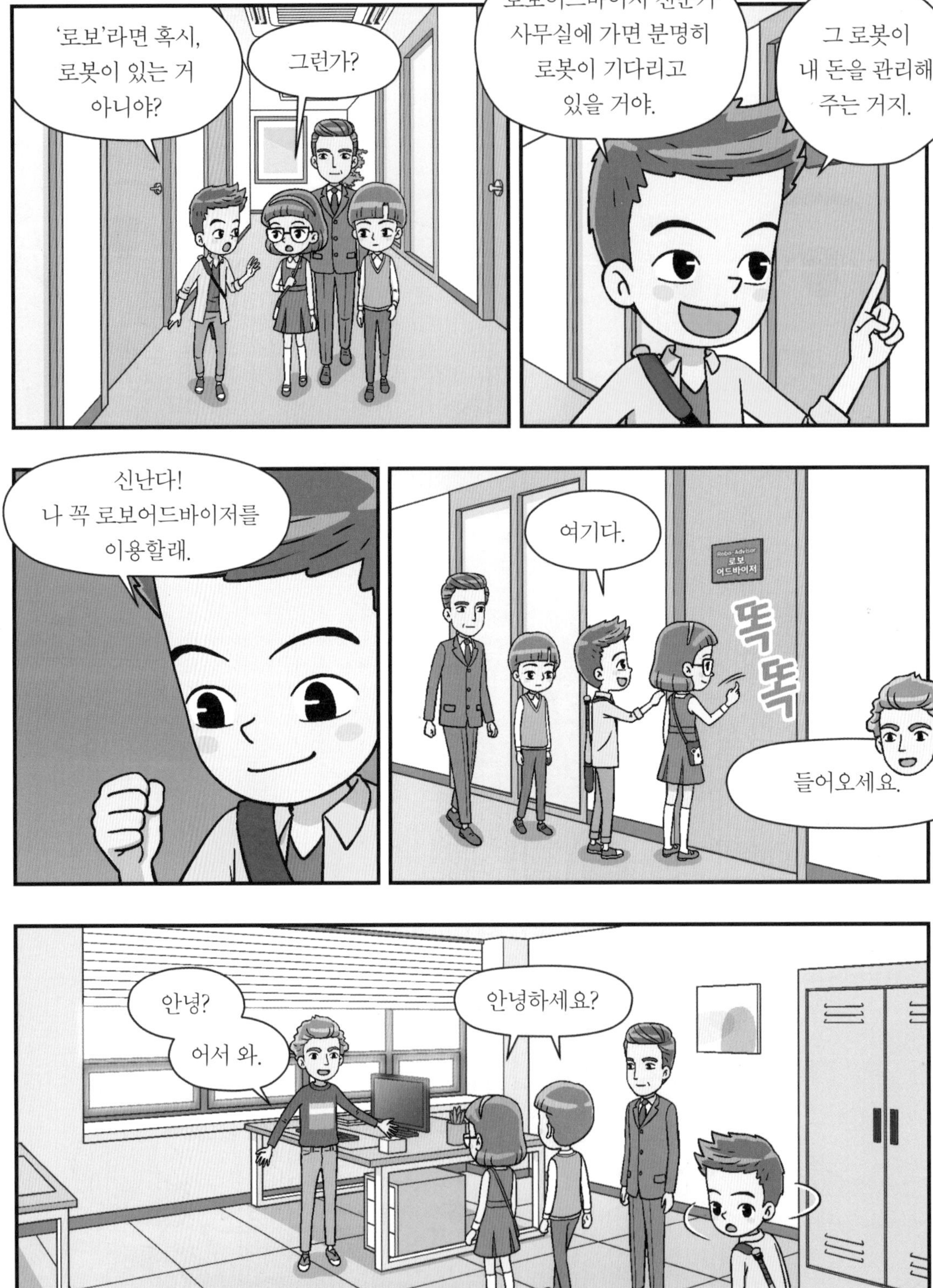
'로보'라면 혹시,
로봇이 있는 거
아니야?
그런가?
로보어드바이저 전문가
사무실에 가면 분명히
로봇이 기다리고
있을 거야.
그 로봇이
내 돈을 관리해
주는 거지.
신난다!
나 꼭 로보어드바이저를
이용할래.
여기다.
Robo-Advisor
로보
어드바이저
똑똑
들어오세요.
안녕?
어서 와.
안녕하세요?

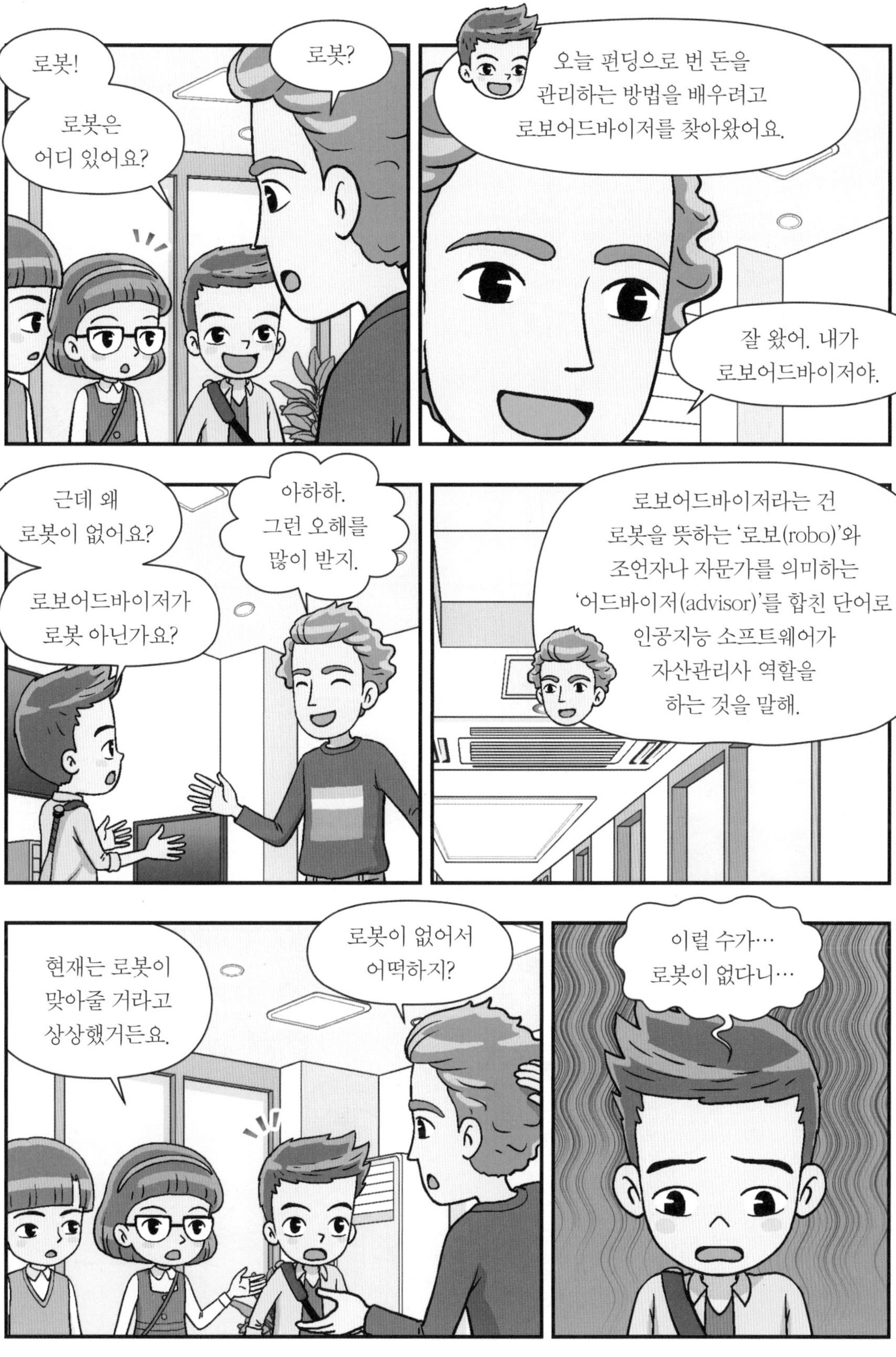
로봇!
로봇은 어디 있어요?
로봇?
오늘 펀딩으로 번 돈을 관리하는 방법을 배우려고 로보어드바이저를 찾아왔어요.
잘 왔어. 내가 로보어드바이저야.
근데 왜 로봇이 없어요?
로보어드바이저가 로봇 아닌가요?
아하하. 그런 오해를 많이 받지.
로보어드바이저라는 건 로봇을 뜻하는 '로보(robo)'와 조언자나 자문가를 의미하는 '어드바이저(advisor)'를 합친 단어로 인공지능 소프트웨어가 자산관리사 역할을 하는 것을 말해.
현재는 로봇이 맞아줄 거라고 상상했거든요.
로봇이 없어서 어떡하지?
이럴 수가… 로봇이 없다니…

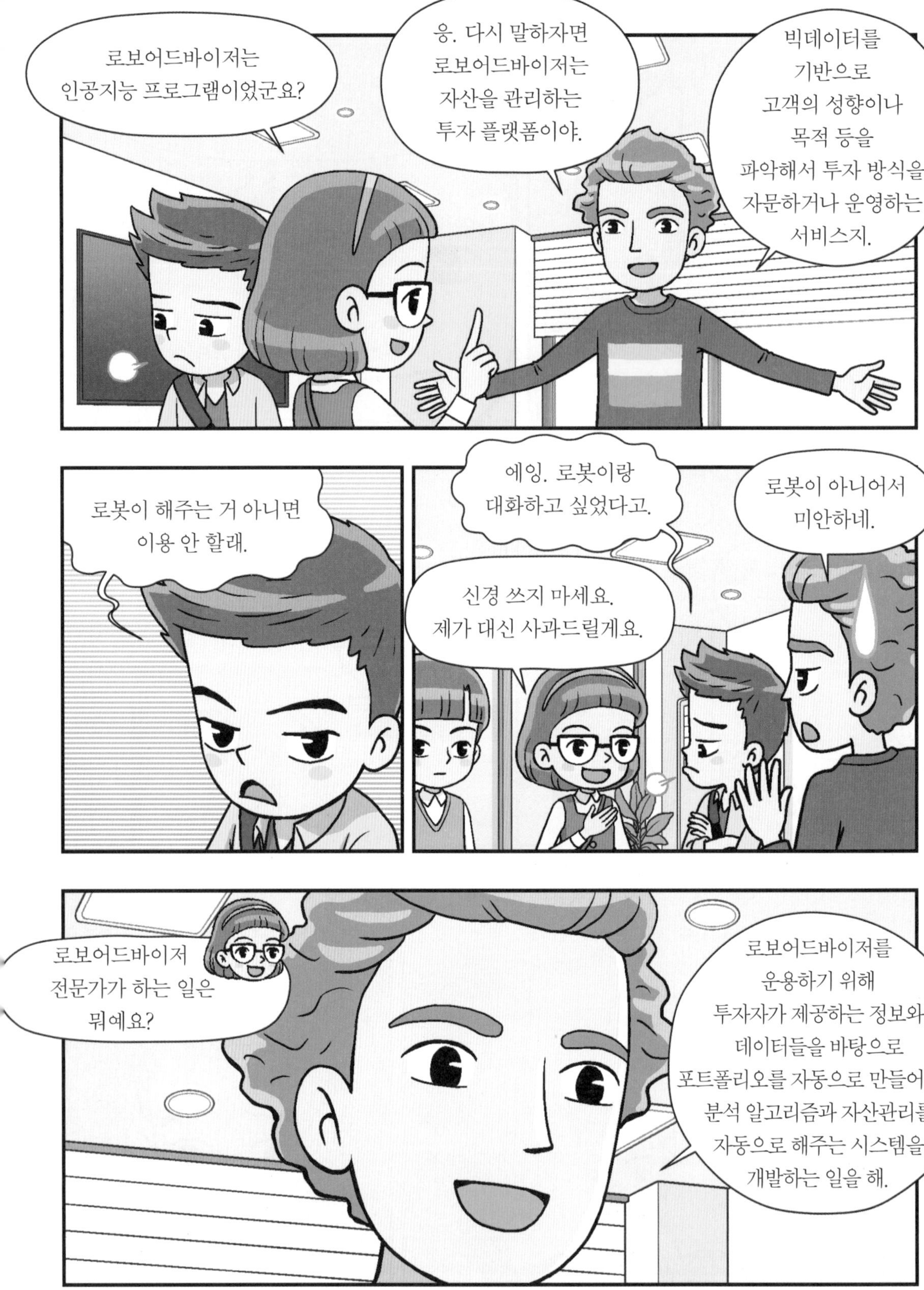
로보어드바이저는 인공지능 프로그램이었군요?
응. 다시 말하자면 로보어드바이저는 자산을 관리하는 투자 플랫폼이야.
빅데이터를 기반으로 고객의 성향이나 목적 등을 파악해서 투자 방식을 자문하거나 운영하는 서비스지.
로봇이 해주는 거 아니면 이용 안 할래.
에잉. 로봇이랑 대화하고 싶었다고.
로봇이 아니어서 미안하네.
신경 쓰지 마세요. 제가 대신 사과드릴게요.
로보어드바이저 전문가가 하는 일은 뭐예요?
로보어드바이저를 운용하기 위해 투자자가 제공하는 정보와 데이터들을 바탕으로 포트폴리오를 자동으로 만들어주는 분석 알고리즘과 자산관리를 자동으로 해주는 시스템을 개발하는 일을 해.

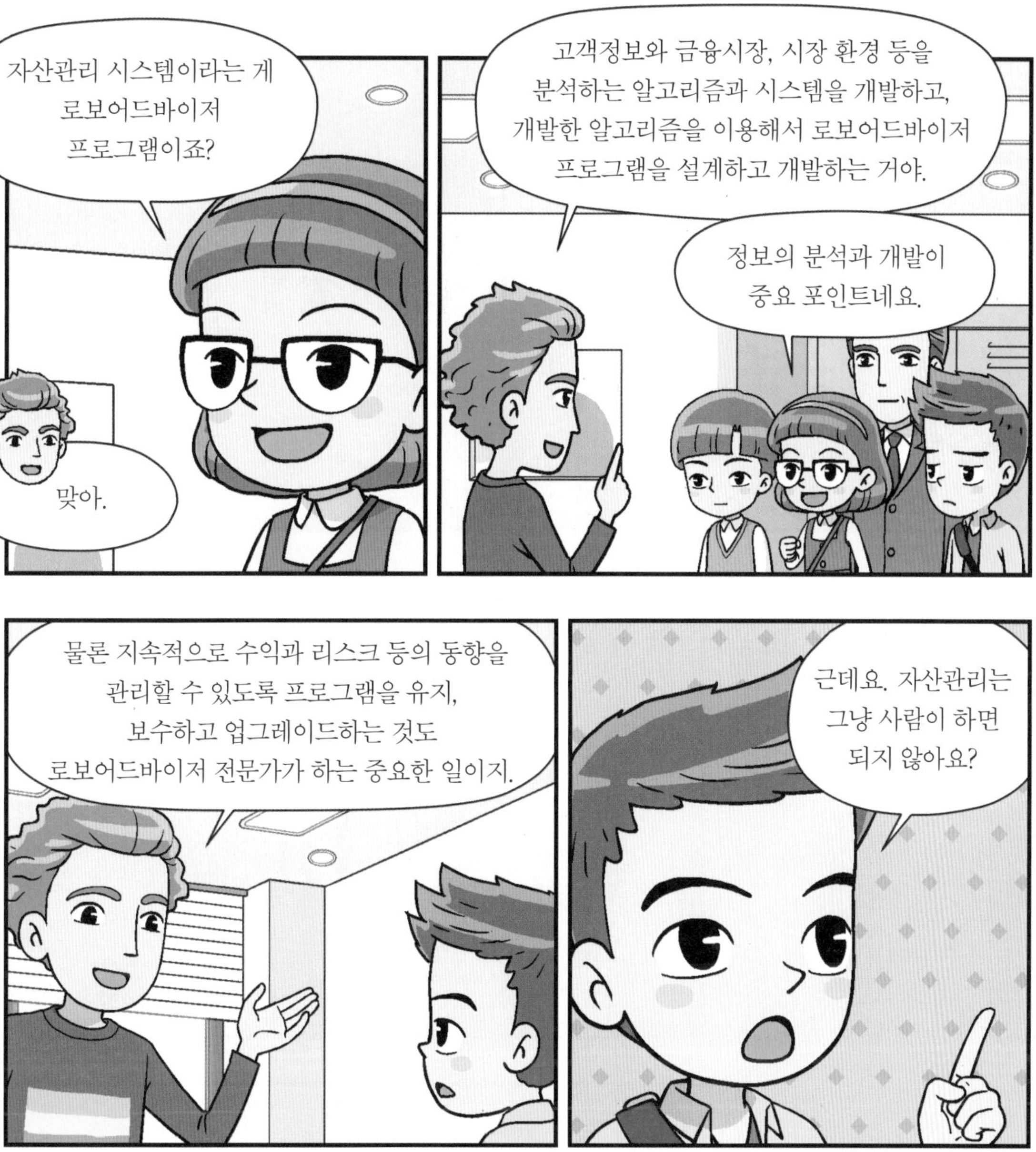
자산관리 시스템이라는 게 로보어드바이저 프로그램이죠?
맞아.
고객정보와 금융시장, 시장 환경 등을 분석하는 알고리즘과 시스템을 개발하고, 개발한 알고리즘을 이용해서 로보어드바이저 프로그램을 설계하고 개발하는 거야.
정보의 분석과 개발이 중요 포인트네요.
물론 지속적으로 수익과 리스크 등의 동향을 관리할 수 있도록 프로그램을 유지, 보수하고 업그레이드하는 것도 로보어드바이저 전문가가 하는 중요한 일이지.
근데요. 자산관리는 그냥 사람이 하면 되지 않아요?

로보어드바이저 전문가

투자자가 제공한 정보를 바탕으로 알고리즘 및 엔진을 개발하고 주식시장이나 금융시장을 분석하며 시장상황을 파악, 분석하는 시스템을 설계하고 개발합니다. 이를 통해 투자자의 자산을 운용, 관리하고 자문하는 자동서비스를 개발하고 유지, 향상시킵니다.

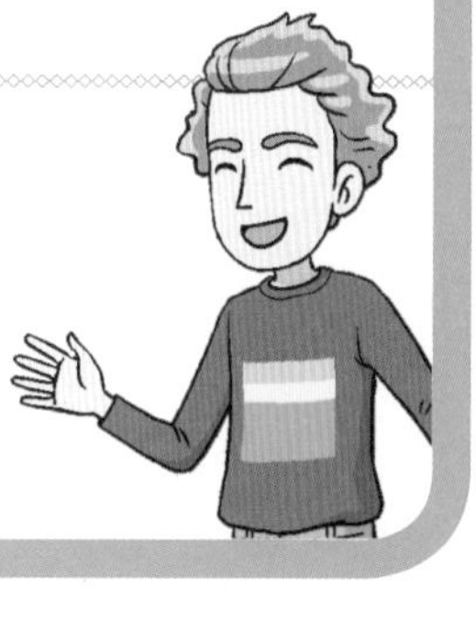

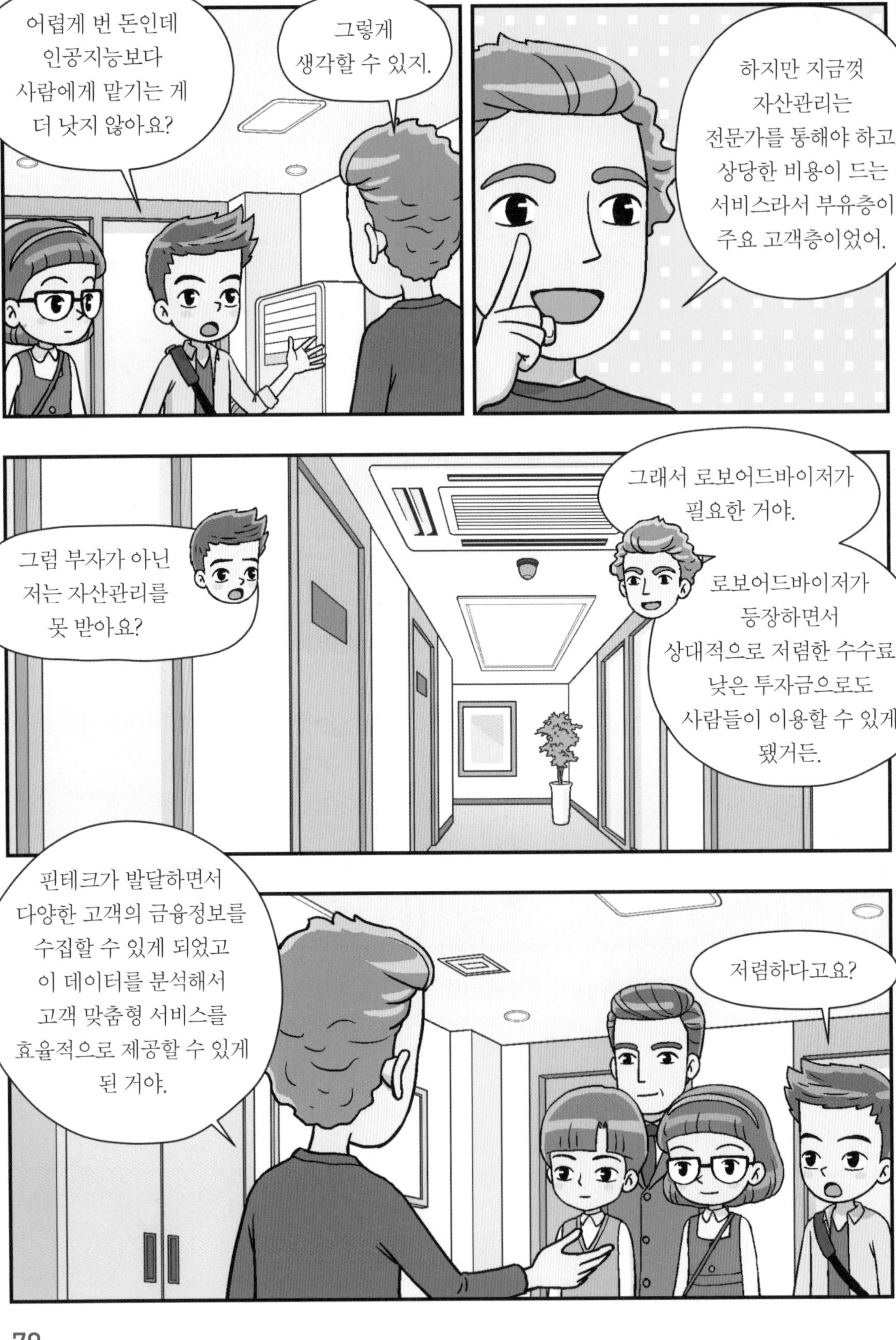
어렵게 번 돈인데 인공지능보다 사람에게 맡기는 게 더 낫지 않아요?
그렇게 생각할 수 있지.
하지만 지금껏 자산관리는 전문가를 통해야 하고, 상당한 비용이 드는 서비스라서 부유층이 주요 고객층이었어.
그럼 부자가 아닌 저는 자산관리를 못 받아요?
그래서 로보어드바이저가 필요한 거야.
로보어드바이저가 등장하면서 상대적으로 저렴한 수수료와 낮은 투자금으로도 사람들이 이용할 수 있게 됐거든.
저렴하다고요?
핀테크가 발달하면서 다양한 고객의 금융정보를 수집할 수 있게 되었고 이 데이터를 분석해서 고객 맞춤형 서비스를 효율적으로 제공할 수 있게 된 거야.

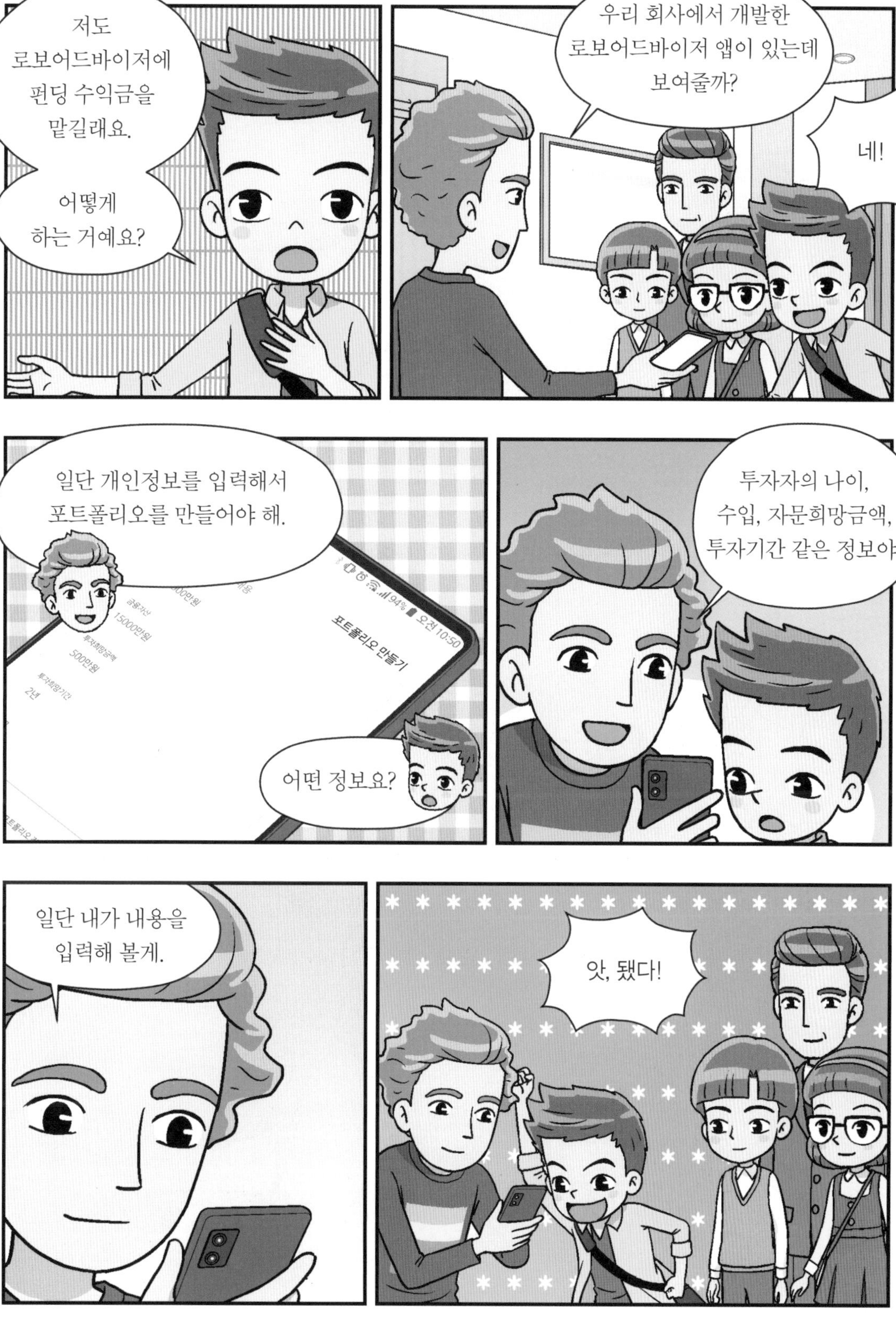
저도 로보어드바이저에 펀딩 수익금을 맡길래요.
어떻게 하는 거예요?
우리 회사에서 개발한 로보어드바이저 앱이 있는데 보여줄까?
네!
일단 개인정보를 입력해서 포트폴리오를 만들어야 해.
포트폴리오 만들기
어떤 정보요?
투자자의 나이, 수입, 자문희망금액, 투자기간 같은 정보야.
일단 내가 내용을 입력해 볼게.
앗, 됐다!

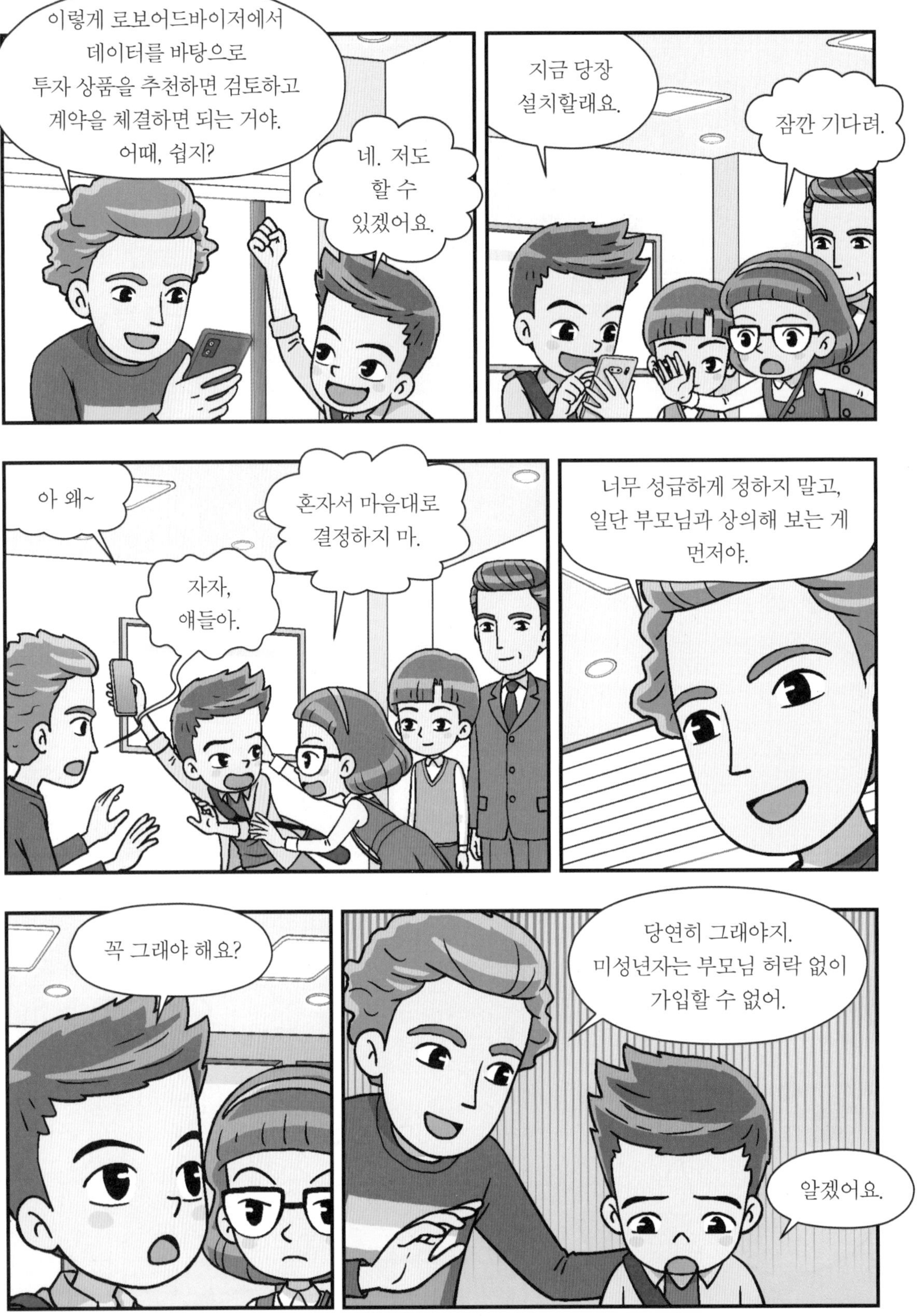

이렇게 로보어드바이저에서 데이터를 바탕으로 투자 상품을 추천하면 검토하고 계약을 체결하면 되는 거야. 어때, 쉽지?
네. 저도 할 수 있겠어요.
지금 당장 설치할래요.
잠깐 기다려.
아 왜~
혼자서 마음대로 결정하지 마.
자자, 얘들아.
너무 성급하게 정하지 말고, 일단 부모님과 상의해 보는 게 먼저야.
꼭 그래야 해요?
당연히 그래야지. 미성년자는 부모님 허락 없이 가입할 수 없어.
알겠어요.

부모님 허락 받은 다음에 궁금한 점이 있으면 또 와. 다 알려 줄게.

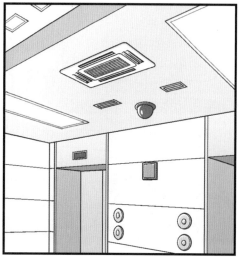

진짜 너 때문에 못 살겠어.

자세히 따져보고, 엄마, 아빠한테도 허락 받아야지. 네 마음대로 하려고 하면 어떡해?

결국 내 마음대로 안 했잖아.

몰라. 집에 가서 엄마한테 다 말할 거야.

뭐? 안 돼!

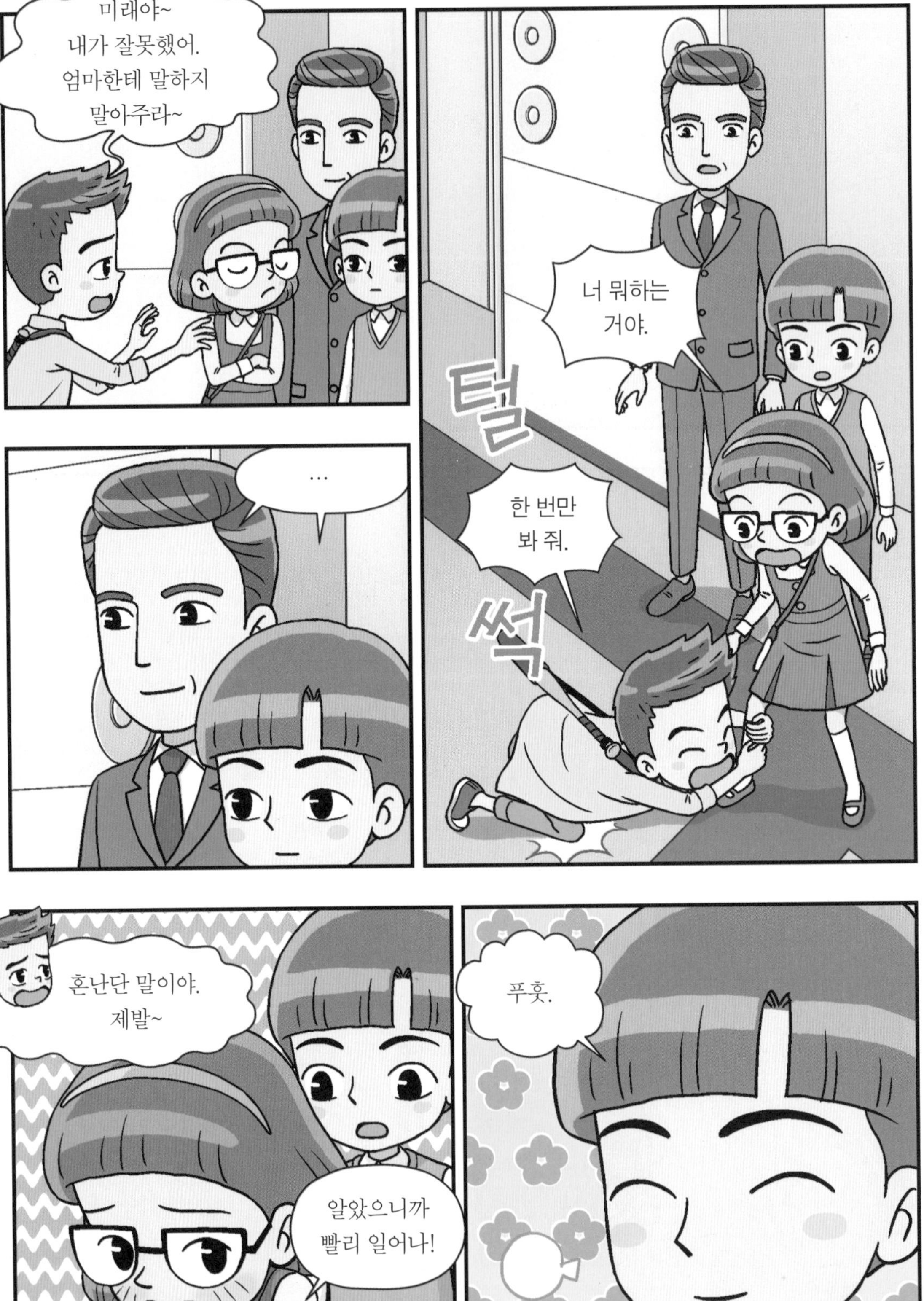

미래야~ 내가 잘못했어. 엄마한테 말하지 말아주라~
너 뭐하는 거야.
털
...
한 번만 봐 줘.
썩
혼난단 말이야. 제발~
알았으니까 빨리 일어나!
푸훗.

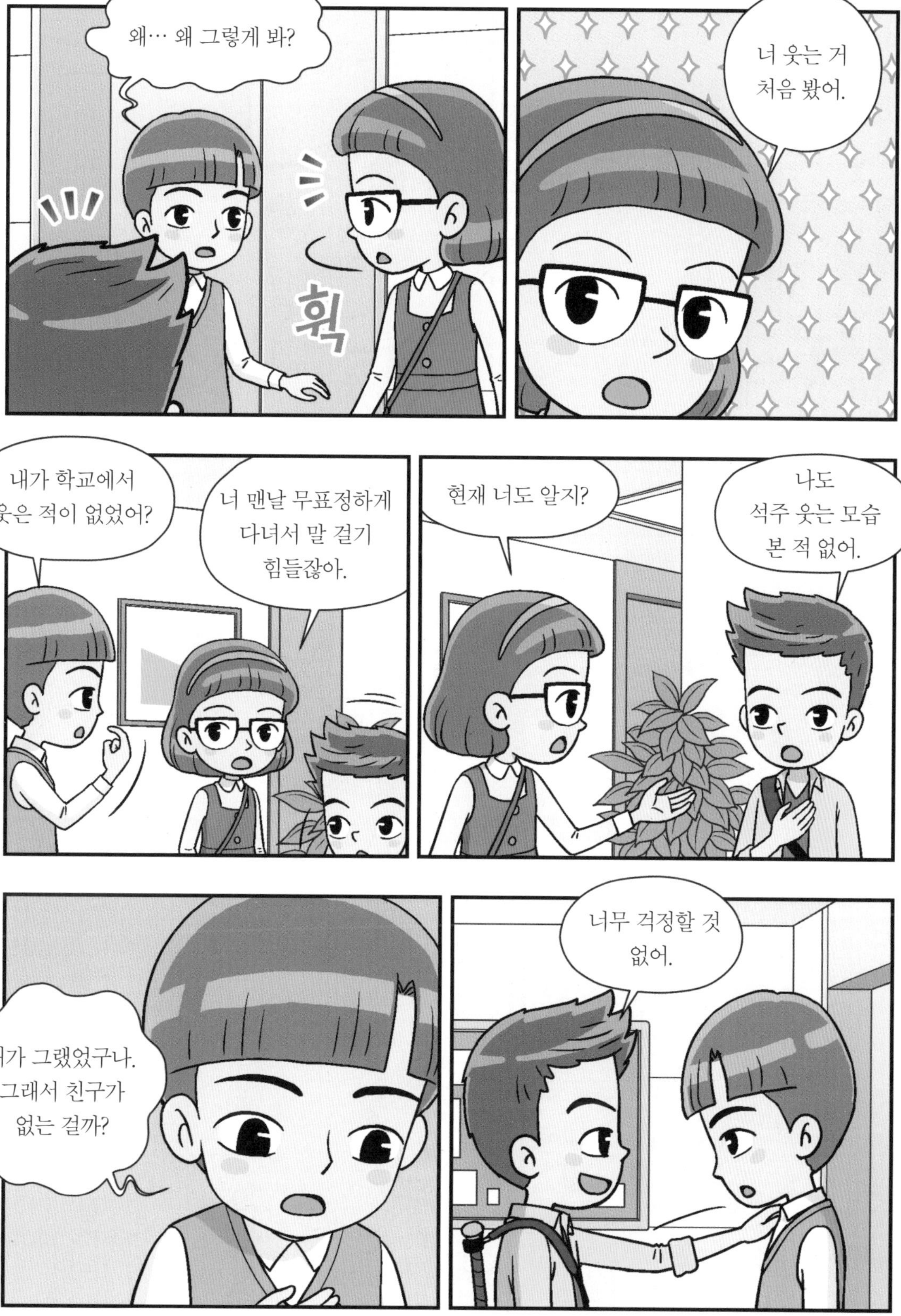

왜… 왜 그렇게 봐?
휙
너 웃는 거 처음 봤어.
내가 학교에서 웃은 적이 없었어?
너 맨날 무표정하게 다녀서 말 걸기 힘들잖아.
현재 너도 알지?
나도 석주 웃는 모습 본 적 없어.
내가 그랬었구나. 그래서 친구가 없는 걸까?
너무 걱정할 것 없어.

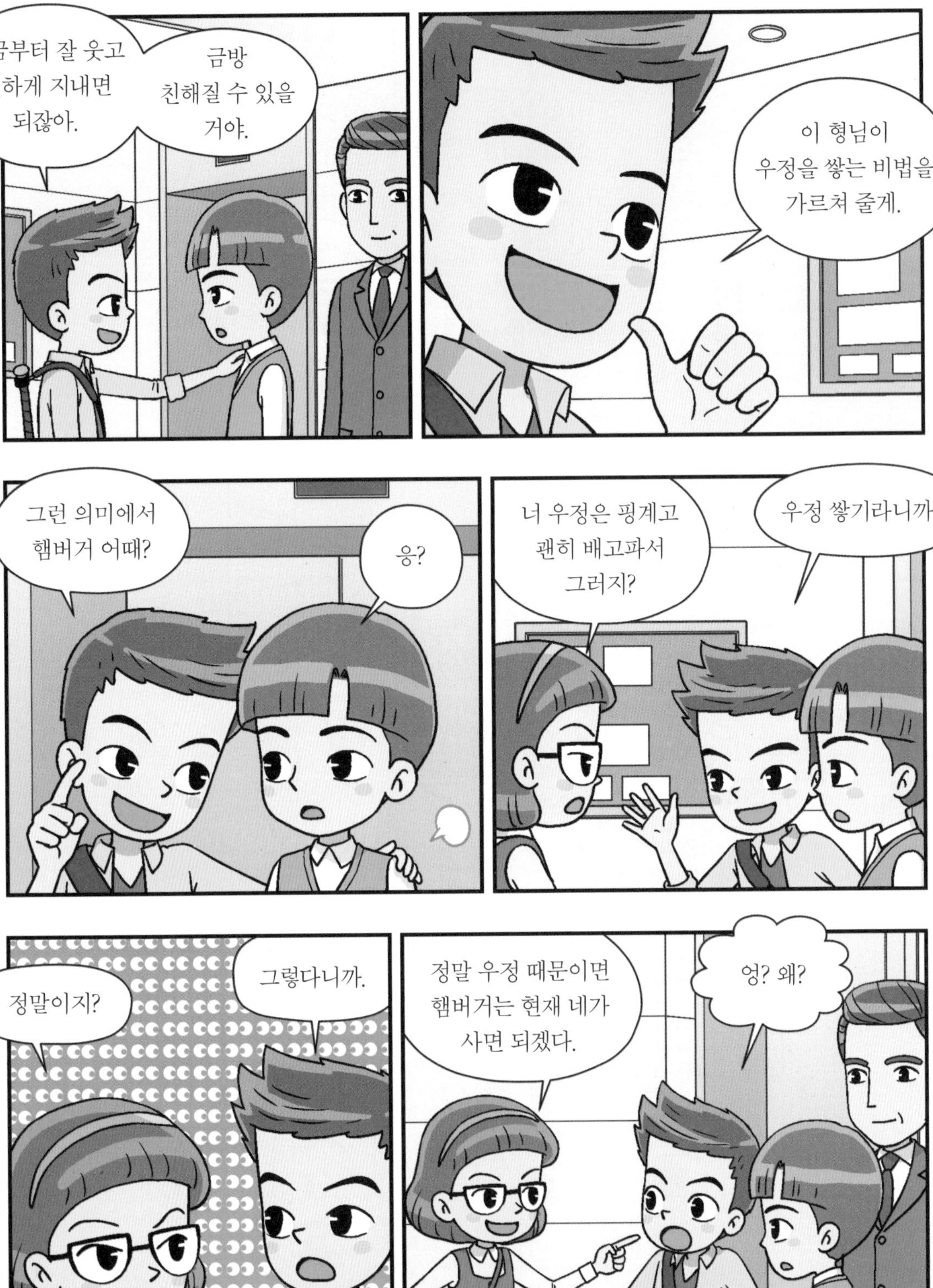
지금부터 잘 웃고 친하게 지내면 되잖아.
금방 친해질 수 있을 거야.
이 형님이 우정을 쌓는 비법을 가르쳐 줄게.
그런 의미에서 햄버거 어때?
응?
너 우정은 핑계고 괜히 배고파서 그러지?
우정 쌓기라니까.
정말이지?
그렇다니까.
정말 우정 때문이면 햄버거는 현재 네가 사면 되겠다.
엉? 왜?

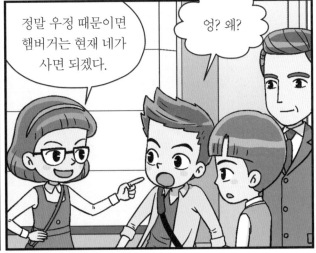

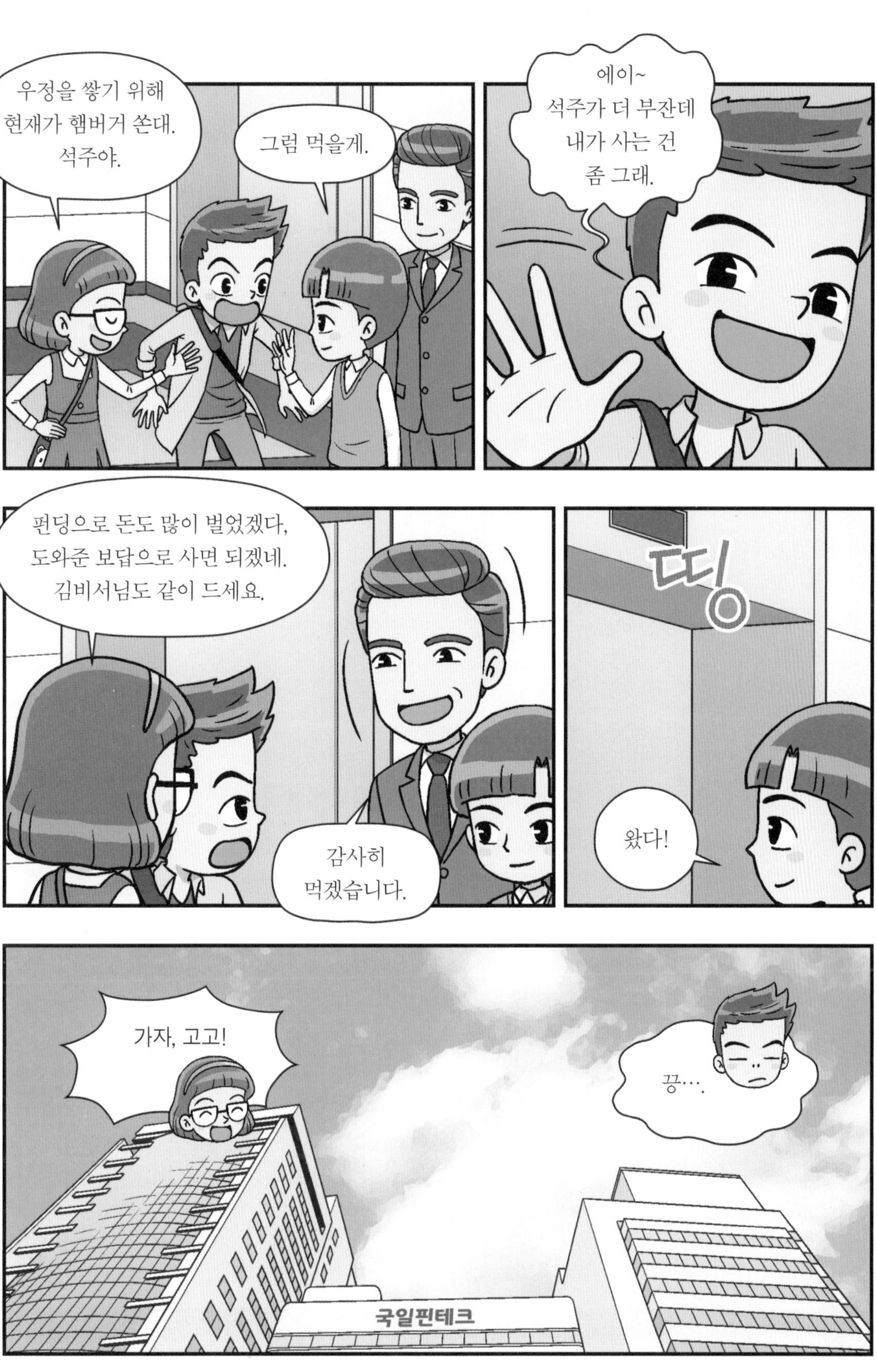
우정을 쌓기 위해 현재가 햄버거 쏜대. 석주야.
그럼 먹을게.
에이~ 석주가 더 부잔데 내가 사는 건 좀 그래.
펀딩으로 돈도 많이 벌었겠다, 도와준 보답으로 사면 되겠네. 김비서님도 같이 드세요.
감사히 먹겠습니다.
띵
왔다!
가자, 고고!
끙….
국일핀테크

핀테크의 성공 요소

미래학자 제이슨 솅커는 핀테크가 글로벌 경제에 미치는 영향이 상상보다 훨씬 클 것이라고 예상했어요. 전 세계 17억 명 이상이 은행 서비스를 이용하지 않는다고 하는데요. 이처럼 기존의 은행을 이용하기 어려운 수많은 사람이 은행 대신 사용이 쉬운 핀테크를 사용하게 되면 핀테크는 더 큰 발전을 할 수 있을 거예요. 핀테크를 성공적으로 안착시키려면 세 가지를 갖추어야 하는데요. 그 요소가 무엇인지 알아볼까요?

전문가들은 핀테크가 성공하려면 세 가지 요소를 갖추어야 한다고 말해요. 세 가지 요소는 바로 신뢰, 보안, 사용자 경험이에요.

① 신뢰

핀테크는 비대면으로 온라인에서 진행되기 때문에 신뢰가 매우 중요해요. 핀테크 산업에서 사용자에게 신뢰를 주려면 잠재적 위협 요소가 없어야 하기에 사용자 간의 거래에서 수학적 증거에 기반한 신뢰(Trust by Cryptographic Proof)나 투명성에 기반한 신뢰(Trust by Transparency)와 같은 새로운 신뢰의 개념이 중요해요. 핀테크는 전에는 없던 서비스이기 때문에 사용자에게 안전하다는 신뢰감과 사용하기 편해진 기존 서비스의 연장선이라는 인식을 심어 주어야 해요.

② 보안

사용자와 신뢰를 쌓으려면 기본적으로 보안이 제대로 이루어져야 하는데요. 그래서 중국의 알리바바는 알리페이라는 제3자 결제방식을 도입함으로써 성공적인 핀테크 시장을 창출하고 있어요. 보안이 철저하게 이루어지는 블록체인도 핀테크 산업에서 주목받고 있는 보안기술로 가상화폐나 디지털 자산과 같은 다양한 금융서비스에 활용되고 있어요.

③ 사용자 경험

기존의 금융거래는 오프라인에서 은행이나 카드사를 통해 이뤄졌어요. 하지만 핀테크가 등장하면서 상거래나 일부 금융 관련 서비스들이 온라인으로 옮겨갔고 PC, 모바일 앱 등의 플랫폼을 통해 실행되고 있어요. 이렇게 급변한 환경 속에서 사용자들에게 보다 더 편리한 금융경험을 제공하는 것이 핀테크 산업에서는 무엇보다 중요해요. 즉 기존의 금융 산업에 있던 수많은 규제의 벽을 낮추고 새로운 금융상품과 서비스를 이용할 수 있는 환경을 마련해 주어야 하는 것이에요. 편리한 기술은 이미 나와 있어요. 중요한 것은 핀테크를 운용하는 금융기관이 어떻게 이러한 기술들을 활용하여 사용자를 모으고 필요한 가치를 쉽고 편리하게 제공할 수 있는가예요. 아마존, 우버, 애플 등 새로운 기술과 제품 사용 경험을 선보인 혁신적인 글로벌기업들처럼 핀테크라는 획기적인 서비스를 우리 일상에 자리잡도록 해야해요.

결제가 쉬워졌어요

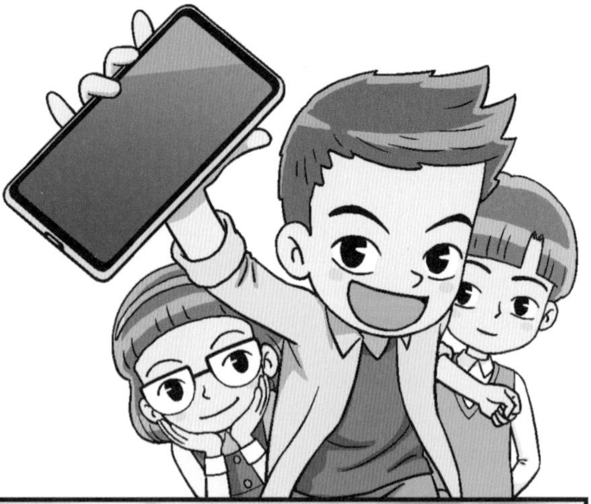

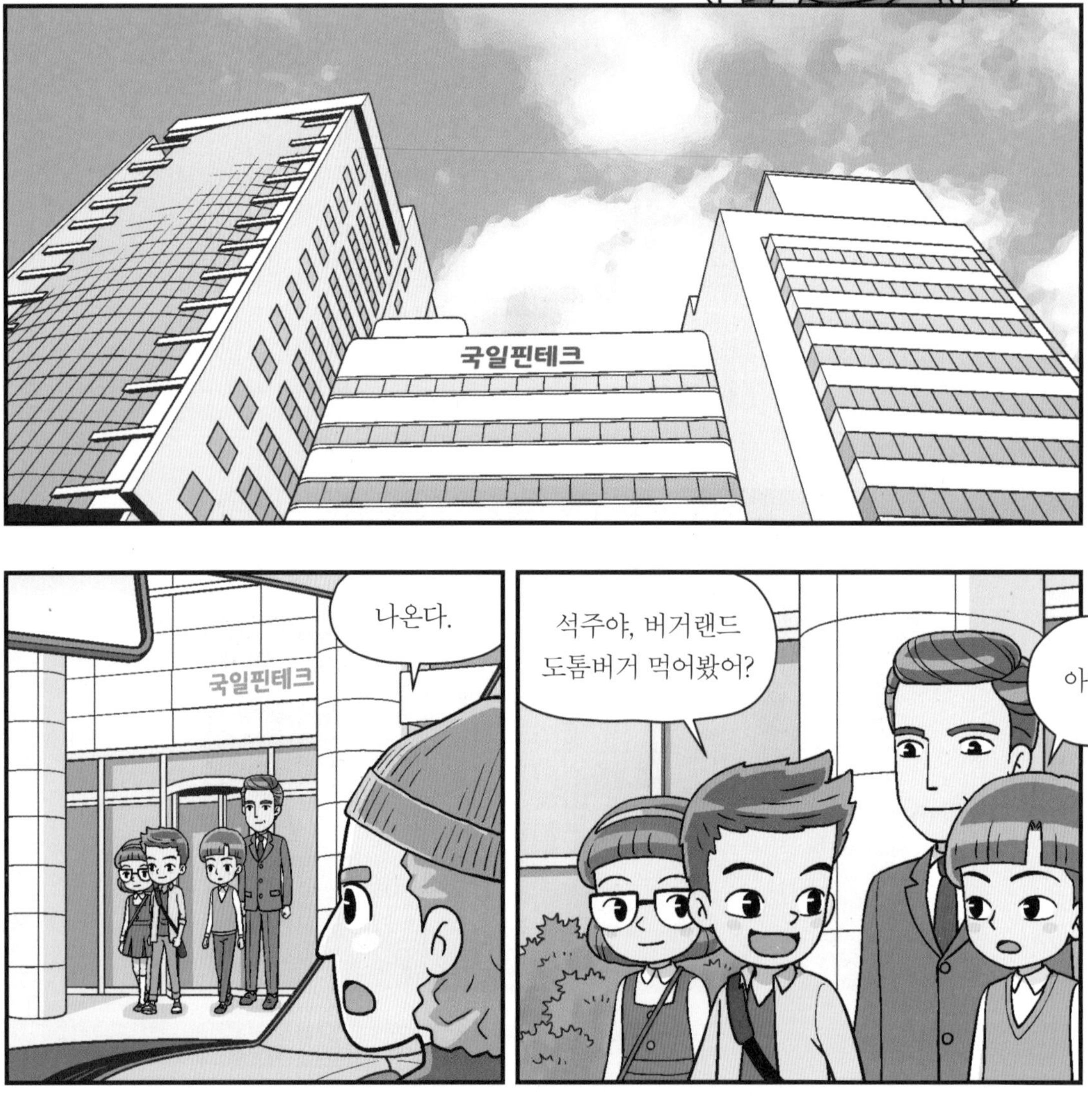

국일핀테크
나온다.
국일핀테크
석주야, 버거랜드 도톰버거 먹어봤어?
아니.

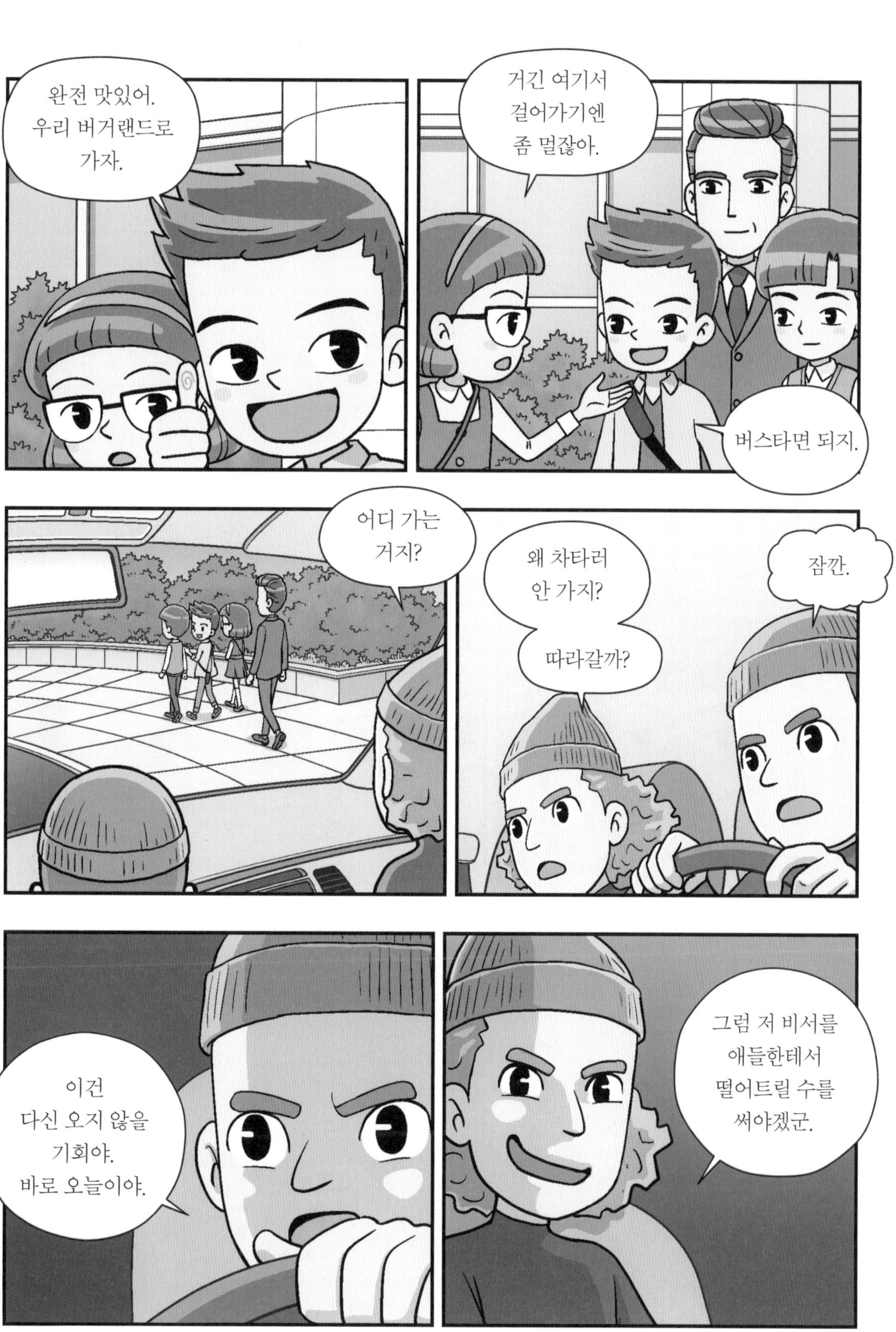

완전 맛있어.
우리 버거랜드로
가자.
거긴 여기서
걸어가기엔
좀 멀잖아.
버스타면 되지.
어디 가는
거지?
왜 차타러
안 가지?
따라갈까?
잠깐.
이건
다신 오지 않을
기회야.
바로 오늘이야.
그럼 저 비서를
애들한테서
떨어트릴 수를
써야겠군.

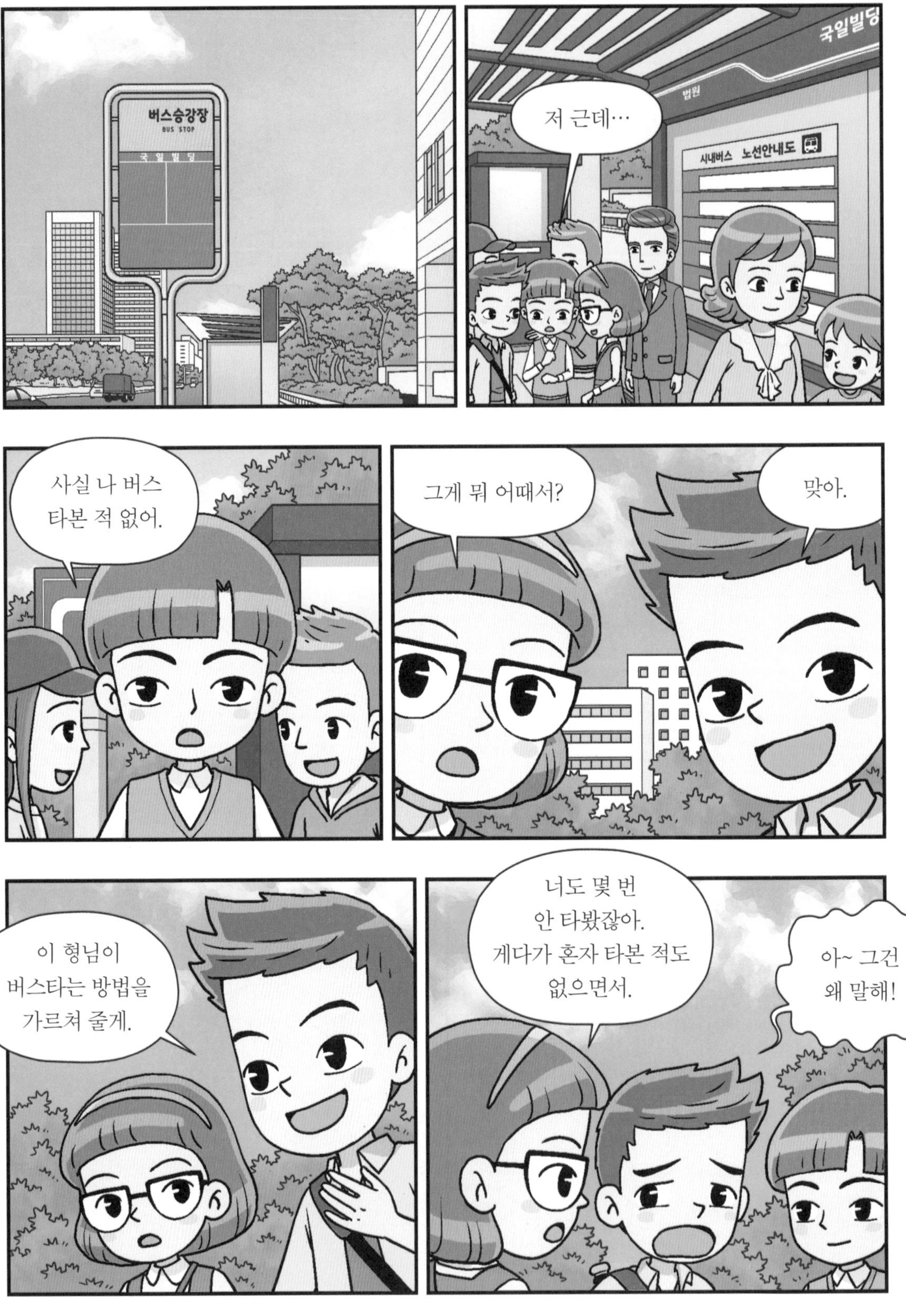
버스승강장
BUS STOP
국일빌딩
국일빌딩
법원
시내버스 노선안내도
저 근데…
사실 나 버스 타본 적 없어.
그게 뭐 어때서?
맞아.
이 형님이 버스타는 방법을 가르쳐 줄게.
너도 몇 번 안 타봤잖아. 게다가 혼자 타본 적도 없으면서.
아~ 그건 왜 말해!

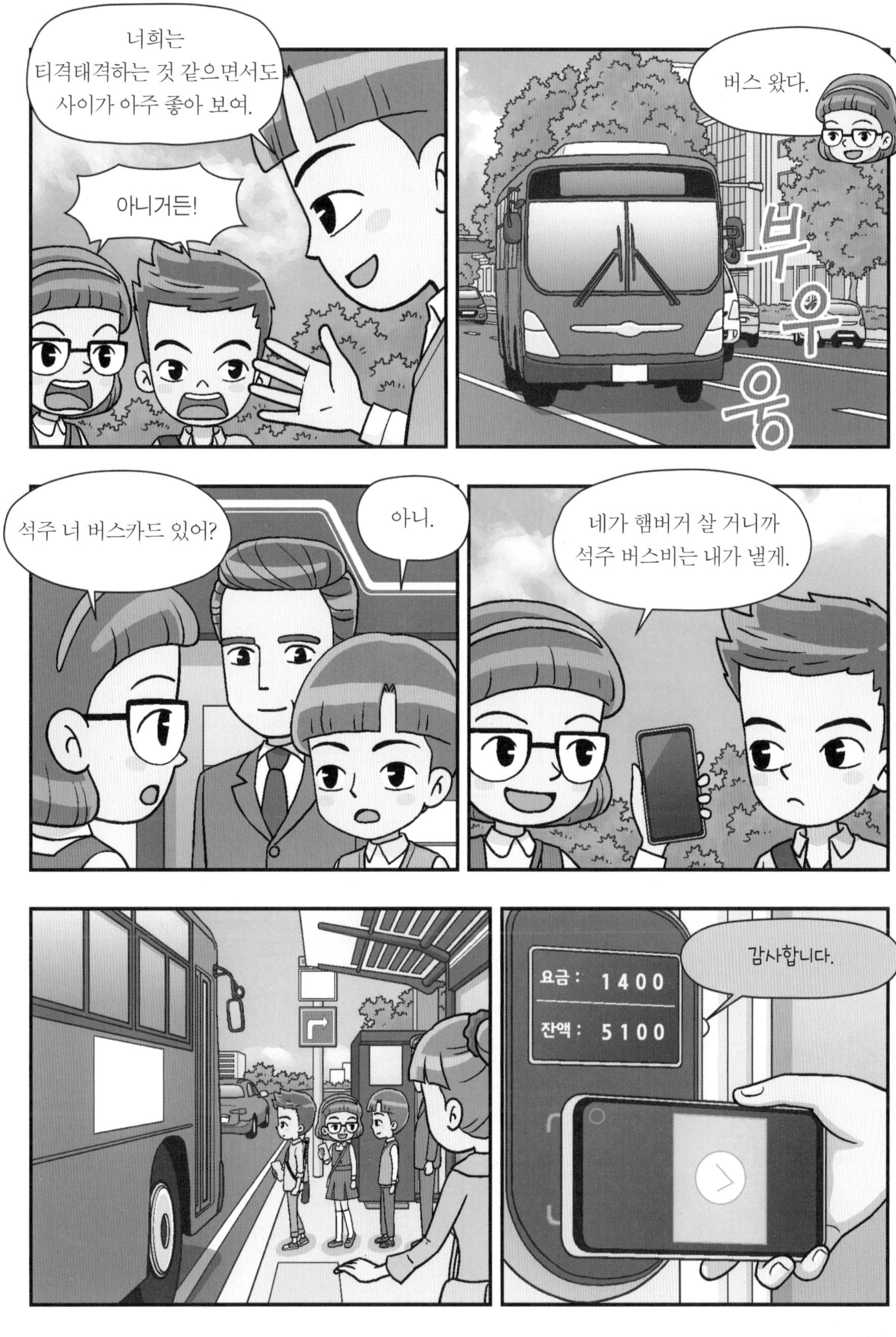
너희는 티격태격하는 것 같으면서도 사이가 아주 좋아 보여.
아니거든!
버스 왔다.
부우웅
석주 너 버스카드 있어?
아니.
네가 햄버거 살 거니까 석주 버스비는 내가 낼게.
요금 : 1400
잔액 : 5100
감사합니다.

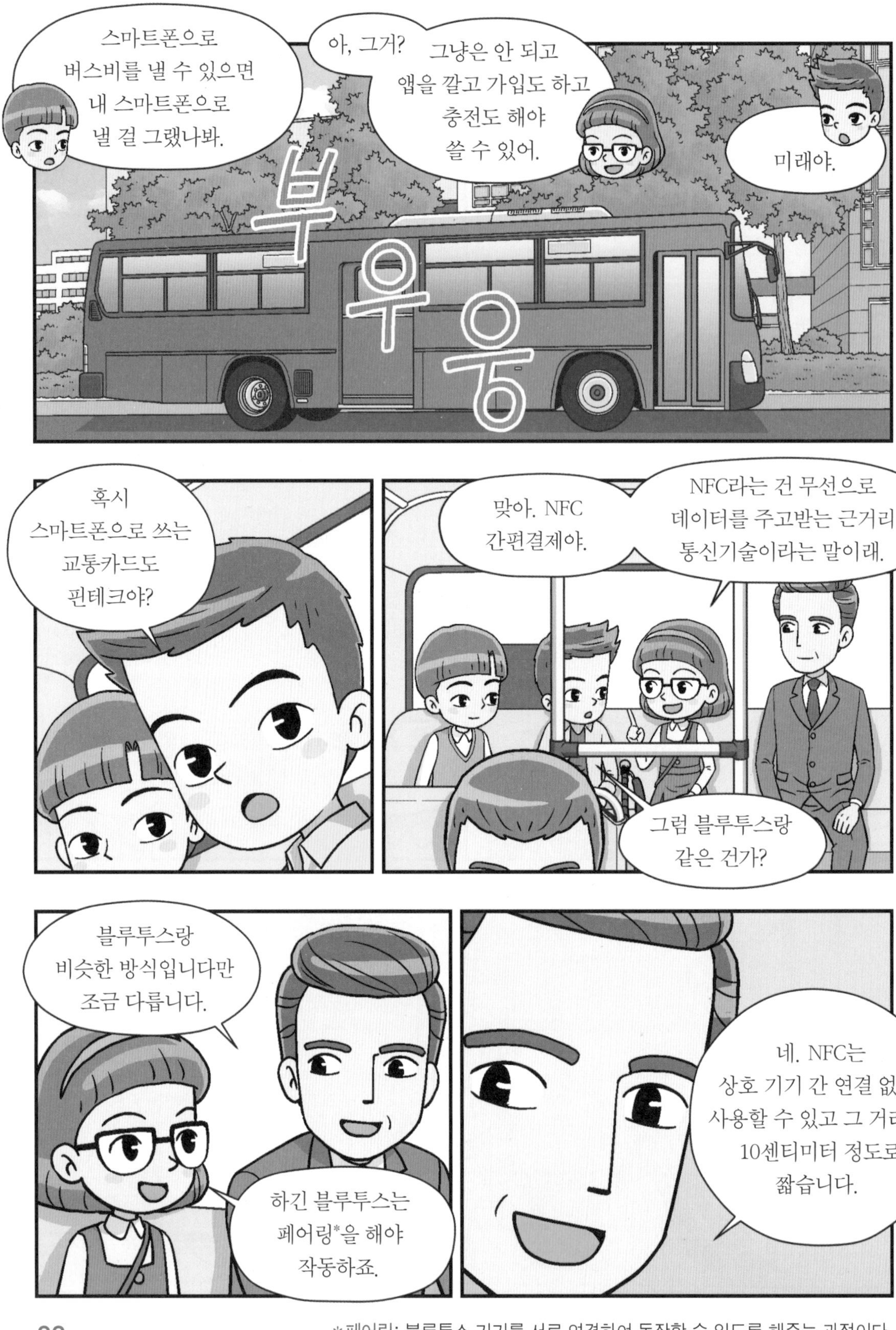
스마트폰으로 버스비를 낼 수 있으면 내 스마트폰으로 낼 걸 그랬나봐.
아, 그거?
그냥은 안 되고 앱을 깔고 가입도 하고 충전도 해야 쓸 수 있어.
미래야.
부우웅
혹시 스마트폰으로 쓰는 교통카드도 핀테크야?
맞아. NFC 간편결제야.
NFC라는 건 무선으로 데이터를 주고받는 근거리 통신기술이라는 말이래.
그럼 블루투스랑 같은 건가?
블루투스랑 비슷한 방식입니다만 조금 다릅니다.
하긴 블루투스는 페어링*을 해야 작동하죠.
네. NFC는 상호 기기 간 연결 없이 사용할 수 있고 그 거리가 10센티미터 정도로 짧습니다.

*페어링: 블루투스 기기를 서로 연결하여 동작할 수 있도록 해주는 과정이다.

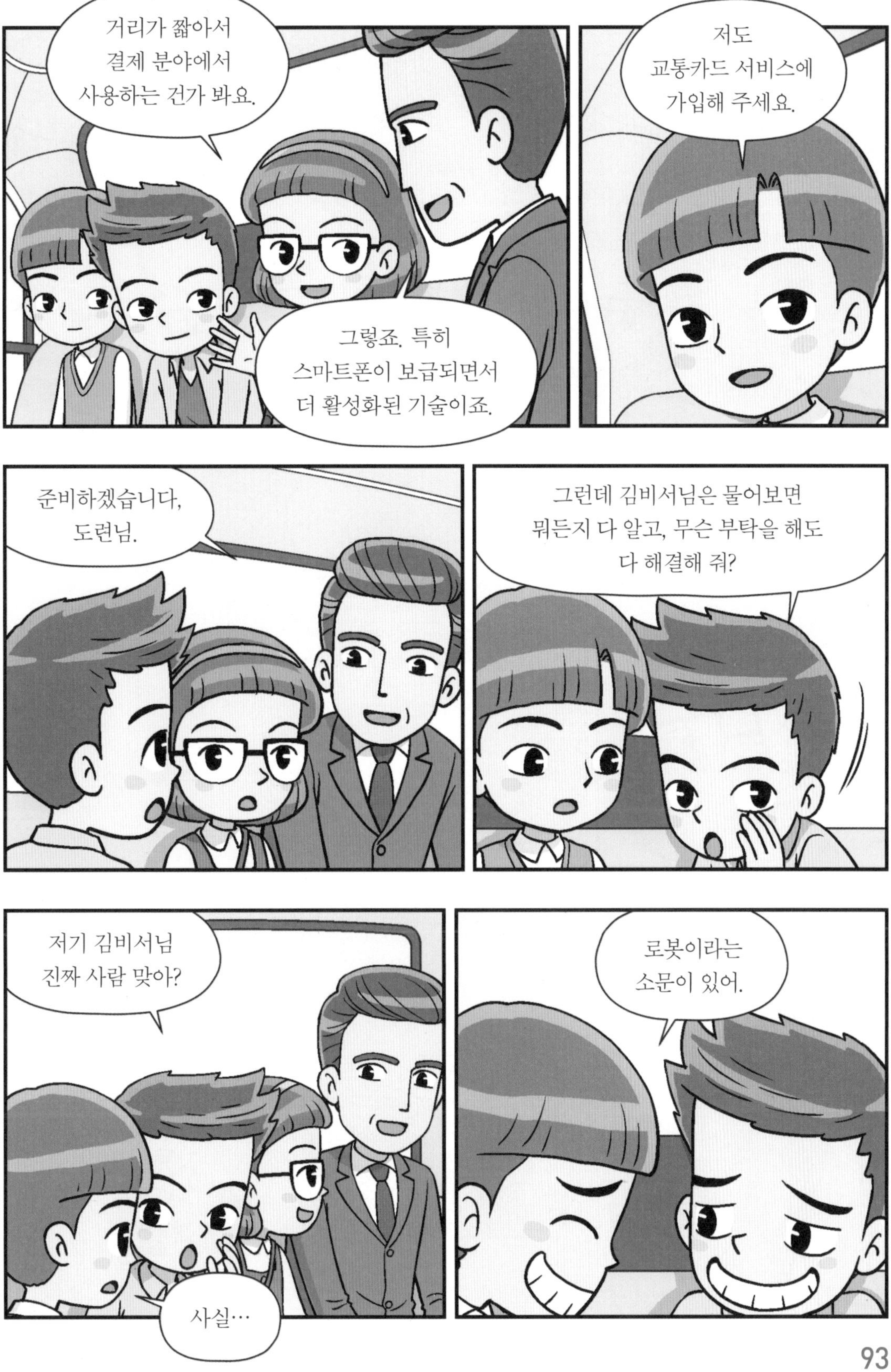
거리가 짧아서 결제 분야에서 사용하는 건가 봐요.
그렇죠. 특히 스마트폰이 보급되면서 더 활성화된 기술이죠.
저도 교통카드 서비스에 가입해 주세요.
준비하겠습니다, 도련님.
그런데 김비서님은 물어보면 뭐든지 다 알고, 무슨 부탁을 해도 다 해결해 줘?
저기 김비서님 진짜 사람 맞아?
사실…
로봇이라는 소문이 있어.

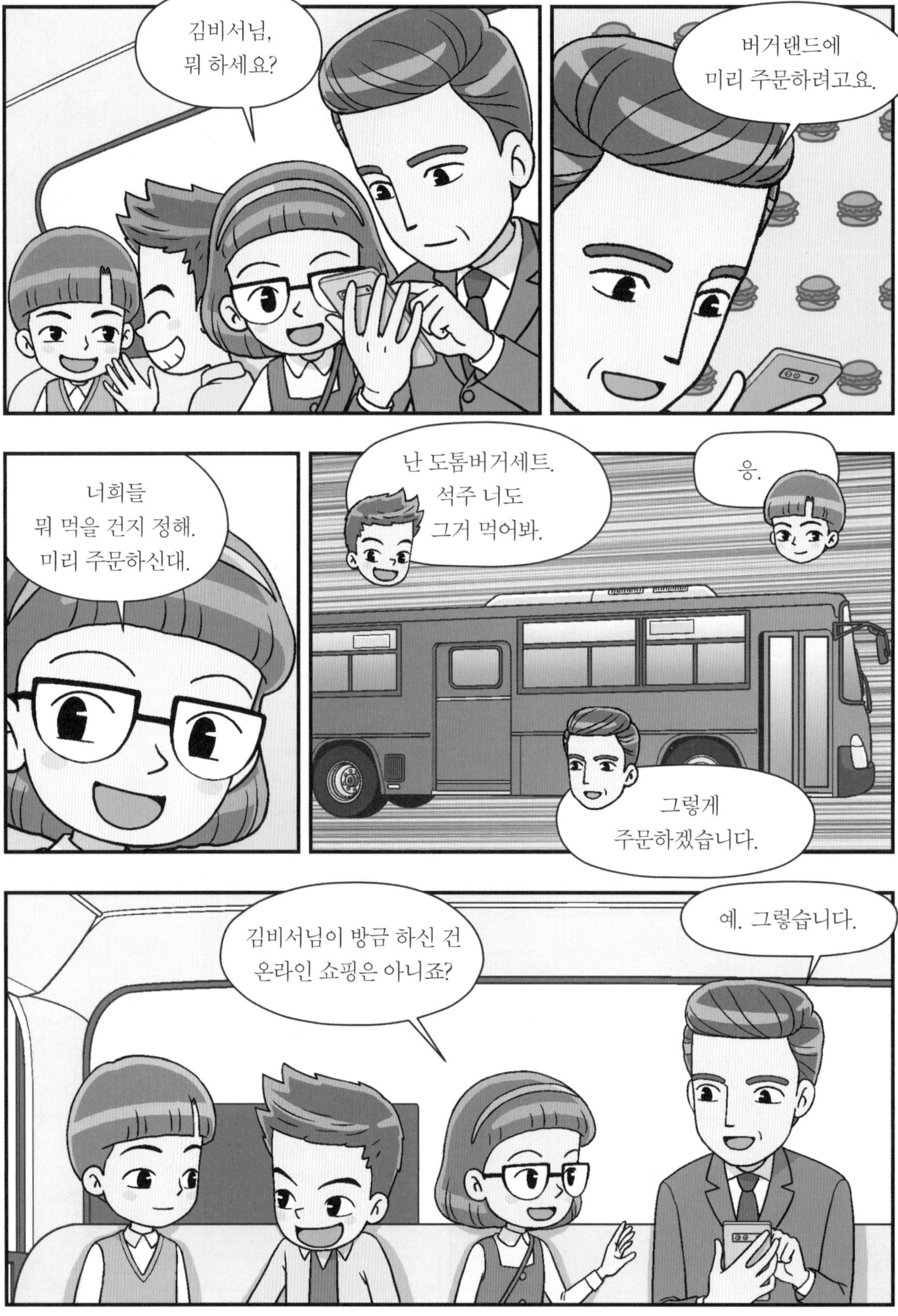
김비서님,
뭐 하세요?
버거랜드에
미리 주문하려고요.
너희들
뭐 먹을 건지 정해.
미리 주문하신대.
난 도톰버거세트.
석주 너도
그거 먹어봐.
응.
그렇게
주문하겠습니다.
김비서님이 방금 하신 건
온라인 쇼핑은 아니죠?
예. 그렇습니다.

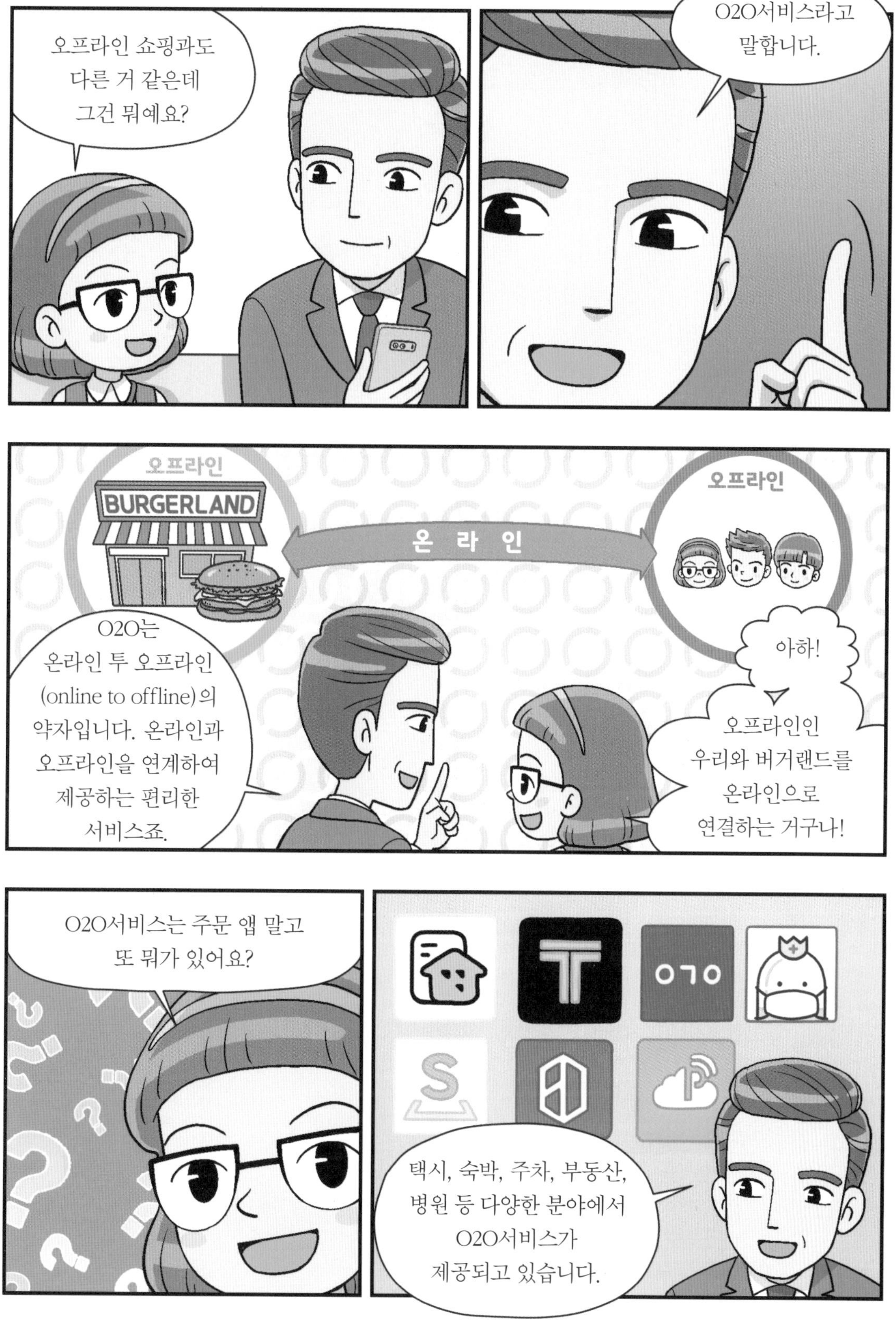

오프라인 쇼핑과도 다른 거 같은데 그건 뭐예요?
O2O서비스라고 말합니다.
오프라인
BURGERLAND
온 라 인
오프라인
O2O는 온라인 투 오프라인 (online to offline)의 약자입니다. 온라인과 오프라인을 연계하여 제공하는 편리한 서비스죠.
아하!
오프라인인 우리와 버거랜드를 온라인으로 연결하는 거구나!
O2O서비스는 주문 앱 말고 또 뭐가 있어요?
택시, 숙박, 주차, 부동산, 병원 등 다양한 분야에서 O2O서비스가 제공되고 있습니다.

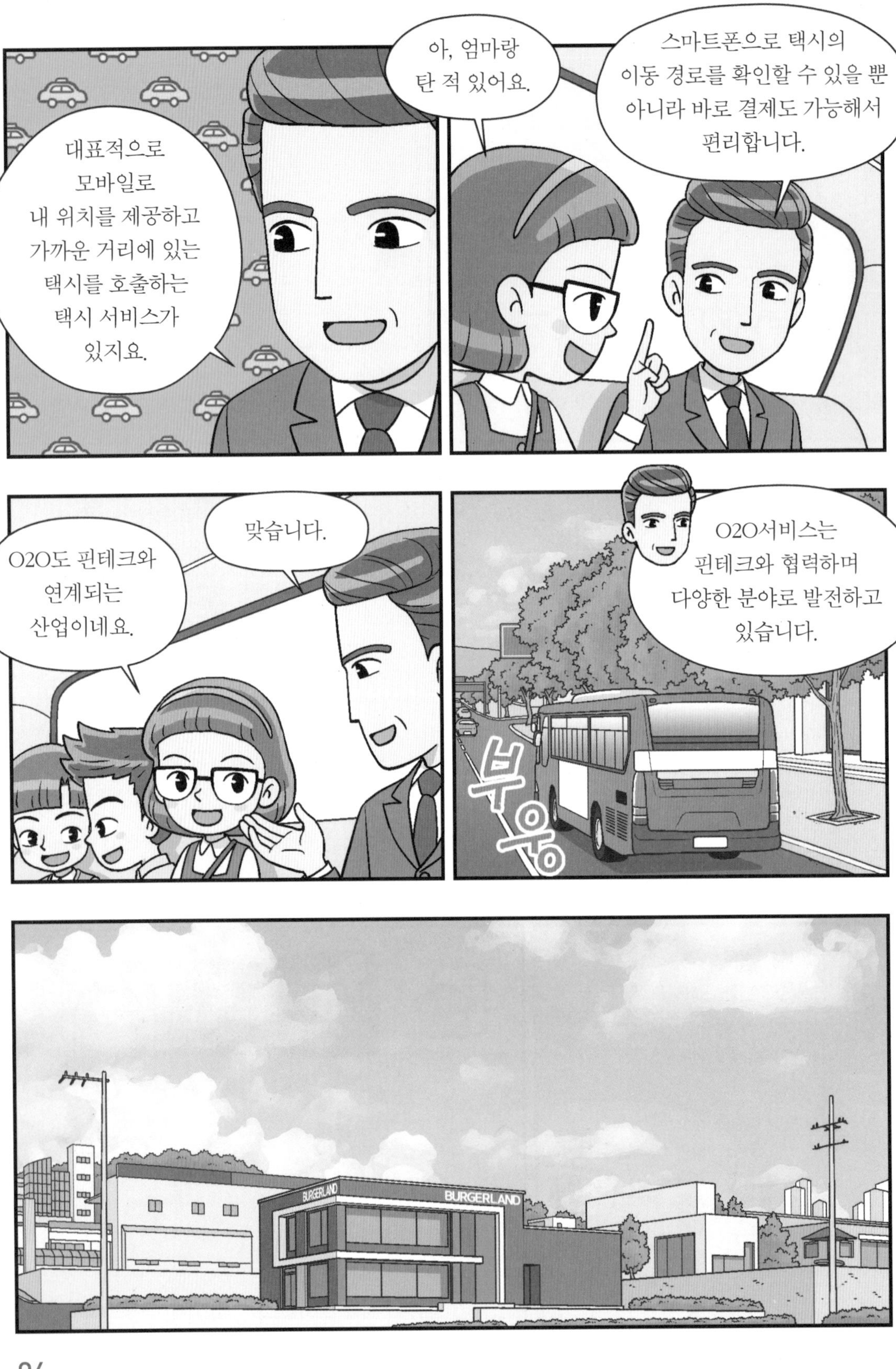
대표적으로 모바일로 내 위치를 제공하고 가까운 거리에 있는 택시를 호출하는 택시 서비스가 있지요.
아, 엄마랑 탄 적 있어요.
스마트폰으로 택시의 이동 경로를 확인할 수 있을 뿐 아니라 바로 결제도 가능해서 편리합니다.
O2O도 핀테크와 연계되는 산업이네요.
맞습니다.
O2O서비스는 핀테크와 협력하며 다양한 분야로 발전하고 있습니다.
부웅
BURGERLAND
BURGERLAND

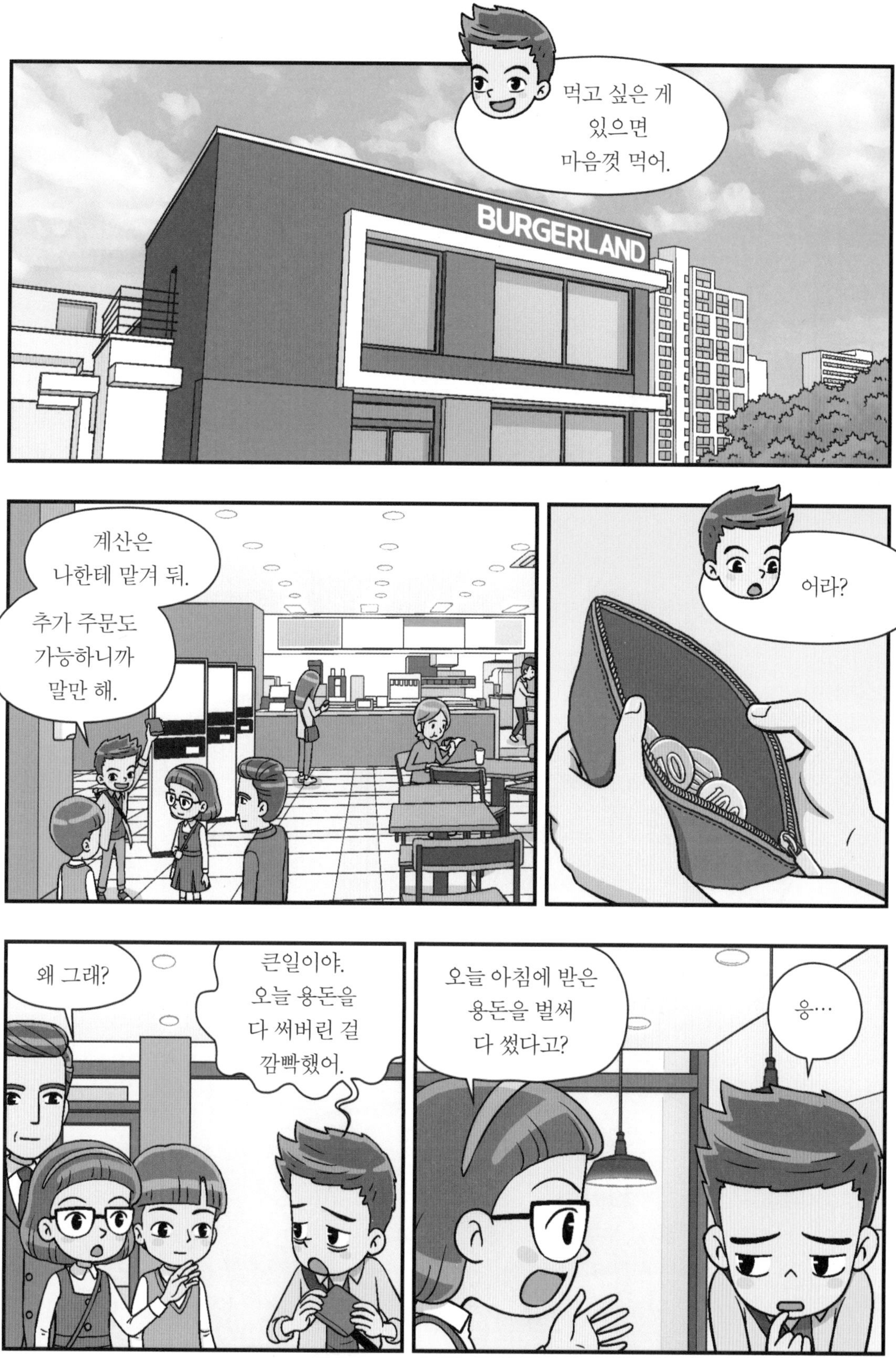
먹고 싶은 게 있으면 마음껏 먹어.
BURGERLAND
계산은 나한테 맡겨 둬.
추가 주문도 가능하니까 말만 해.
어라?
왜 그래?
큰일이야. 오늘 용돈을 다 써버린 걸 깜빡했어.
오늘 아침에 받은 용돈을 벌써 다 썼다고?
응…

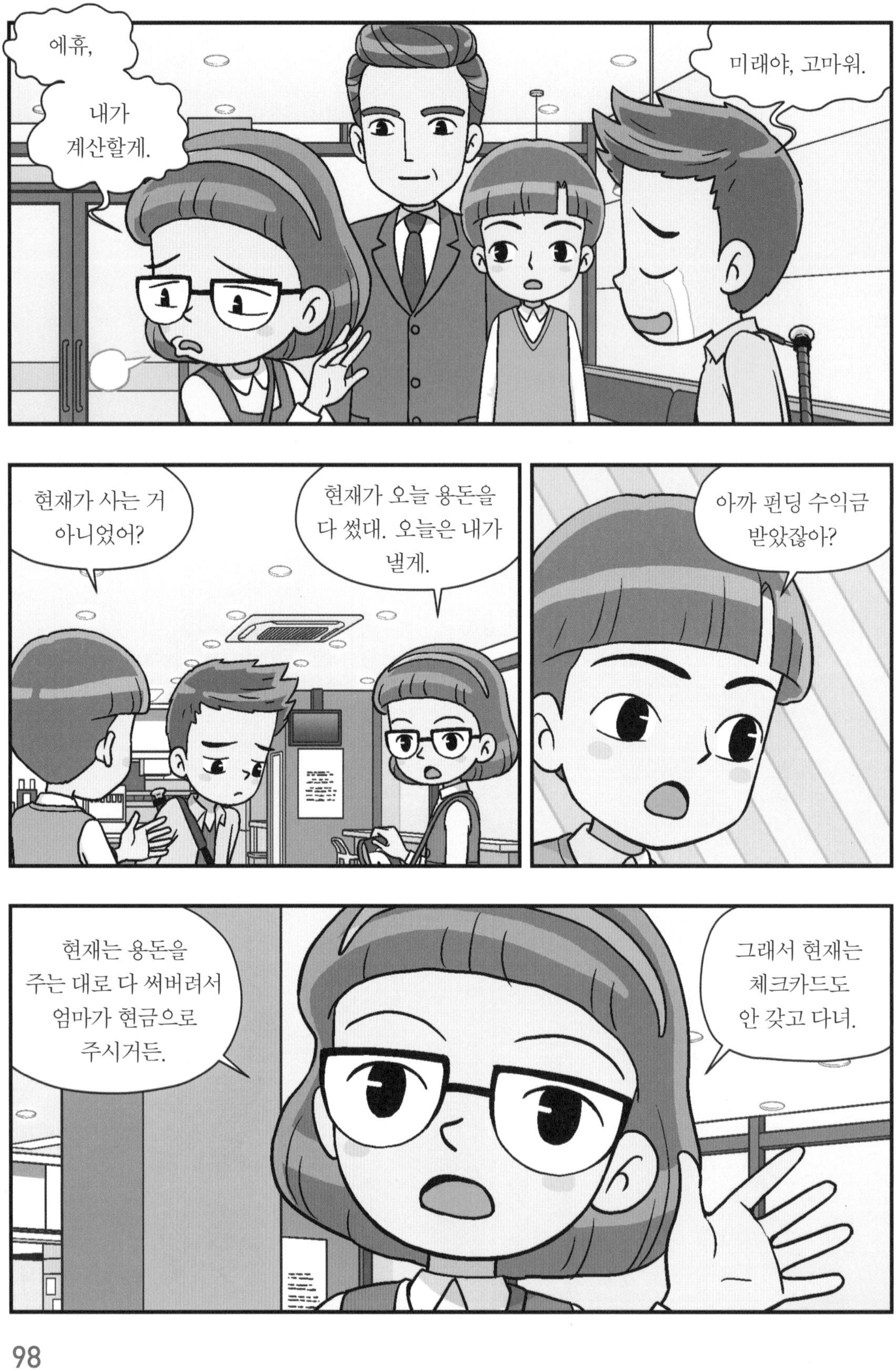

에휴,
내가 계산할게.
미래야, 고마워.
현재가 사는 거 아니었어?
현재가 오늘 용돈을 다 썼대. 오늘은 내가 낼게.
아까 펀딩 수익금 받았잖아?
현재는 용돈을 주는 대로 다 써버려서 엄마가 현금으로 주시거든.
그래서 현재는 체크카드도 안 갖고 다녀.

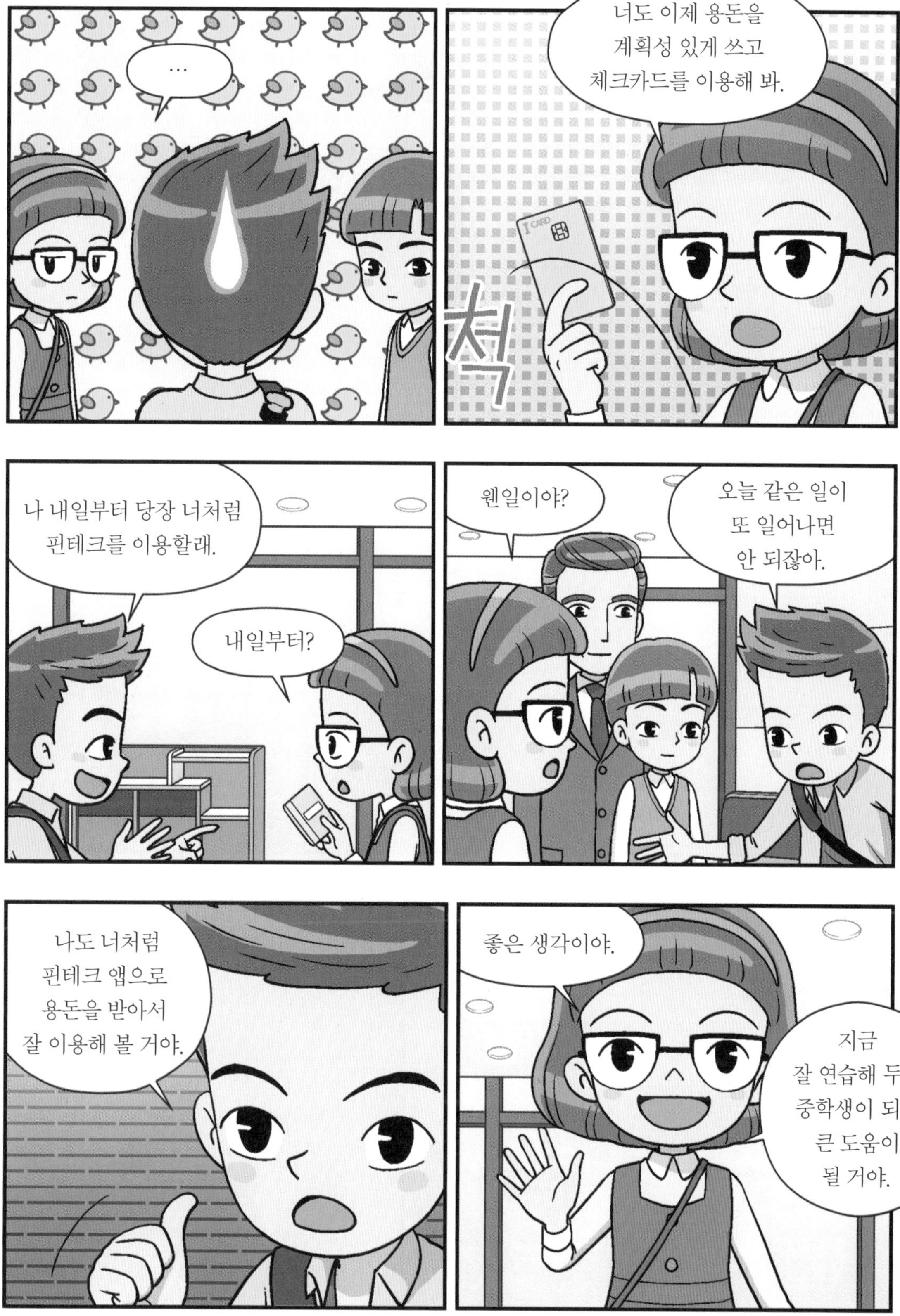
…
너도 이제 용돈을 계획성 있게 쓰고 체크카드를 이용해 봐.
척
나 내일부터 당장 너처럼 핀테크를 이용할래.
내일부터?
웬일이야?
오늘 같은 일이 또 일어나면 안 되잖아.
나도 너처럼 핀테크 앱으로 용돈을 받아서 잘 이용해 볼 거야.
좋은 생각이야.
지금 잘 연습해 두면 중학생이 되서 큰 도움이 될 거야.

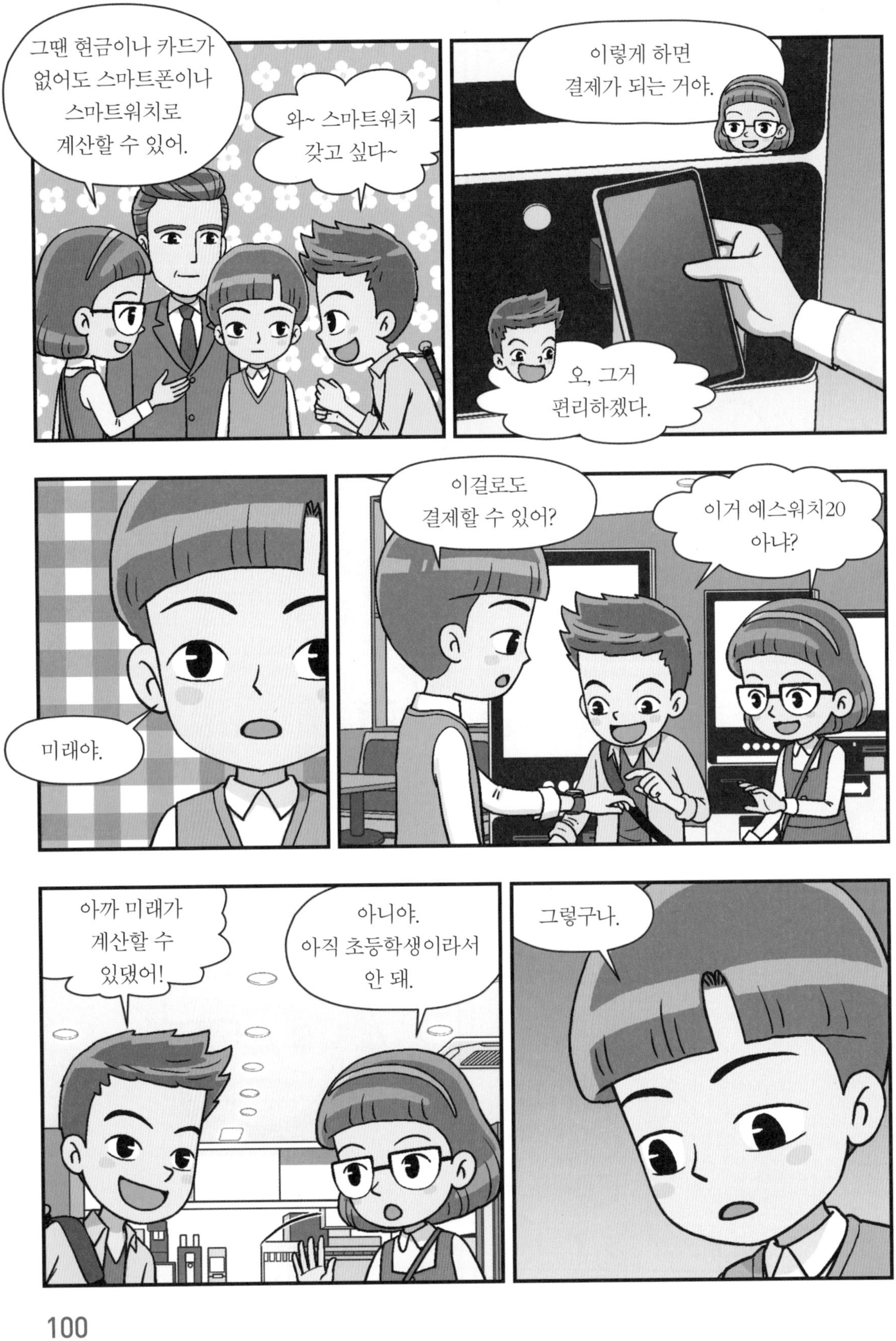
그땐 현금이나 카드가 없어도 스마트폰이나 스마트워치로 계산할 수 있어.
와~ 스마트워치 갖고 싶다~
이렇게 하면 결제가 되는 거야.
오, 그거 편리하겠다.
미래야.
이걸로도 결제할 수 있어?
이거 에스워치20 아냐?
아까 미래가 계산할 수 있댔어!
아니야. 아직 초등학생이라서 안 돼.
그렇구나.

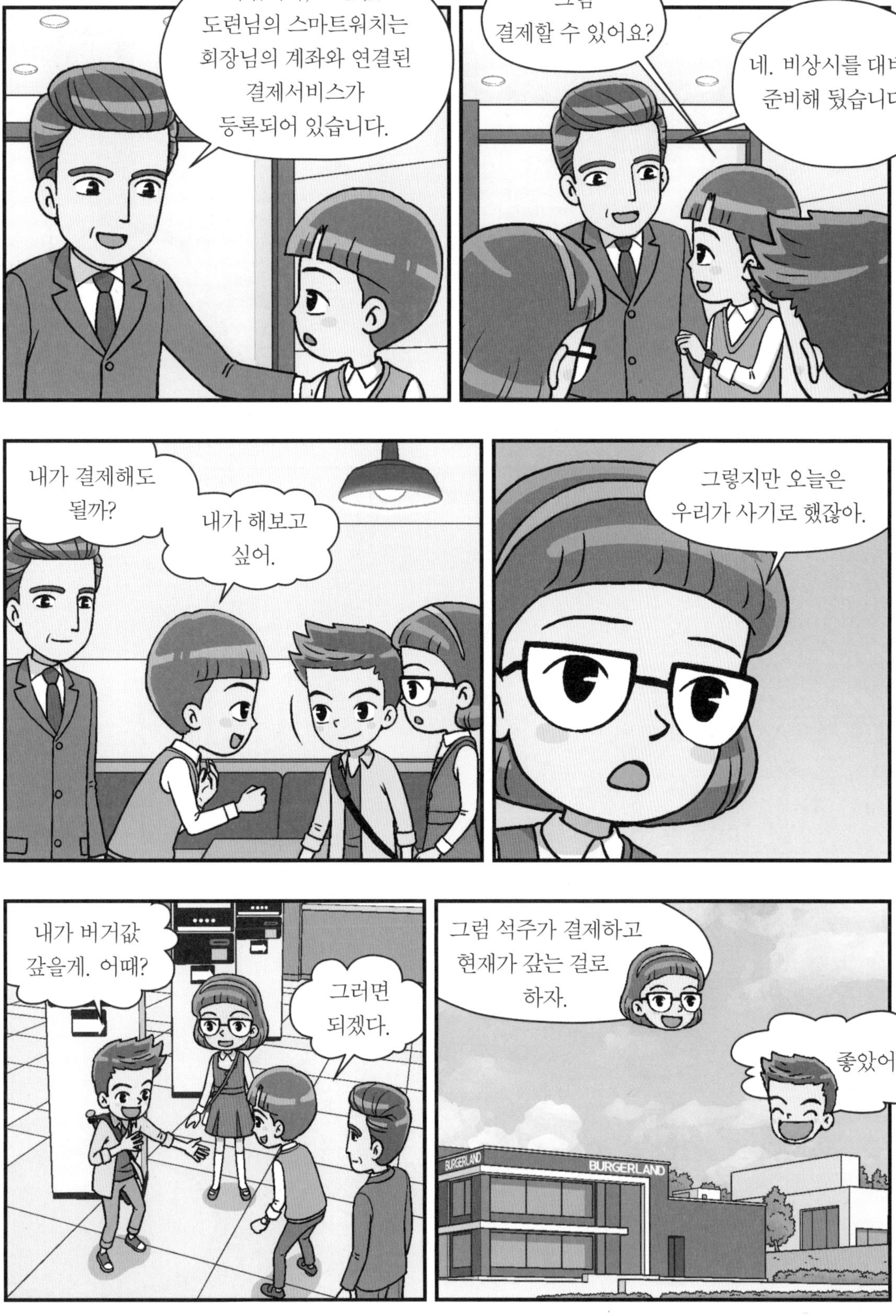
아닙니다, 도련님. 도련님의 스마트워치는 회장님의 계좌와 연결된 결제서비스가 등록되어 있습니다.
그럼 결제할 수 있어요?
네. 비상시를 대비해 준비해 뒀습니다.
내가 결제해도 될까?
내가 해보고 싶어.
그렇지만 오늘은 우리가 사기로 했잖아.
내가 버거값 갚을게. 어때?
그러면 되겠다.
그럼 석주가 결제하고 현재가 갚는 걸로 하자.
좋았어!
BURGERLAND
BURGERLAND

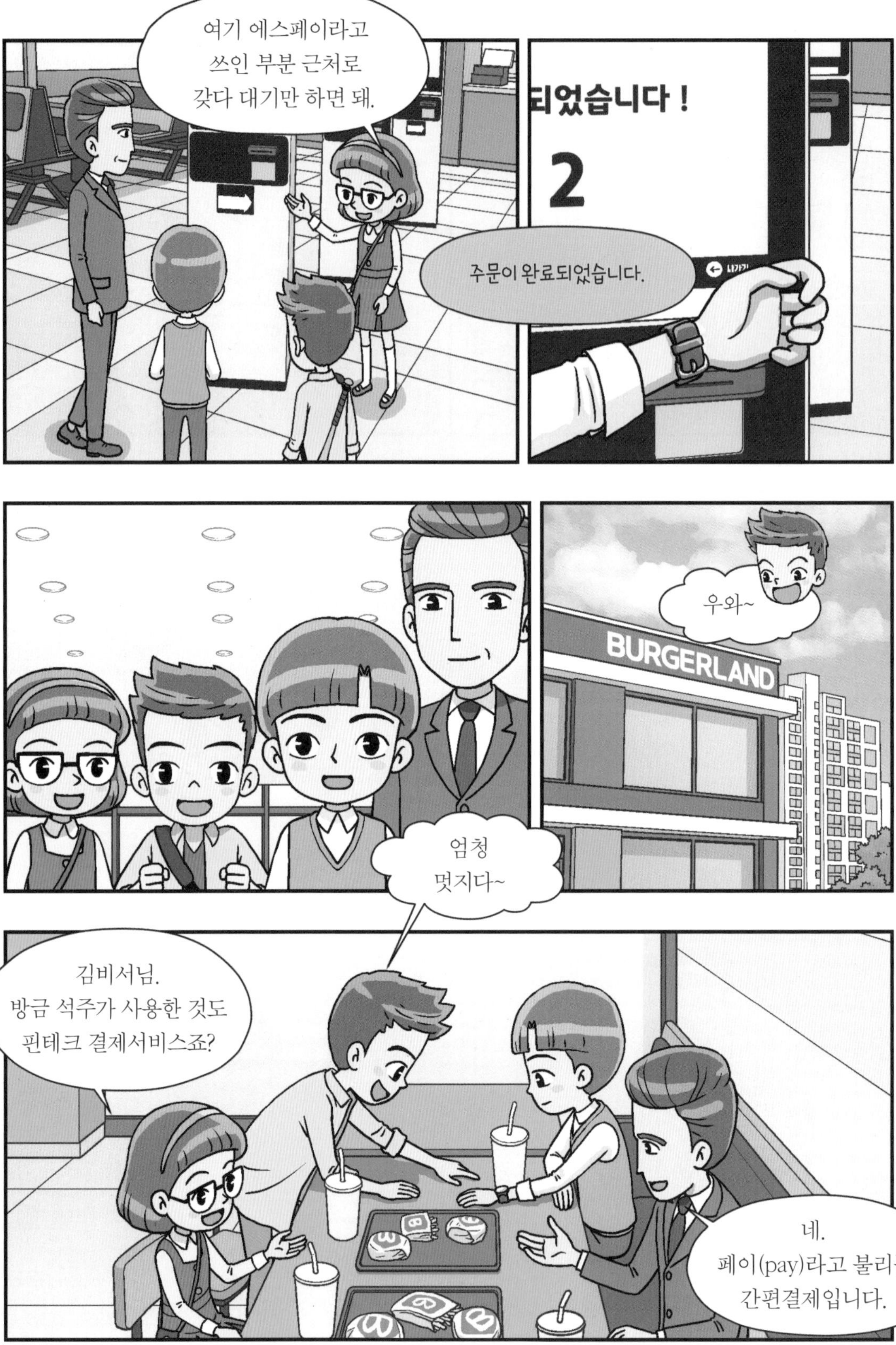
여기 에스페이라고 쓰인 부분 근처로 갖다 대기만 하면 돼.
되었습니다 !
2
주문이 완료되었습니다.
우와~
BURGERLAND
엄청 멋지다~
김비서님. 방금 석주가 사용한 것도 핀테크 결제서비스죠?
네. 페이(pay)라고 불리는 간편결제입니다.

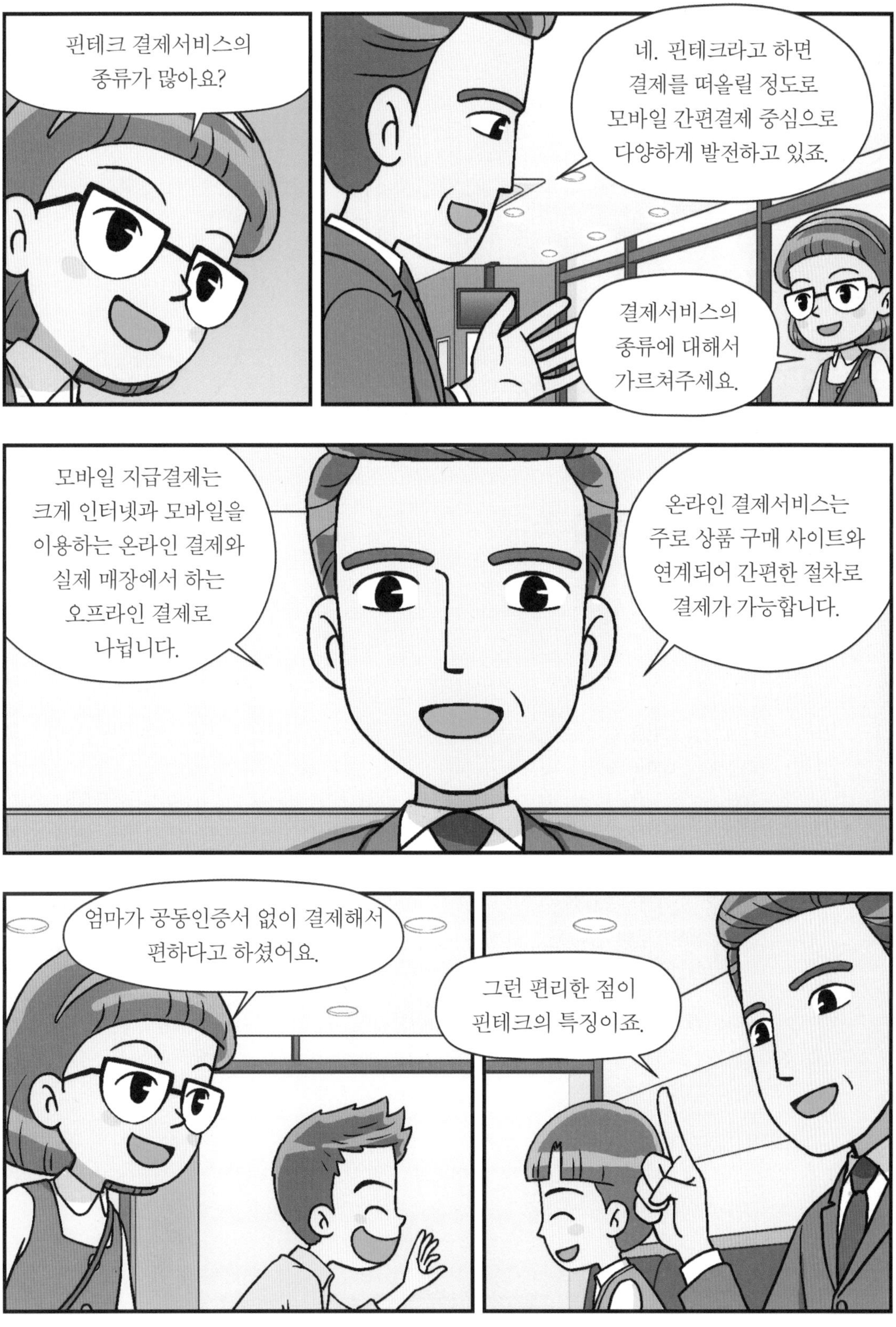
핀테크 결제서비스의 종류가 많아요?
네. 핀테크라고 하면 결제를 떠올릴 정도로 모바일 간편결제 중심으로 다양하게 발전하고 있죠.
결제서비스의 종류에 대해서 가르쳐주세요.
모바일 지급결제는 크게 인터넷과 모바일을 이용하는 온라인 결제와 실제 매장에서 하는 오프라인 결제로 나뉩니다.
온라인 결제서비스는 주로 상품 구매 사이트와 연계되어 간편한 절차로 결제가 가능합니다.
엄마가 공동인증서 없이 결제해서 편하다고 하셨어요.
그런 편리한 점이 핀테크의 특징이죠.

오프라인 결제서비스는요?

교통카드에서 이용했던 NFC 결제, MST 결제, 바코드 결제, QR코드 결제 등이 있습니다.

도련님이 사용하신 에스페이가 MST결제에 해당합니다.

모바일 지급결제의 종류

신용카드사, 유통사, 이동통신사, 제조사, 플랫폼사, PG사 등에서 다양한 모바일 지급결제서비스를 운영하고 있습니다.

● 온라인 결제

모바일 기기에 결제정보를 입력하여 공동인증서 없이 비밀번호나 본인인증 등으로 결제하는 방식입니다. 카카오페이, 네이버페이가 대표적입니다.

● 오프라인 결제

자기장 방식 - 마그네틱 신용카드 정보를 무선으로 전송하는 방식입니다. 기존 신용카드 결제 단말기에는 모두 적용되므로 거의 모든 매장에서 사용할 수 있다는 장점이 있습니다. 마그네틱 보안 전송(MST)과 무선 자기 통신 결제(WMC)가 해당됩니다. 국내의 삼성페이가 대표적입니다.

NFC(Near Field Communication) 방식 - 근거리 무선통신 방식입니다. NFC 간편 결제의 경우 별도의 결제 단말기 보급률이 낮은 단점이 있습니다. 티머니 등 교통카드에서 주로 사용하고 있으며, 애플페이나 구글페이 등도 NFC 결제방식을 사용합니다.

앱카드 방식 - 모바일 앱을 이용한 간편결제방식입니다. 바코드와 QR코드 결제방식이 이에 해당합니다. 바코드 단말기를 갖춘 편의점과 마트, QR코드를 제공하는 매장에서 사용 가능합니다. 카카오페이, 네이버페이, 페이코, 신용카드 간편결제 앱에서 이 방식을 지원합니다.

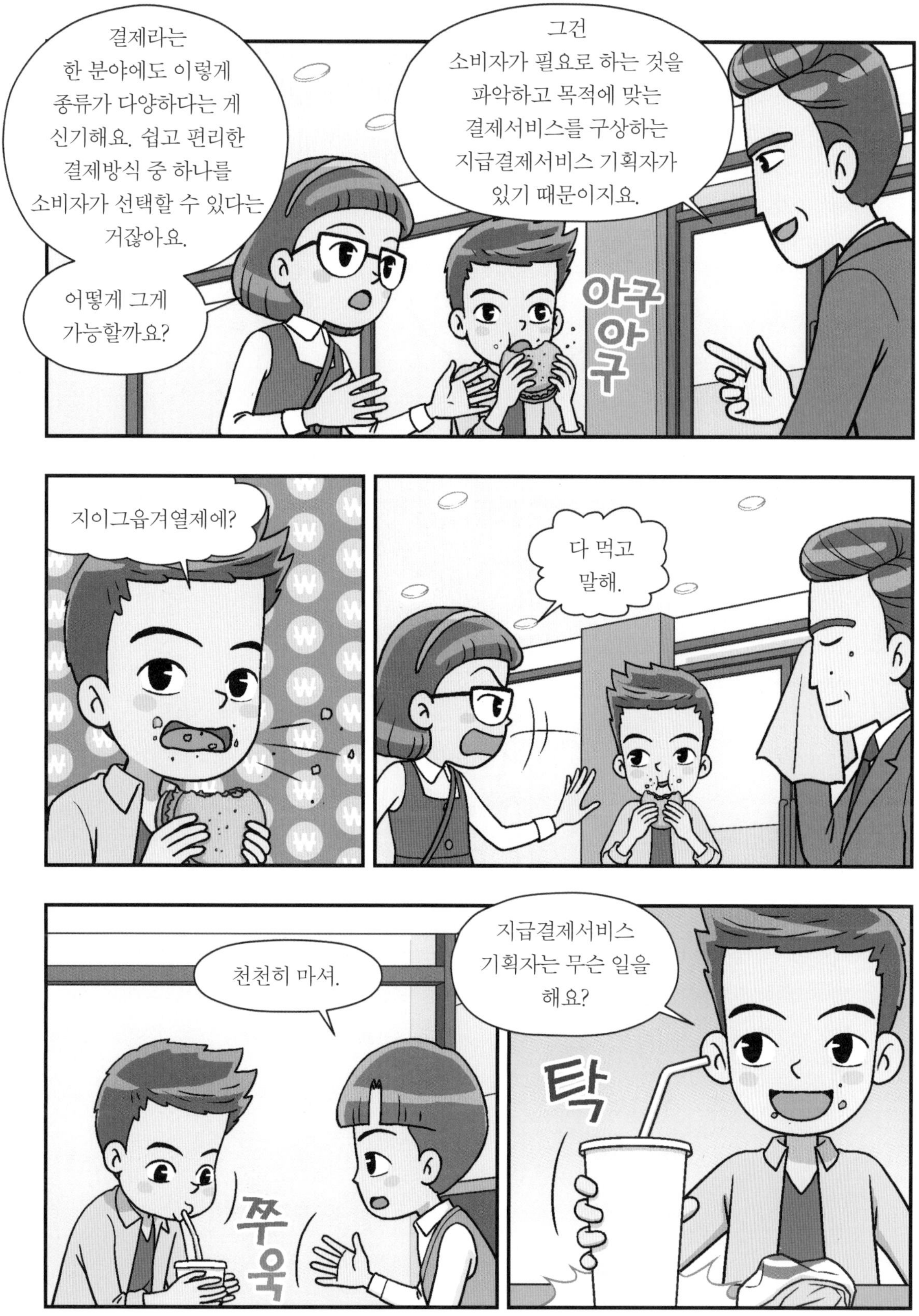
결제라는 한 분야에도 이렇게 종류가 다양하다는 게 신기해요. 쉽고 편리한 결제방식 중 하나를 소비자가 선택할 수 있다는 거잖아요.
어떻게 그게 가능할까요?
그건 소비자가 필요로 하는 것을 파악하고 목적에 맞는 결제서비스를 구상하는 지급결제서비스 기획자가 있기 때문이지요.
아구 아구
지이그읍겨열제에?
다 먹고 말해.
천천히 마셔.
쭈욱
지급결제서비스 기획자는 무슨 일을 해요?
탁

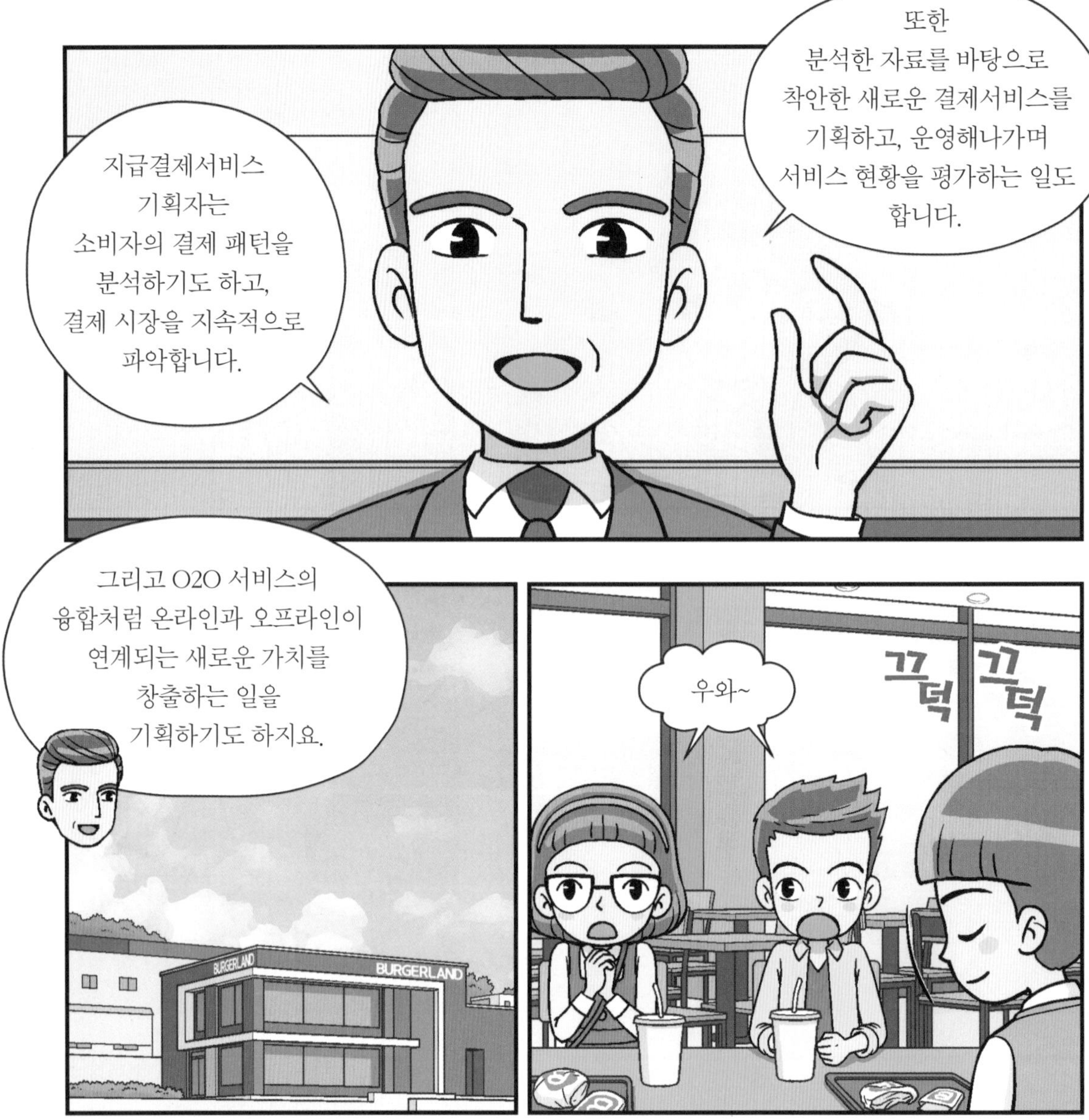
지급결제서비스 기획자는 소비자의 결제 패턴을 분석하기도 하고, 결제 시장을 지속적으로 파악합니다.
또한 분석한 자료를 바탕으로 착안한 새로운 결제서비스를 기획하고, 운영해나가며 서비스 현황을 평가하는 일도 합니다.
그리고 O2O 서비스의 융합처럼 온라인과 오프라인이 연계되는 새로운 가치를 창출하는 일을 기획하기도 하지요.
BURGERLAND
BURGERLAND
우와~
끄덕 끄덕

지급결제서비스 기획자

결제서비스를 구현하기 위해 편의성과 안전성을 고려하여 서비스를 기획합니다. 기존의 결제서비스에 대해 분석하고 문제점을 파악하여 보완한 새로운 형태의 결제방식을 연구합니다. 기술에 대한 이해를 바탕으로 소비자에게 좋은 사용자 경험을 제공하도록 계획하고 운영합니다. 서비스 운영과 마케팅을 평가하는 업무도 진행합니다. 그리고 현재 시장의 상황을 잘 파악하여 향후의 결제서비스 방향을 제시하고 전략을 수립합니다.

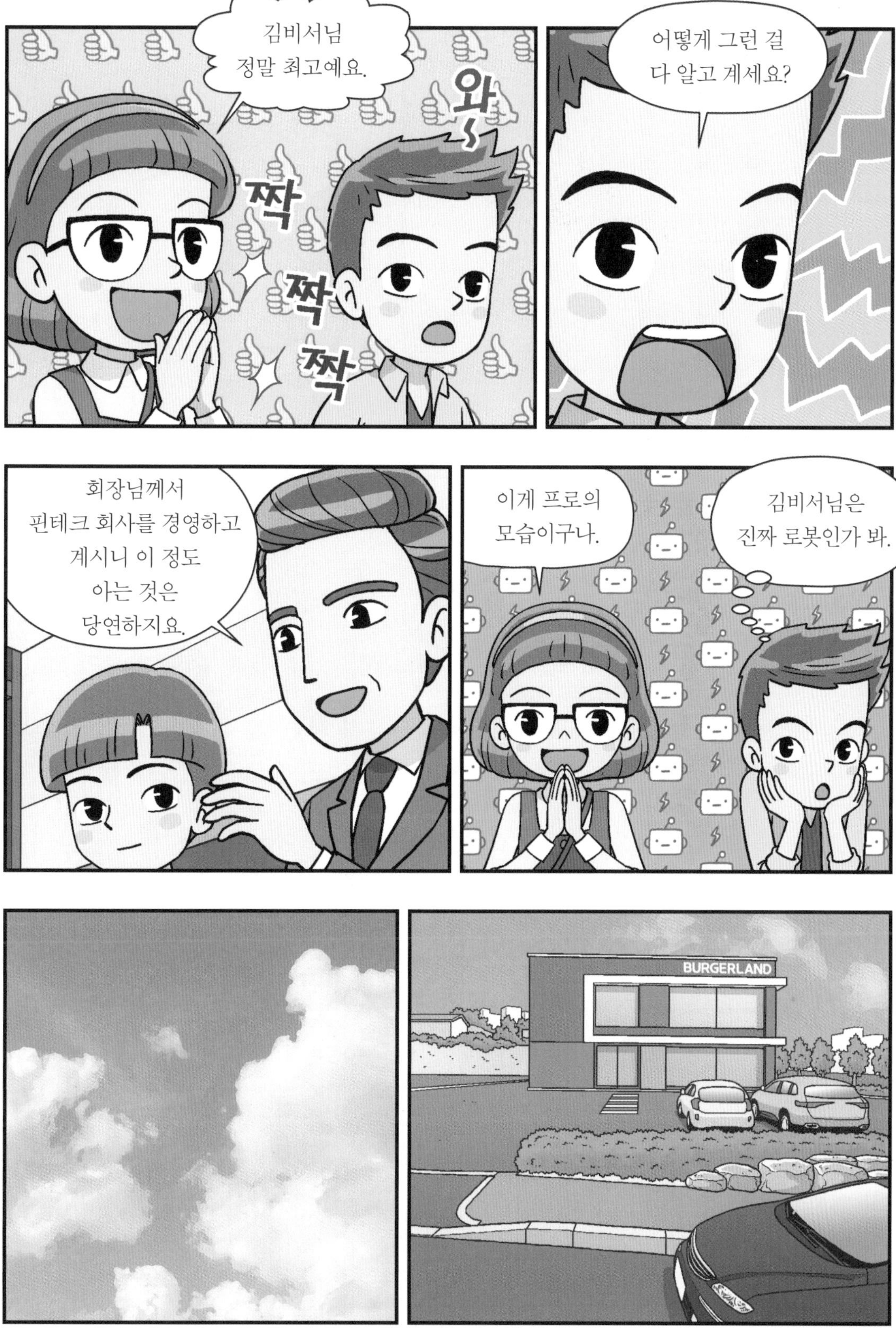
김비서님
정말 최고예요.
와~
짝
짝
짝
어떻게 그런 걸
다 알고 계세요?
회장님께서
핀테크 회사를 경영하고
계시니 이 정도
아는 것은
당연하지요.
이게 프로의
모습이구나.
김비서님은
진짜 로봇인가 봐.
BURGERLAND

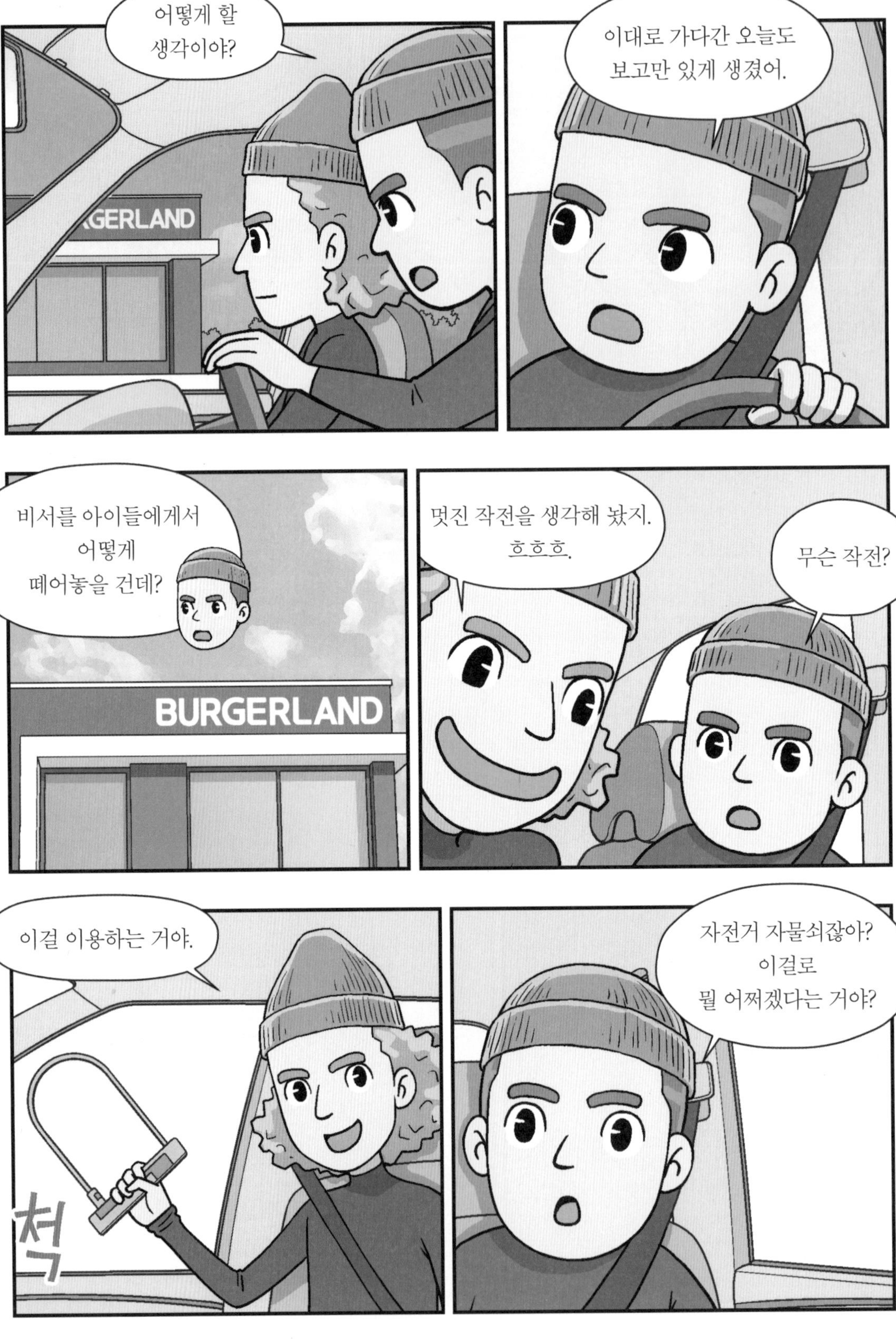
어떻게 할
생각이야?
이대로 가다간 오늘도
보고만 있게 생겼어.
KERLAND
비서를 아이들에게서
어떻게
떼어놓을 건데?
BURGERLAND
멋진 작전을 생각해 놨지.
흐흐흐.
무슨 작전?
이걸 이용하는 거야.
척
자전거 자물쇠잖아?
이걸로
뭘 어쩌겠다는 거야?

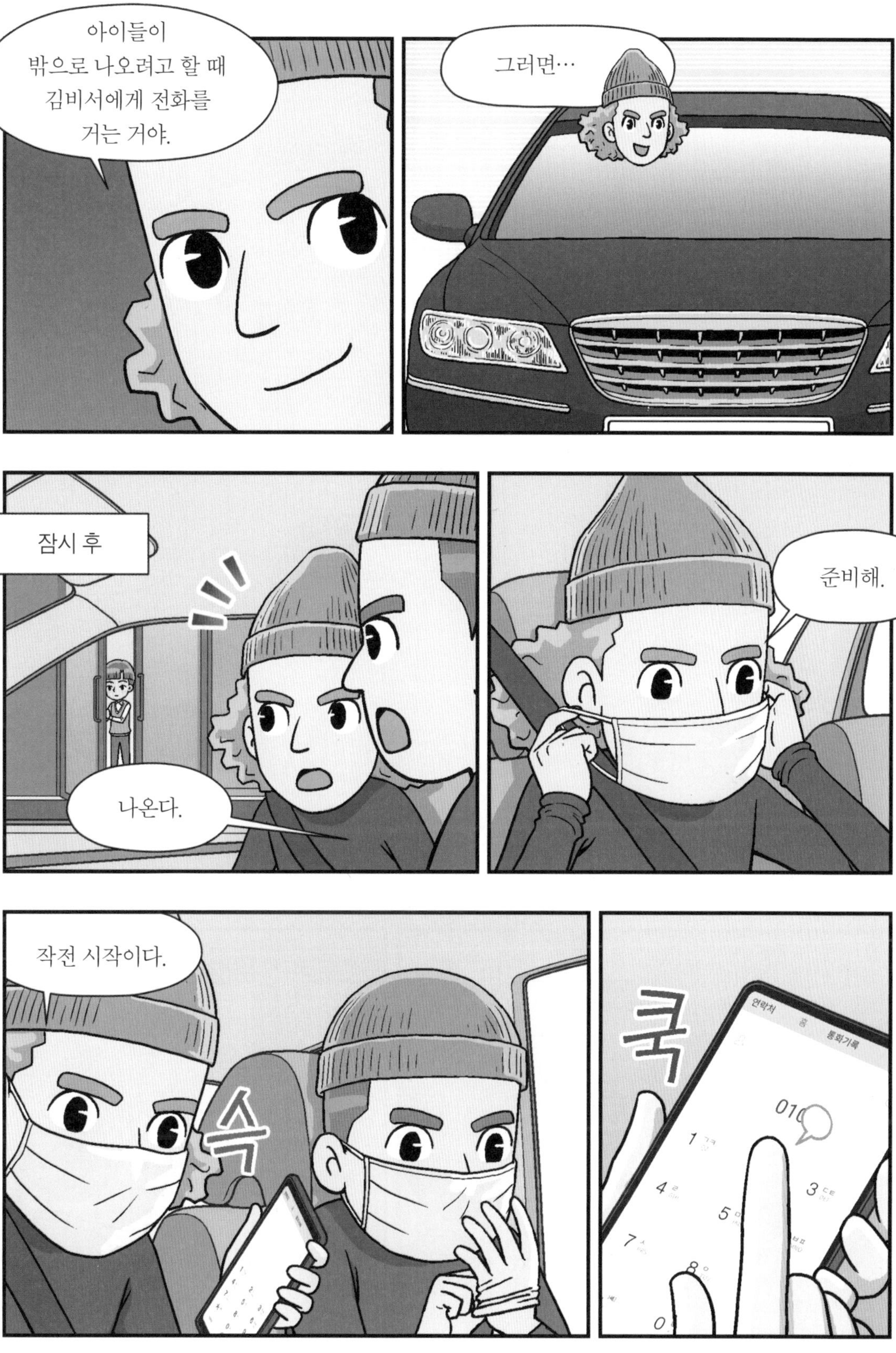
아이들이
밖으로 나오려고 할 때
김비서에게 전화를
거는 거야.
그러면…
잠시 후
나온다.
준비해.
작전 시작이다.
슥
쿡
연락처
통화기록
010

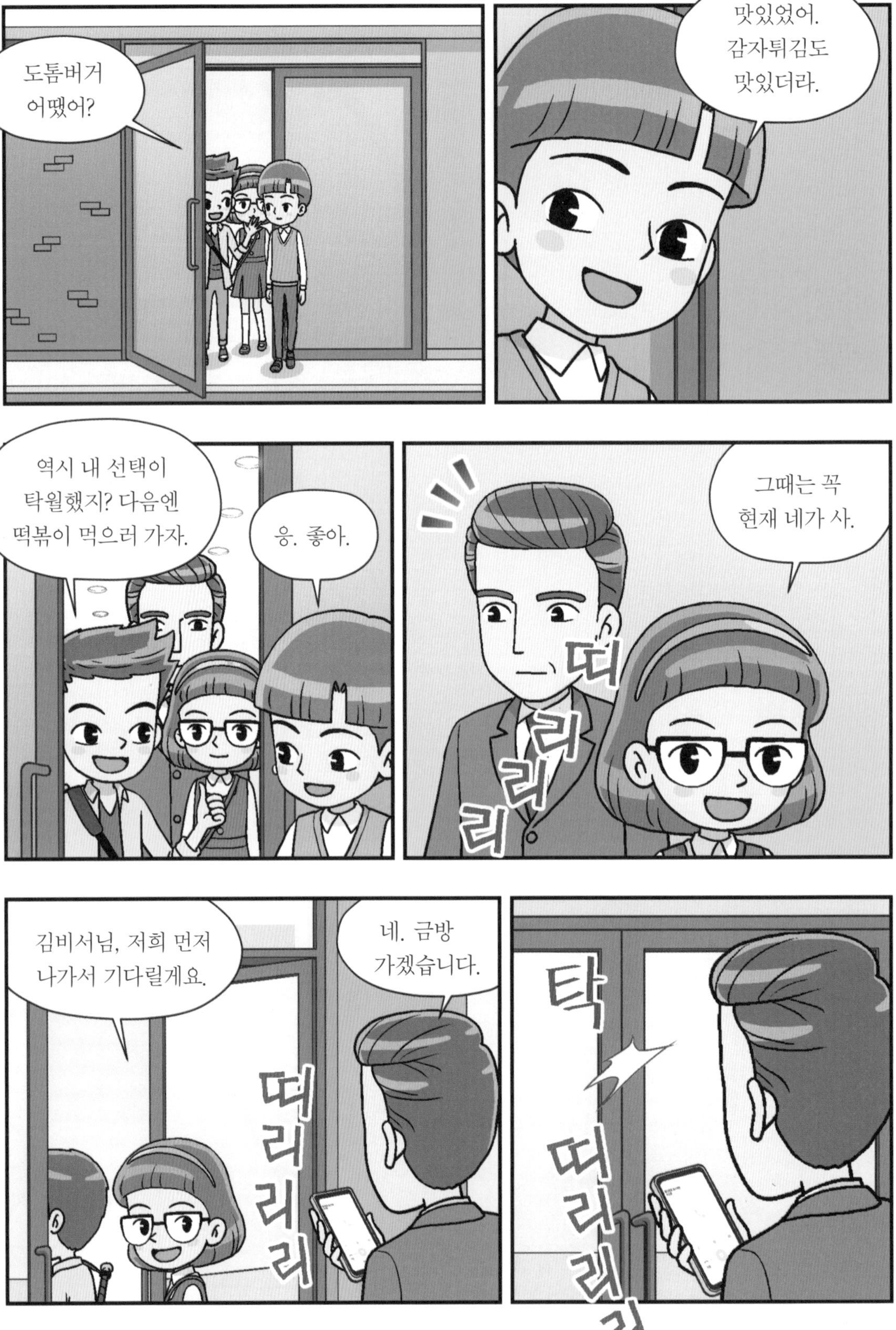
도톰버거
어땠어?
맛있었어.
감자튀김도
맛있더라.
역시 내 선택이
탁월했지? 다음엔
떡볶이 먹으러 가자.
응. 좋아.
그때는 꼭
현재 네가 사.
띠리리리
김비서님, 저희 먼저
나가서 기다릴게요.
네. 금방
가겠습니다.
띠리리리
탁
띠리리리

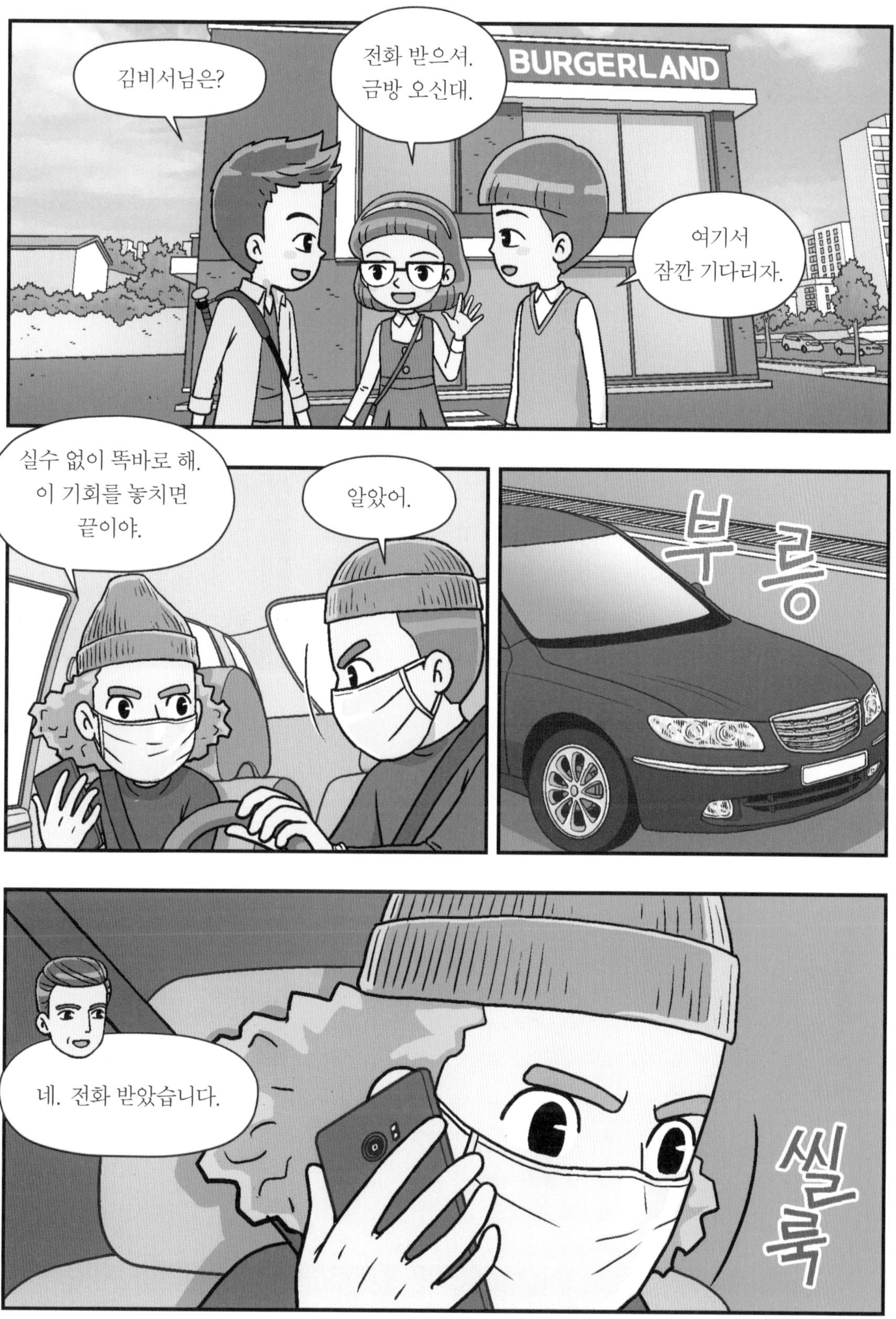
김비서님은?
전화 받으셔. 금방 오신대.
여기서 잠깐 기다리자.
BURGERLAND
실수 없이 똑바로 해. 이 기회를 놓치면 끝이야.
알았어.
부릉
네. 전화 받았습니다.
씰룩

국가별 핀테크 활용 사례

핀테크는 경제 혁신을 이루려는 국가들에게 매우 중요한 산업이에요. 그래서 경제 발전을 꿈꾸는 수많은 나라에서 핀테크를 개발, 활용하고 있어요. 세계 각국에서 핀테크를 어떻게 활용하고 있는지 알아볼까요?

● 한국

최근 2년 만에 핀테크 활용이 2배로 높아졌고 송금 및 결제에서 핀테크를 이미 활발하게 사용 중이에요. 스마트폰 사용이 전국적으로 활성화되어 있기 때문에 간편결제도 빠르게 확산될 수 있었어요. 토스 등 핀테크를 전문으로 하는 스타트업도 있고 네이버페이, 카카오페이 등 IT 회사에서 핀테크를 개발해 자사 고객이 이를 사용할 수 있도록 하고 있어요.

● 중국

세계적으로 핀테크가 가장 활발하게 개발된 나라예요. 예금, 송금뿐만 아니라 기존 은행만의 영역이던 대출과 펀드까지도 진출했어요. 또한 의료 서비스에도 핀테크가 사용되고 있어요. 한 예로 알리바바의 미래병원을 이용하면 모바일 결제서비스와 연계하여 진료 예약부터 입원비 결제까지 모두 모바일을 통해 할 수 있어요.

● 영국

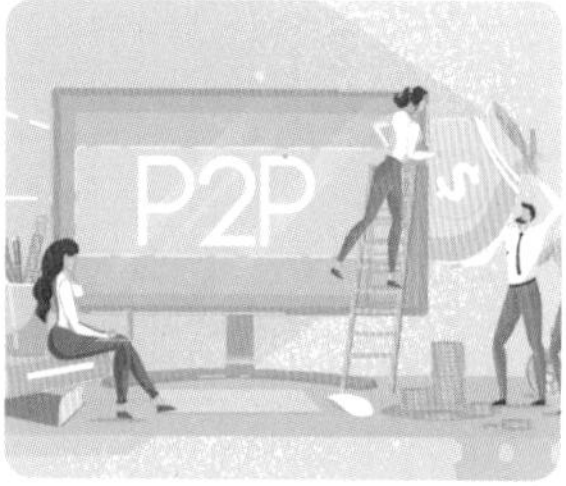
P2P

기존 주요 은행부터 혁신적인 핀테크 스타트업까지 다양한 금융서비스 회사들이 자리하고 있어요. 특히 핀테크 시장 가치의 18%를 신기술을 갖춘 기업이 창출해내고 있으며, P2P 대출 플랫폼 스타트업 '펀딩서클', 디지털 은행 '몬조', 맨체스터 기반의 자산운용사 '액세스페이'를 비롯한 수많은 핀테크 유니콘 기업을 탄생시켰어요. 그리고 비트코인과 같은 가상화폐에 대응하고, 기존 산업 분야에서의 문제해결을 위해 핀테크를 적극적으로 활용하고 있답니다.

● 싱가포르

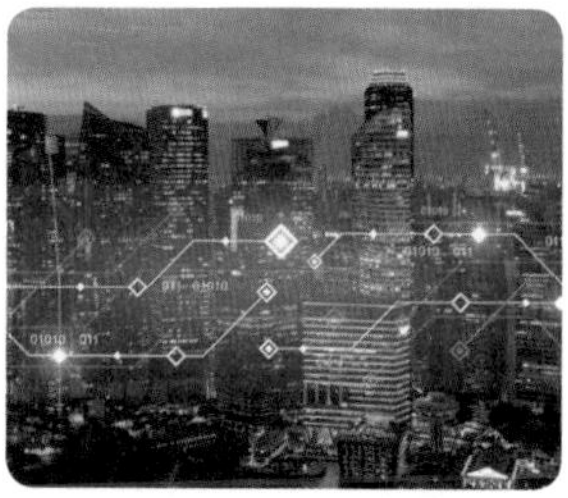

금융 강국인 싱가포르의 핀테크는 3년 만에 폭발적으로 성장해서 2017년도에 700조 원의 시장가치를 기록했어요. 싱가포르는 핀테크가 대두하면서 10여 년 전부터 금융환경에 ICT 혁신기술을 도입했어요. 유럽의 핀테크 산업 주요 국가가 영국이라면, 아시아에서는 싱가포르가 그 역할을 맡고 있어요.

위험해!
금고를 지켜라!

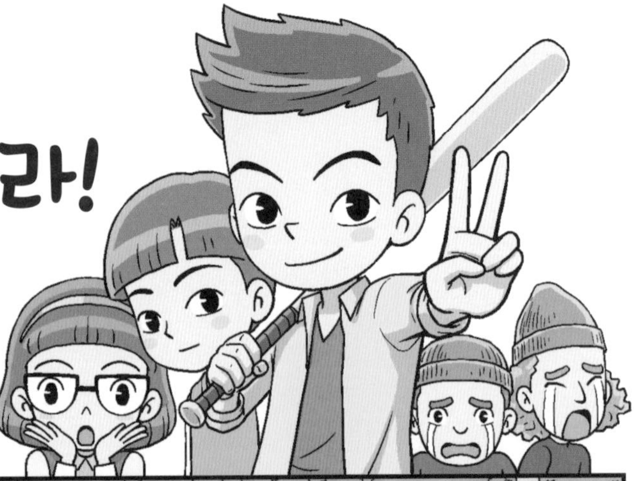

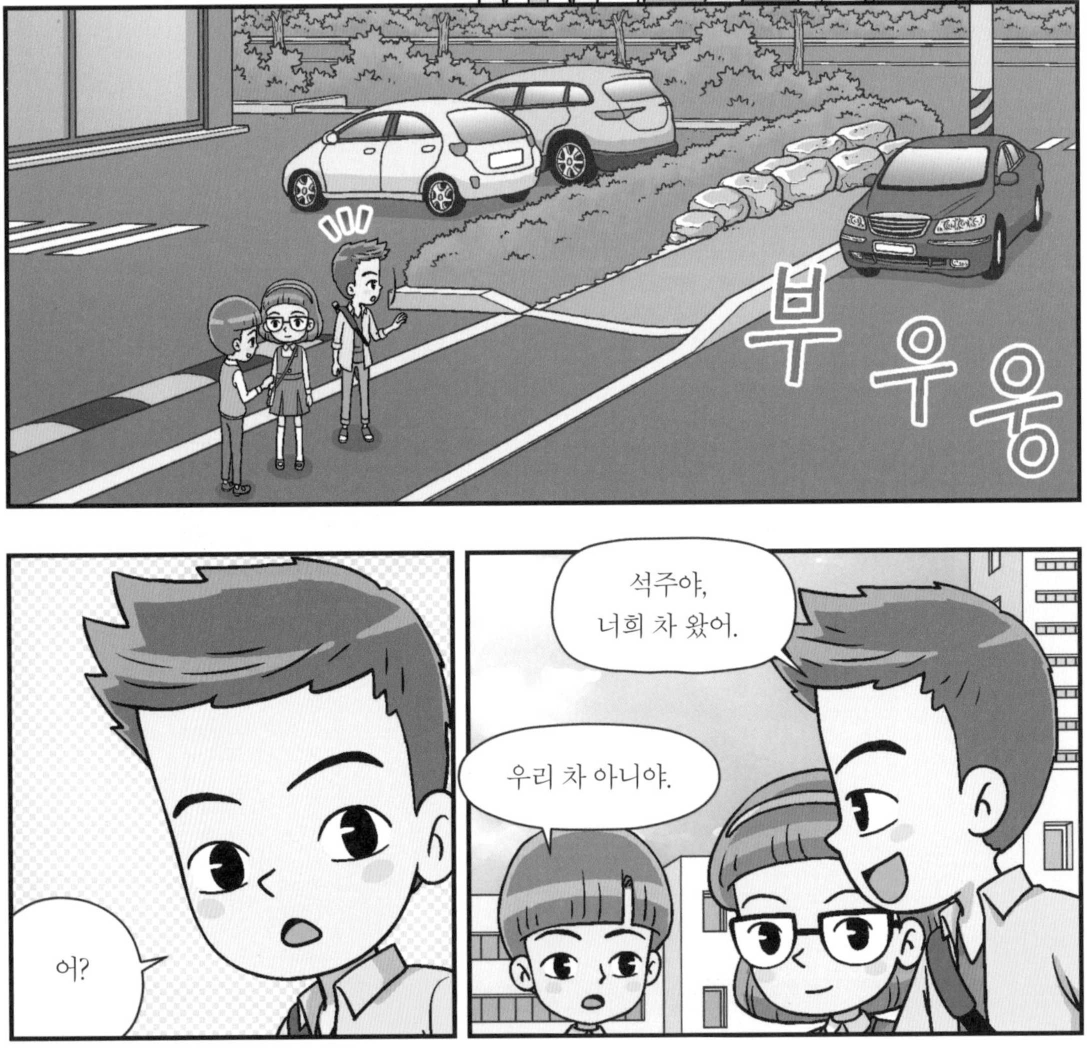
부우웅
어?
석주야,
너희 차 왔어.
우리 차 아니야.

끼익
척
타다닥
철컥
뭐야?
콱
앗!

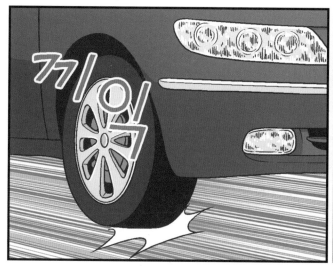

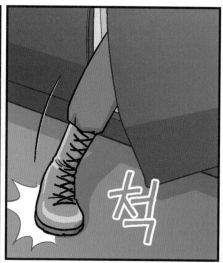

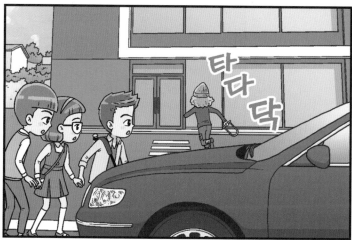

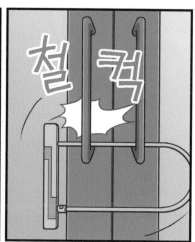

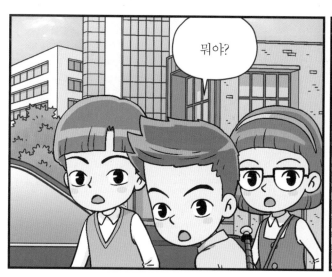

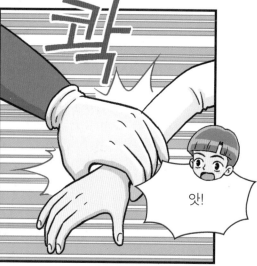

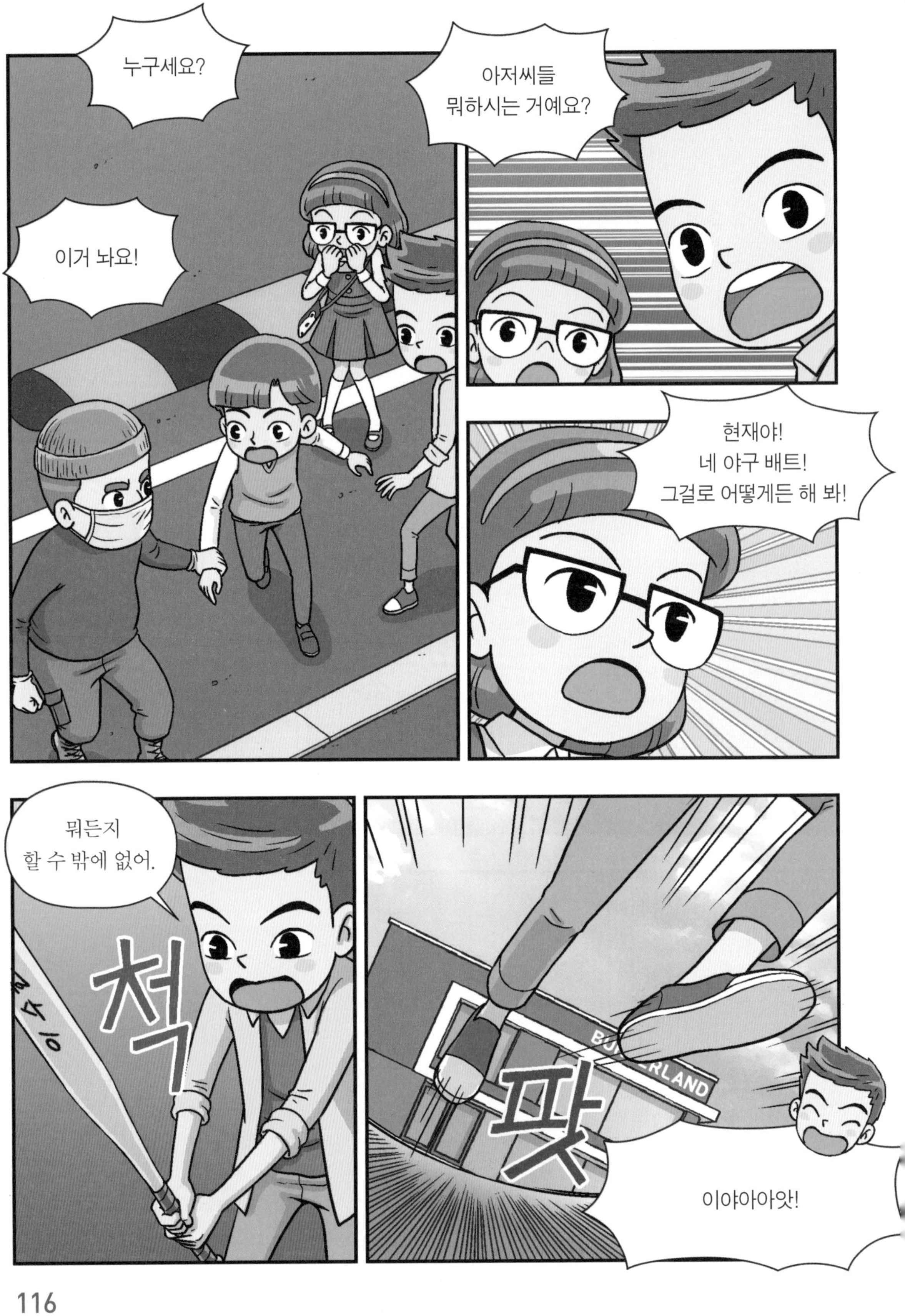
누구세요?
이거 봐요!
아저씨들
뭐하시는 거예요?
현재야!
네 야구 배트!
그걸로 어떻게든 해 봐!
뭐든지
할 수 밖에 없어.
척
팍
이야아아앗!

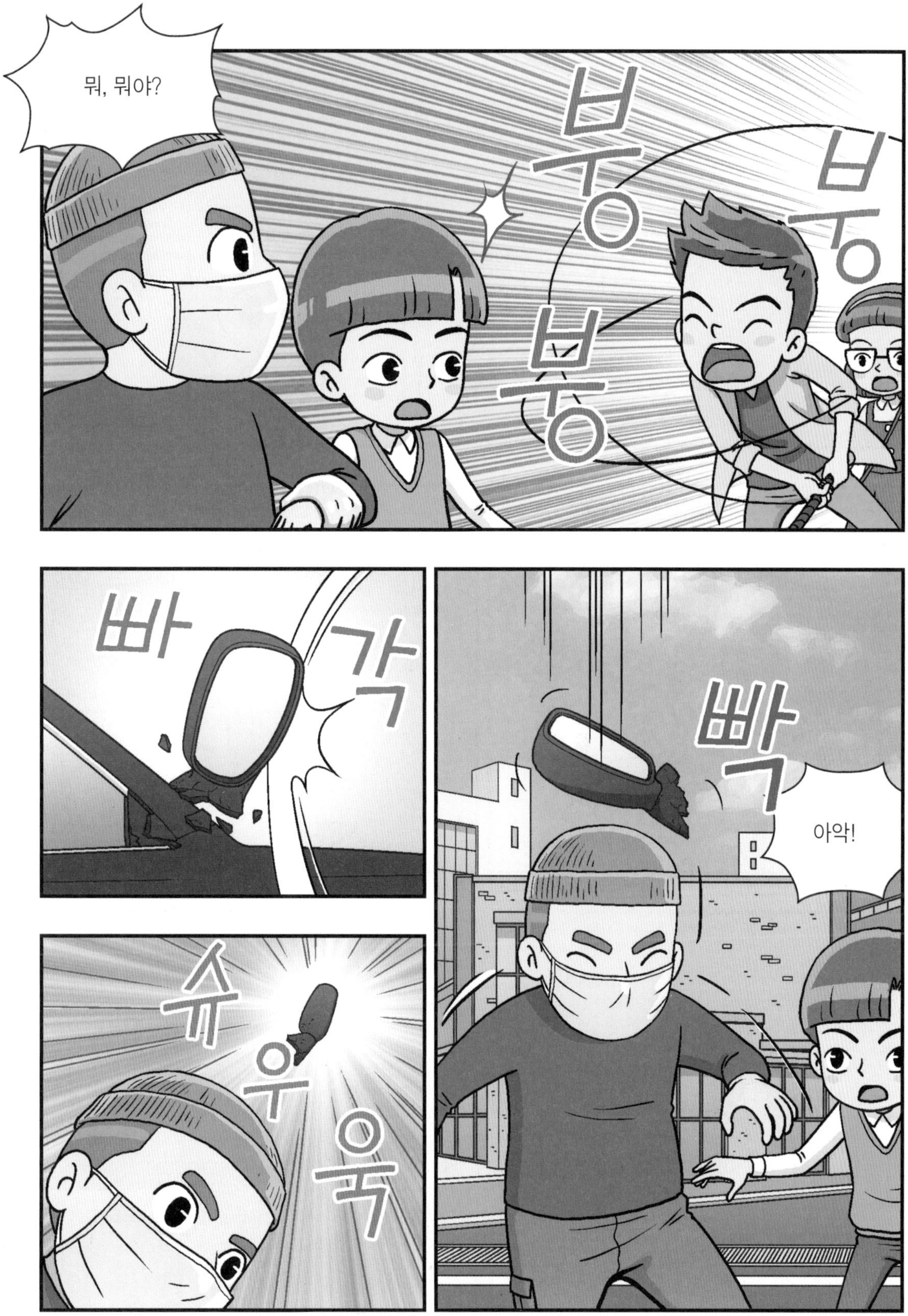

뭐, 뭐야?
붕
붕
붕
빠각
빡
아악!
슈우욱

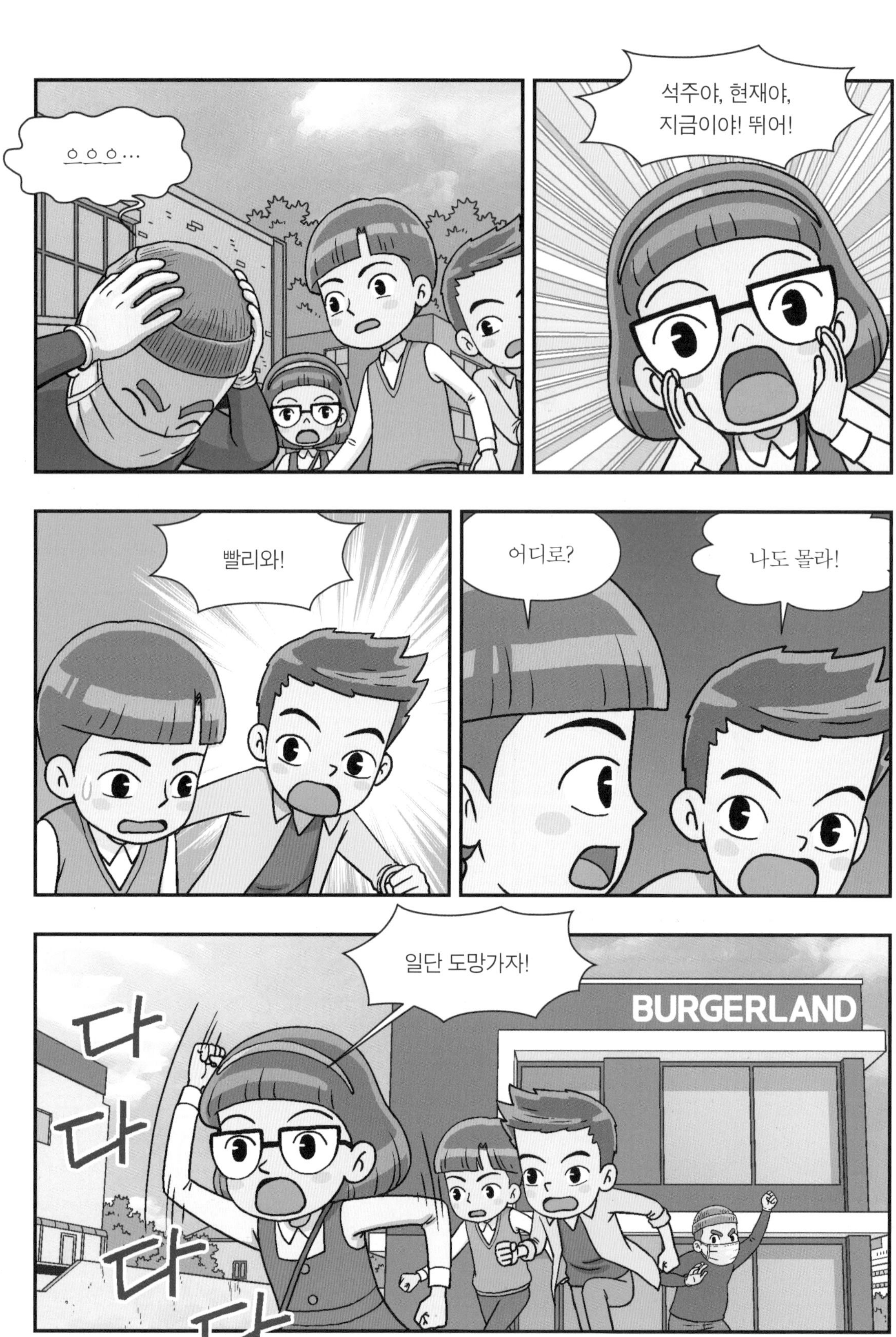
으으으…
석주야, 현재야,
지금이야! 뛰어!
빨리와!
어디로?
나도 몰라!
일단 도망가자!
BURGERLAND
다
다
다
다

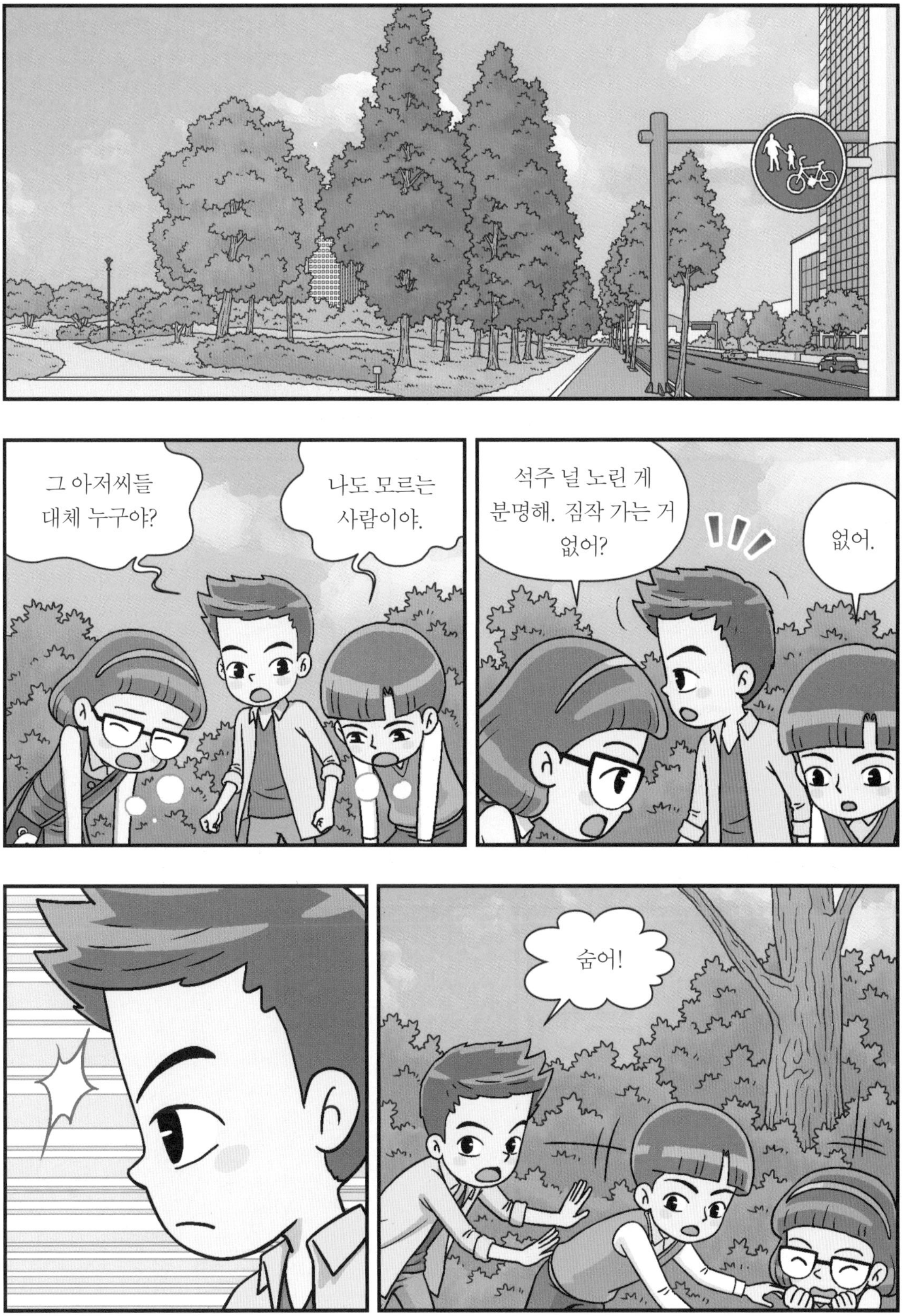
그 아저씨들 대체 누구야?
나도 모르는 사람이야.
석주 널 노린 게 분명해. 짐작 가는 거 없어?
없어.
숨어!

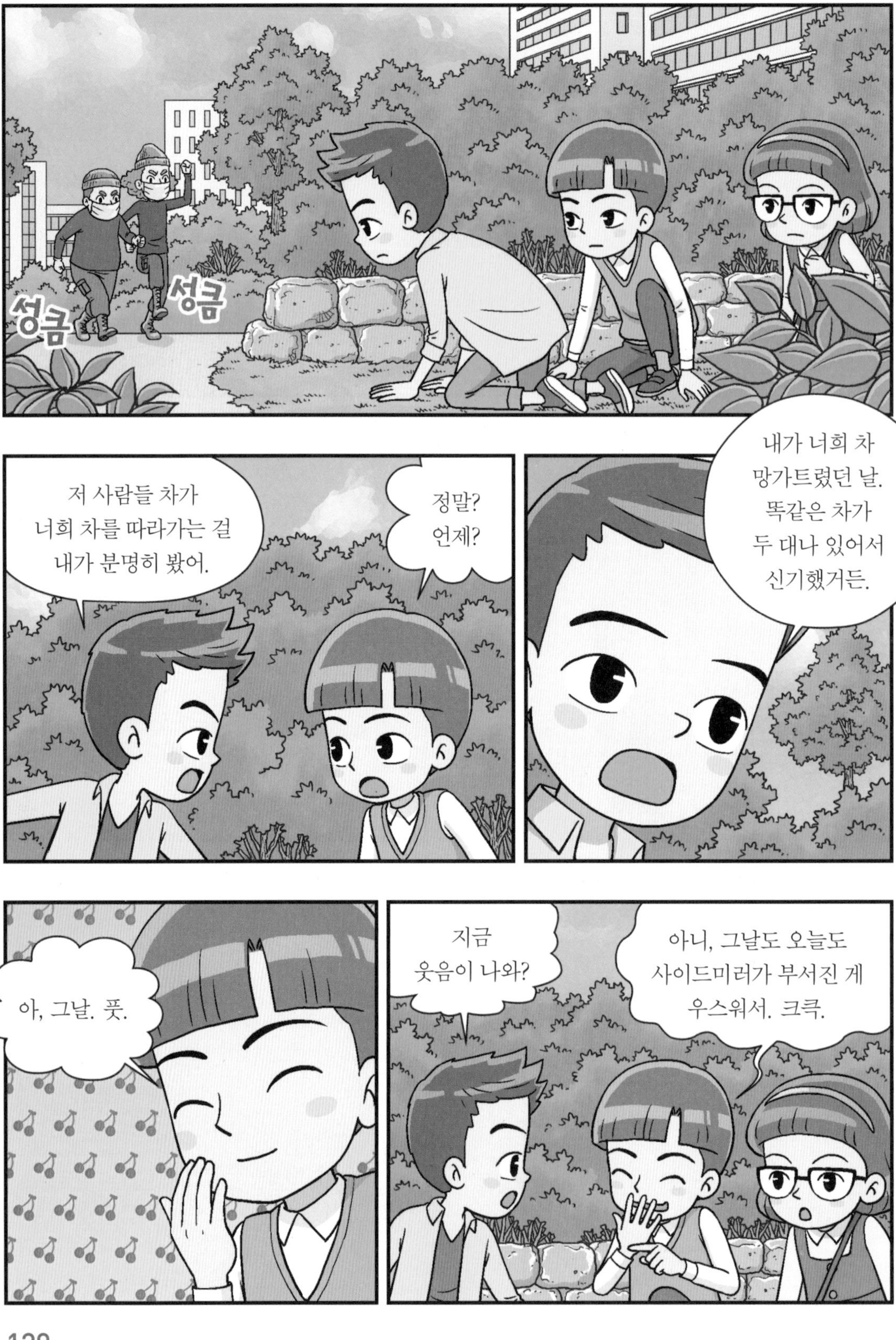

성큼
성큼
저 사람들 차가 너희 차를 따라가는 걸 내가 분명히 봤어.
정말? 언제?
내가 너희 차 망가트렸던 날. 똑같은 차가 두 대나 있어서 신기했거든.
아, 그날. 풋.
지금 웃음이 나와?
아니, 그날도 오늘도 사이드미러가 부서진 게 우스워서. 크큭.

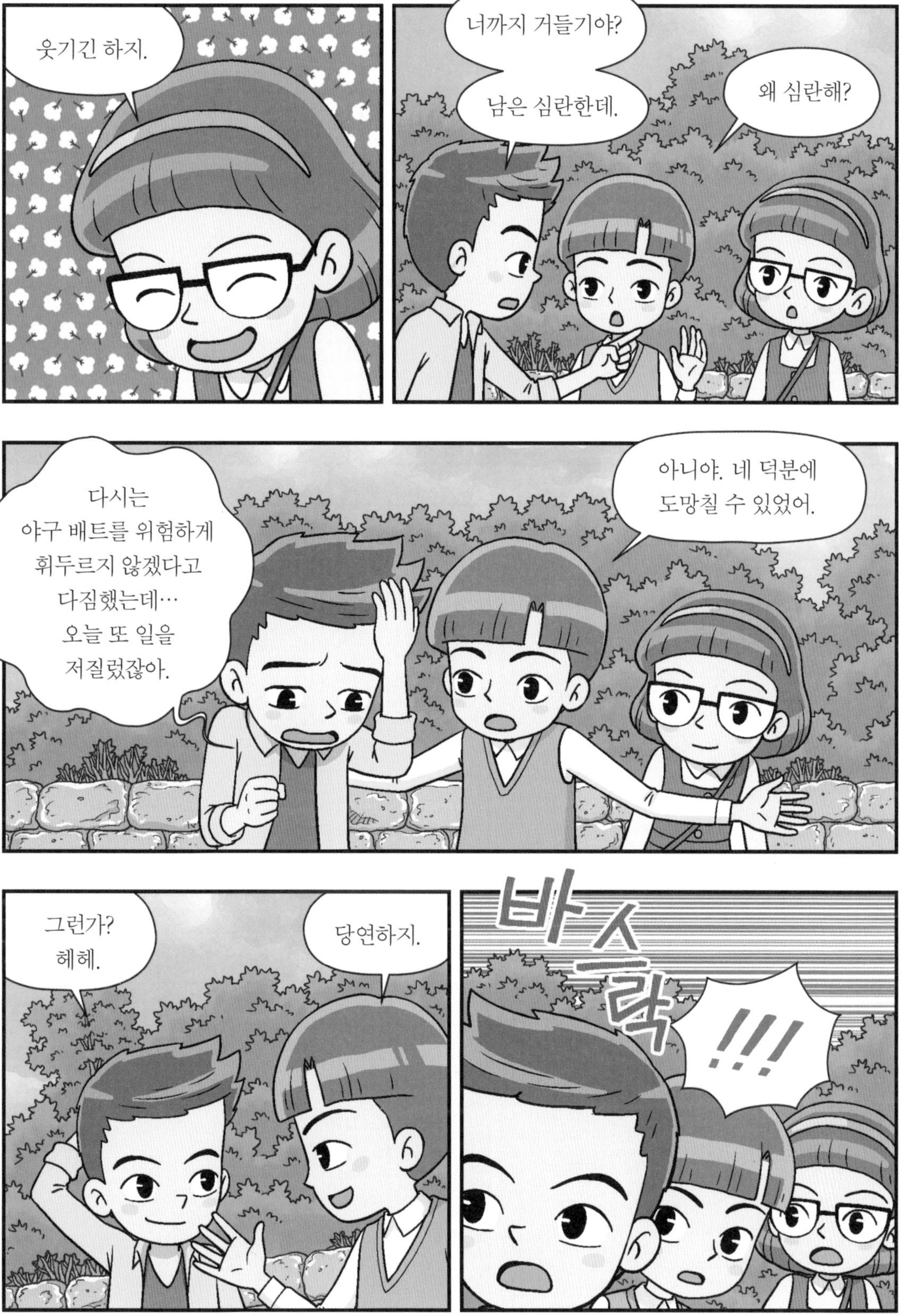
웃기긴 하지.
너까지 거들기야?
남은 심란한데.
왜 심란해?
다시는 야구 배트를 위험하게 휘두르지 않겠다고 다짐했는데… 오늘 또 일을 저질렀잖아.
아니야. 네 덕분에 도망칠 수 있었어.
그런가? 헤헤.
당연하지.
바스락
!!!

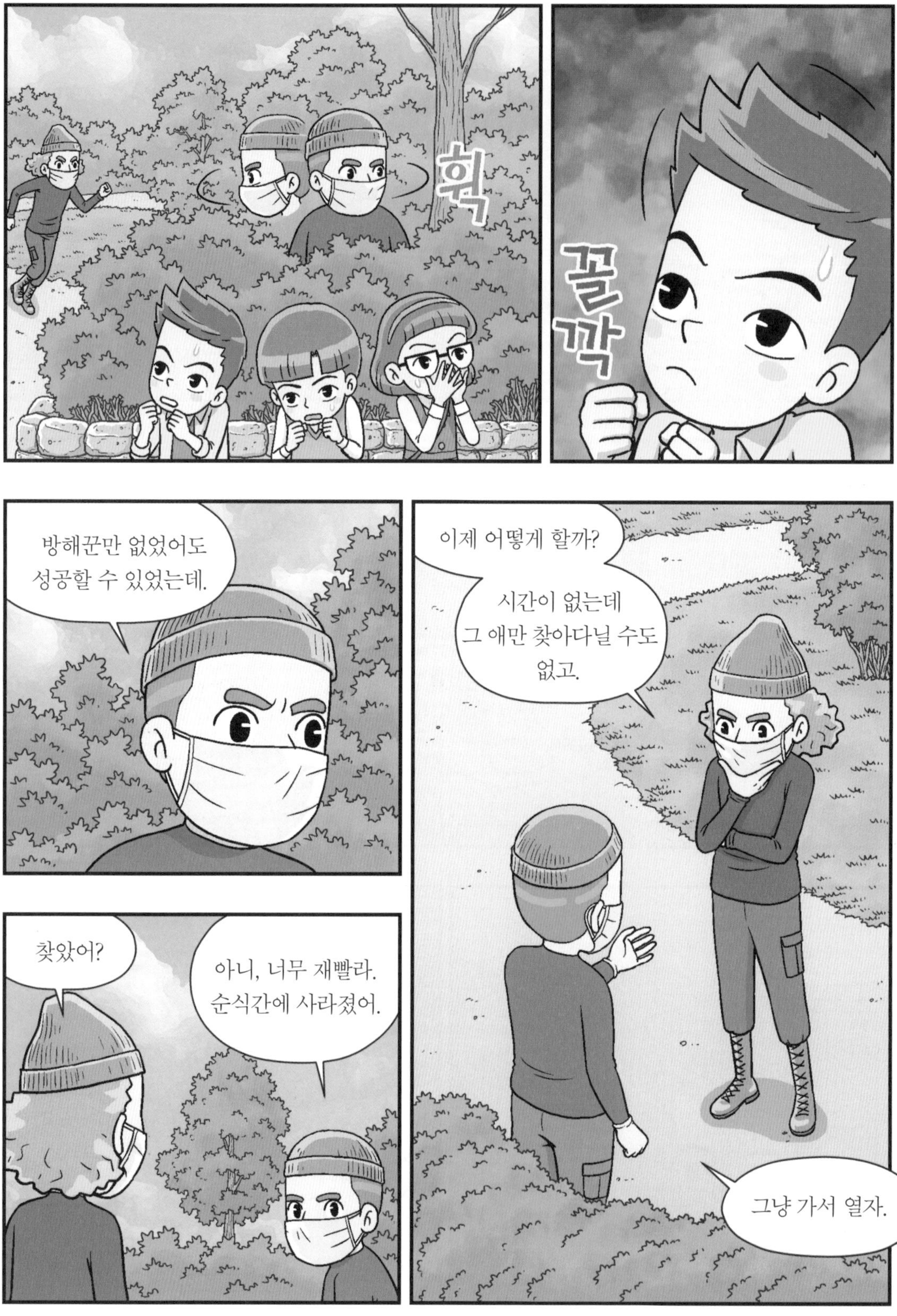
휙
꼴깍
방해꾼만 없었어도 성공할 수 있었는데.
찾았어?
아니, 너무 재빨라. 순식간에 사라졌어.
이제 어떻게 할까?
시간이 없는데 그 애만 찾아다닐 수도 없고.
그냥 가서 열자.

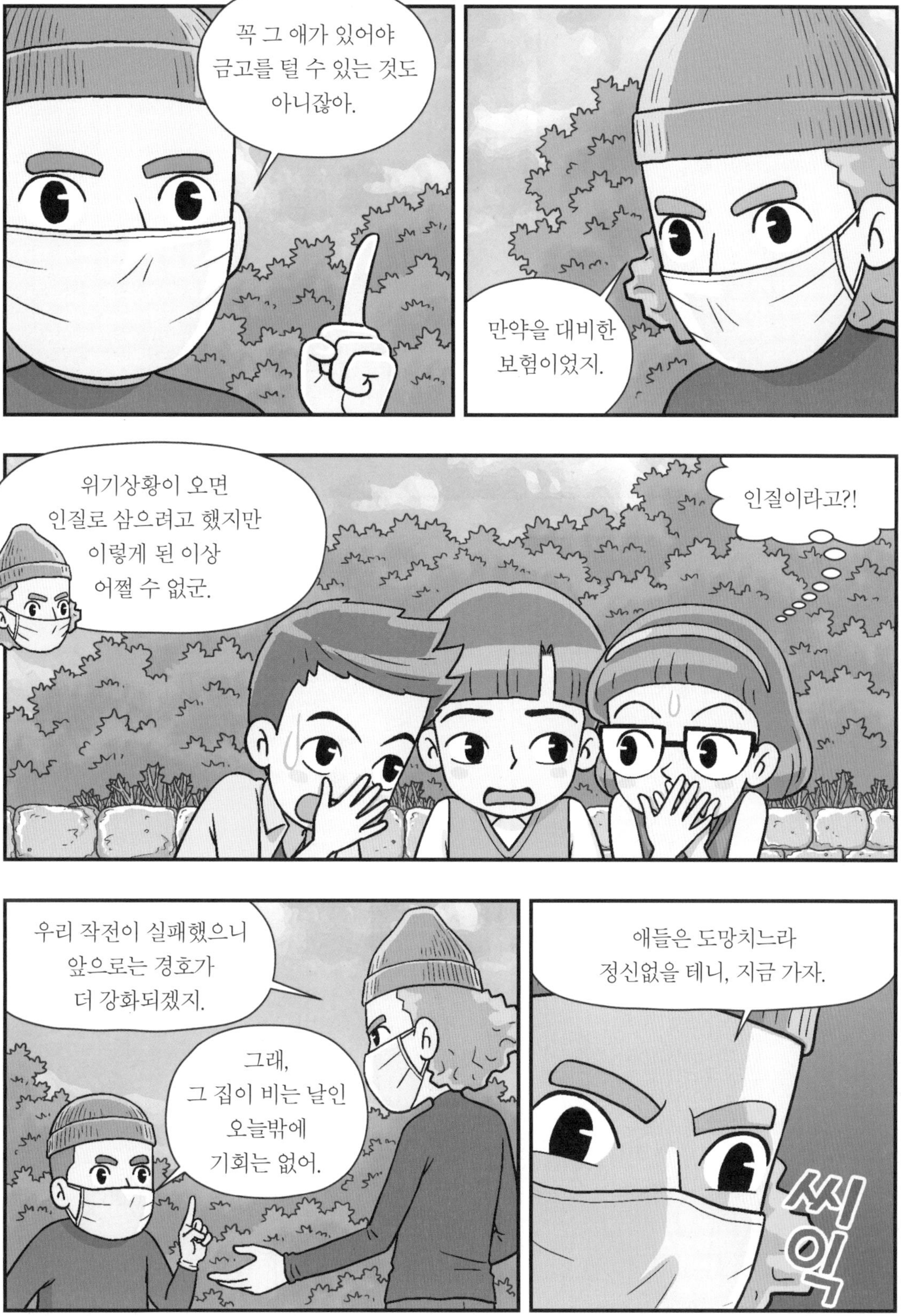

꼭 그 애가 있어야 금고를 털 수 있는 것도 아니잖아.
만약을 대비한 보험이었지.
위기상황이 오면 인질로 삼으려고 했지만 이렇게 된 이상 어쩔 수 없군.
인질이라고?!
우리 작전이 실패했으니 앞으로는 경호가 더 강화되겠지.
그래, 그 집이 비는 날인 오늘밖에 기회는 없어.
애들은 도망치느라 정신없을 테니, 지금 가자.
씨익

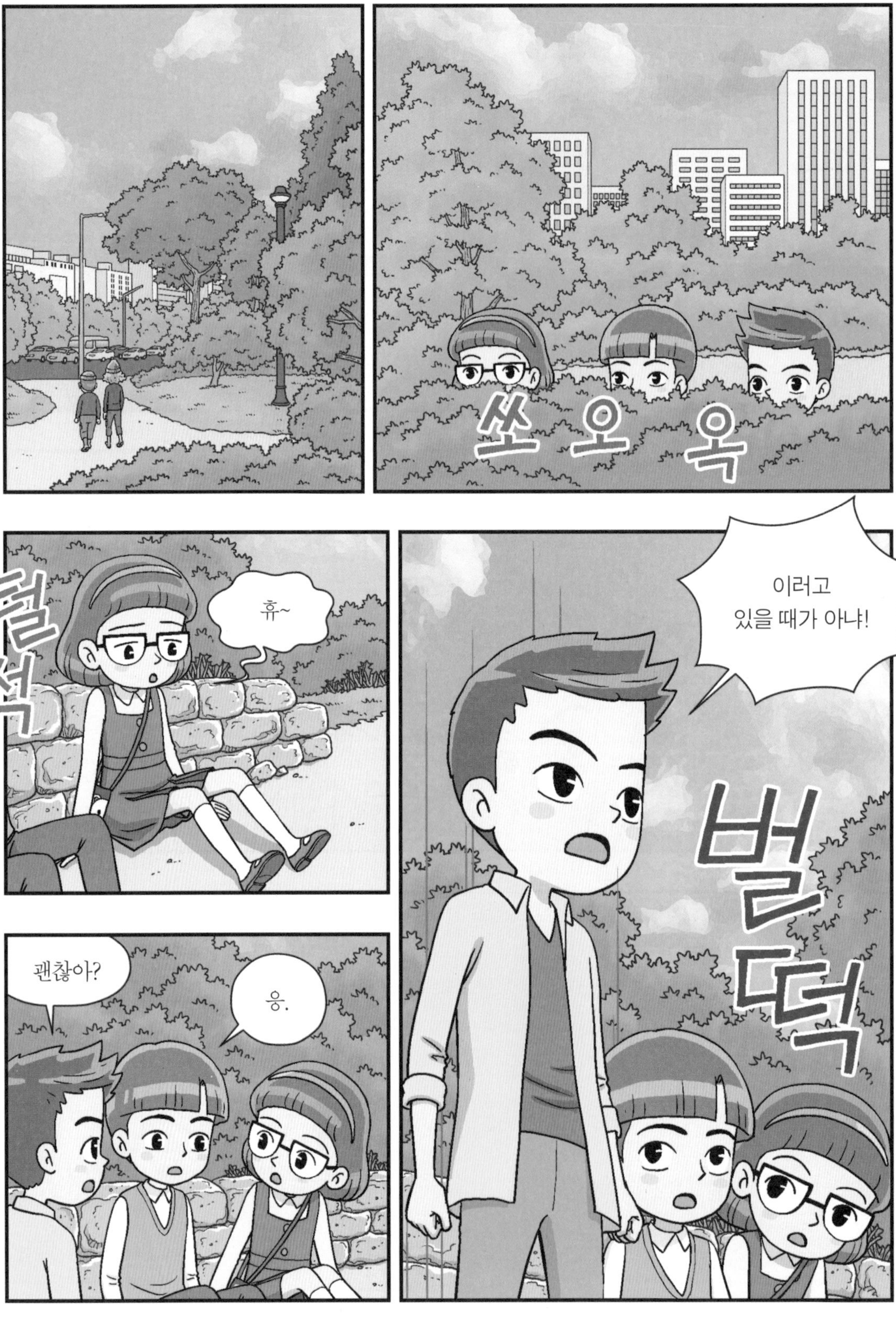
쏘오옥
털썩
휴~
괜찮아?
응.
이러고 있을 때가 아냐!
벌떡

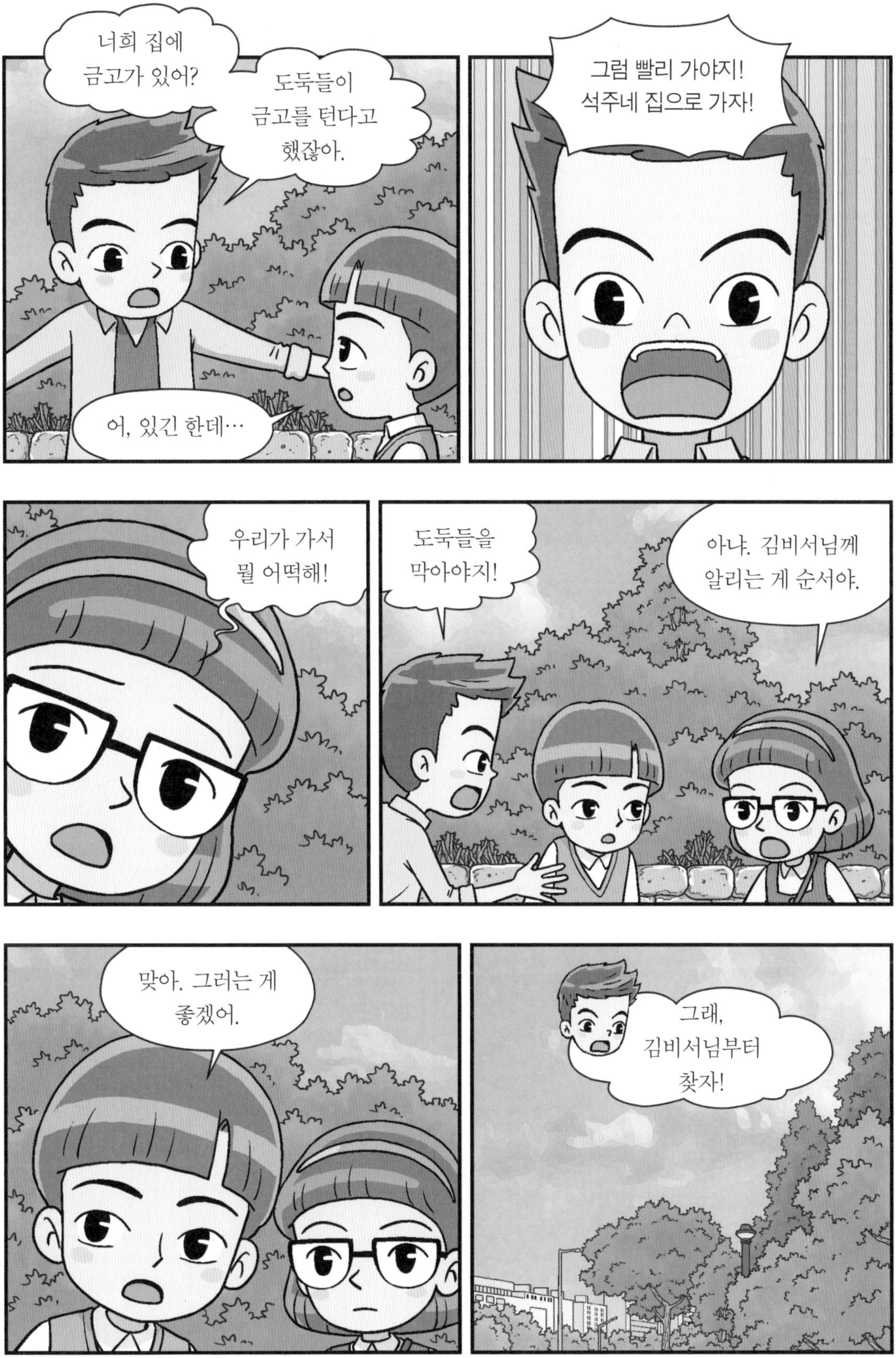
너희 집에 금고가 있어?
도둑들이 금고를 턴다고 했잖아.
어, 있긴 한데…
그럼 빨리 가야지! 석주네 집으로 가자!
우리가 가서 뭘 어떡해!
도둑들을 막아야지!
아냐. 김비서님께 알리는 게 순서야.
맞아. 그러는 게 좋겠어.
그래, 김비서님부터 찾자!

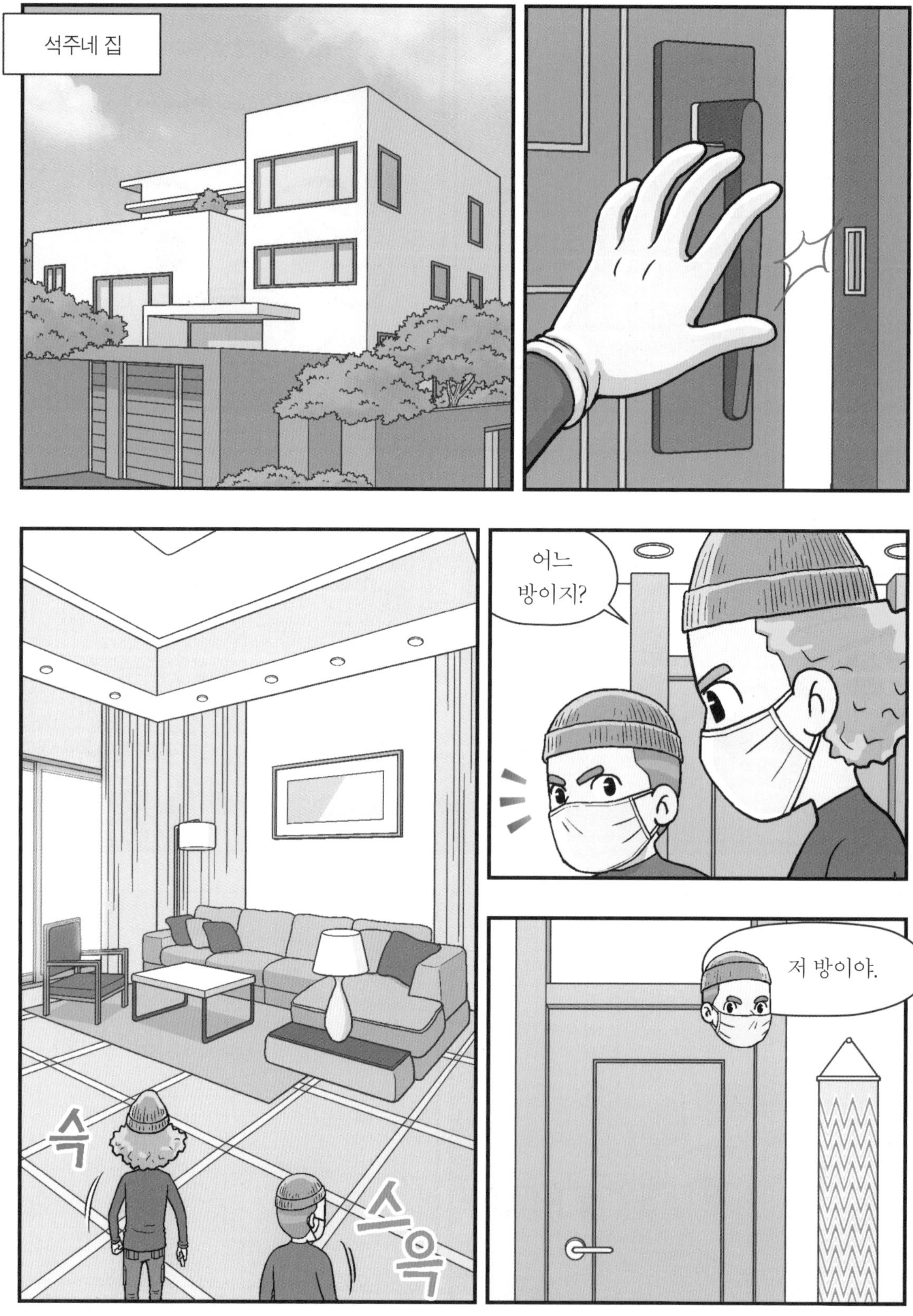
석주네 집
어느 방이지?
저 방이야.
슥
스윽

경보를 해제하느라 시간이 지체됐어.

빨리 열어야 해.

잠깐.

뭔가 이상해. 다이얼도 번호키도 없어!

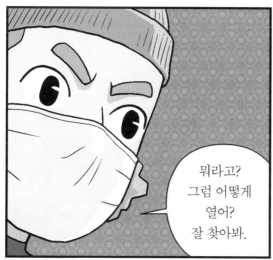

뭐라고? 그럼 어떻게 열어? 잘 찾아봐.

그럴 시간이 없어! 다른 방으로 가보자!

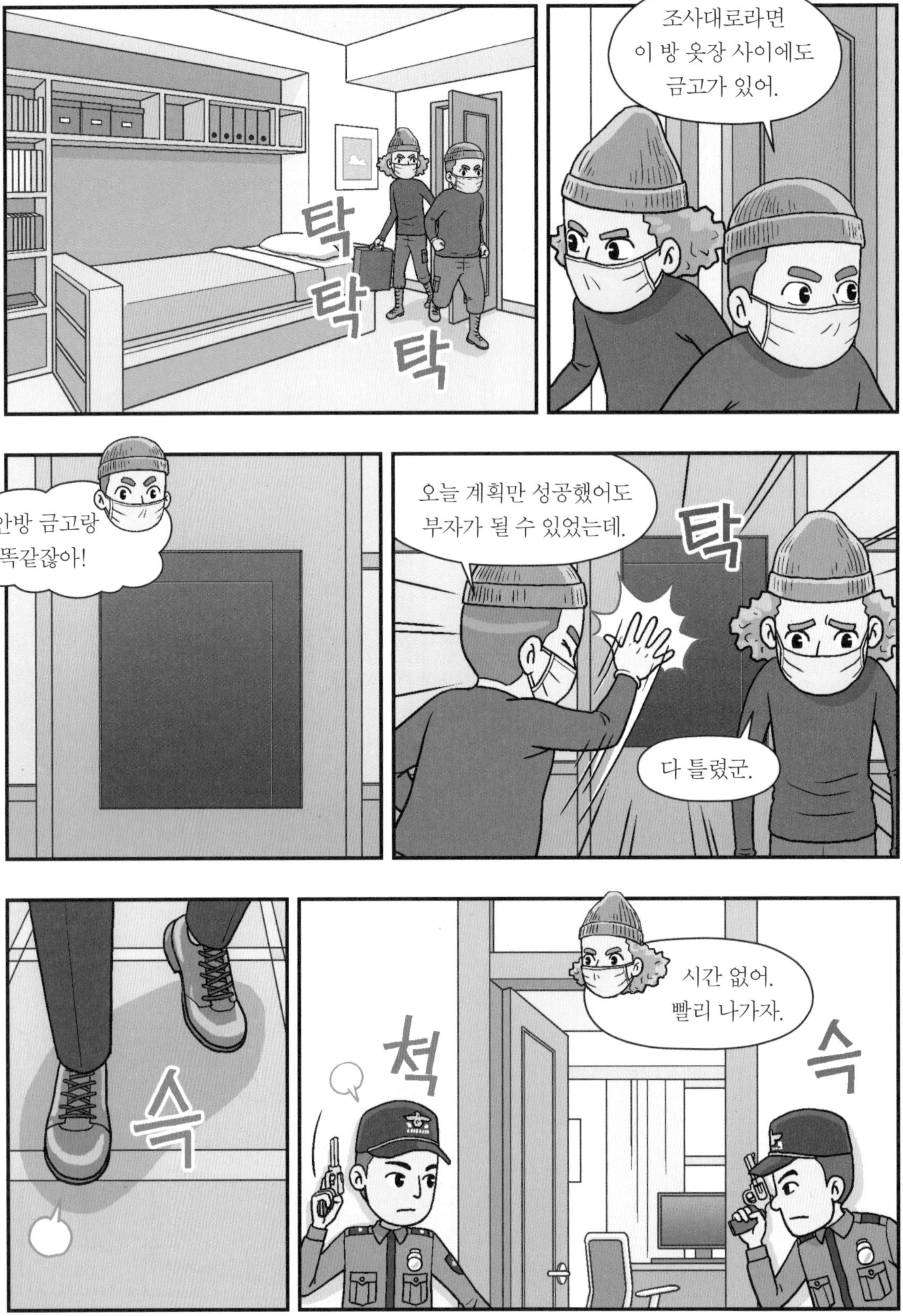
탁
탁
탁
조사대로라면 이 방 옷장 사이에도 금고가 있어.
안방 금고랑 똑같잖아!
오늘 계획만 성공했어도 부자가 될 수 있었는데.
탁
다 틀렸군.
슥
시간 없어. 빨리 나가자.
척
슥

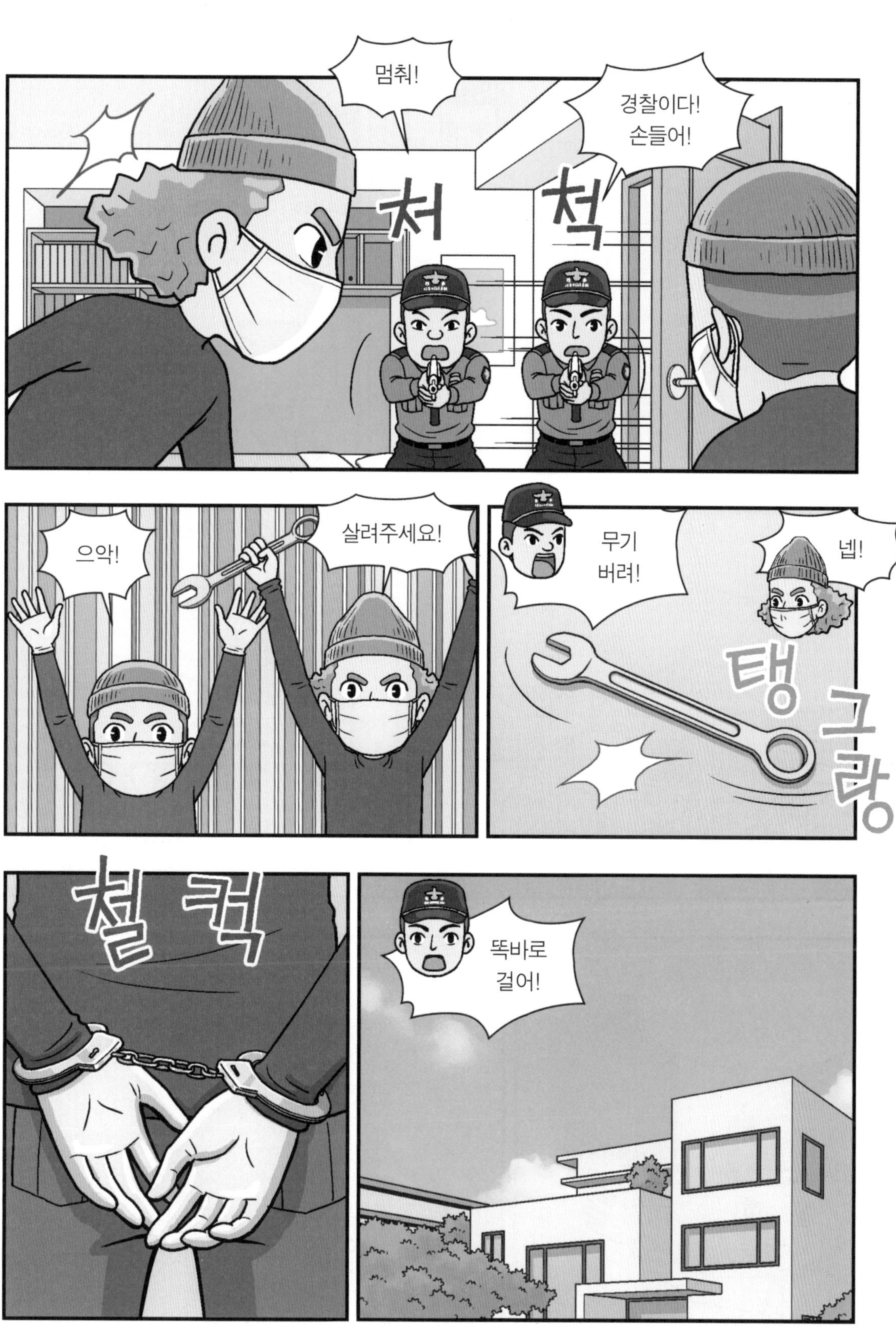

멈춰!
경찰이다!
손들어!
처 척
으악!
살려주세요!
무기
버려!
넵!
탱그랑
철컥
똑바로
걸어!

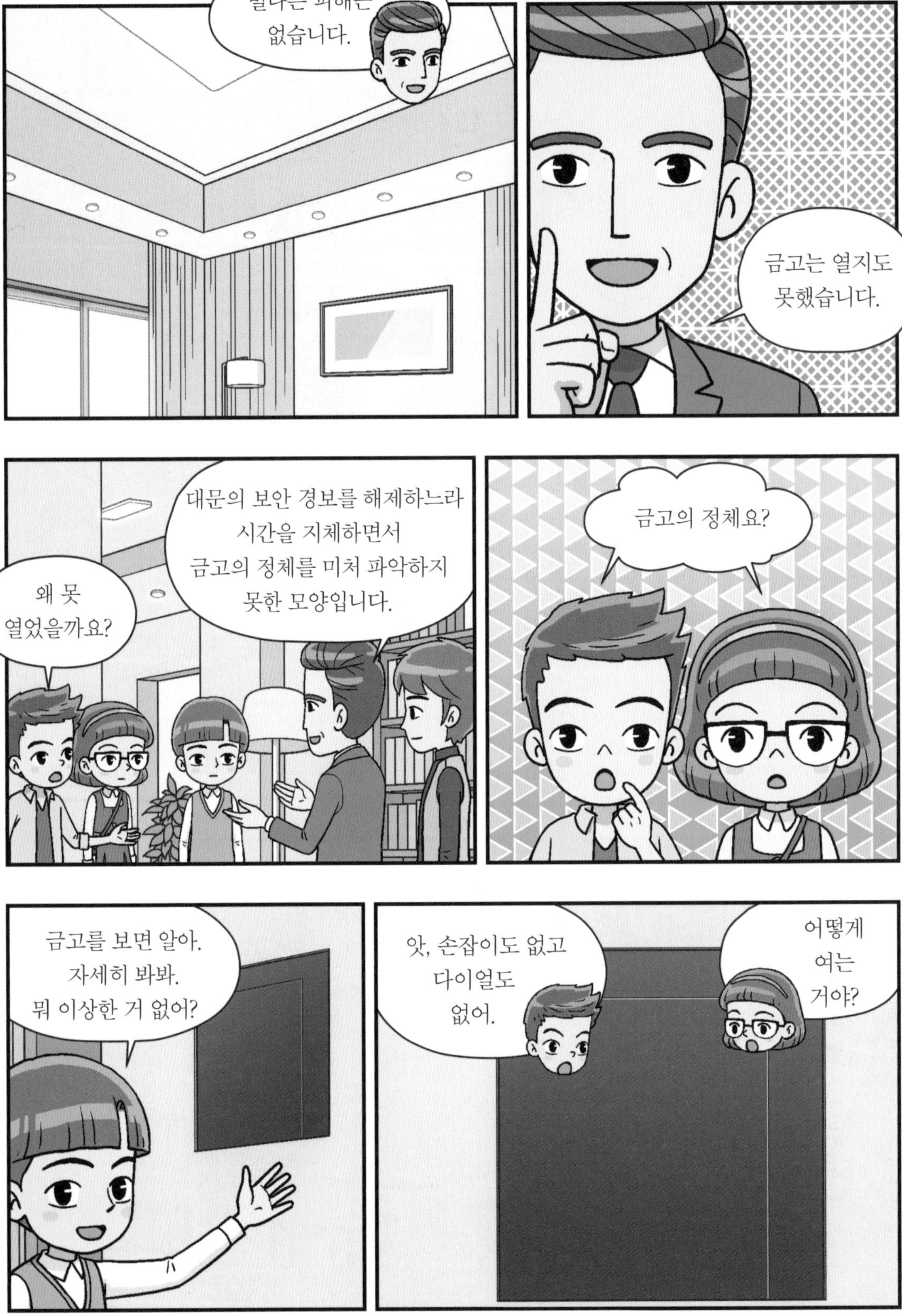

별다른 피해는 없습니다.
금고는 열지도 못했습니다.
왜 못 열었을까요?
대문의 보안 경보를 해제하느라 시간을 지체하면서 금고의 정체를 미처 파악하지 못한 모양입니다.
금고의 정체요?
금고를 보면 알아. 자세히 봐봐. 뭐 이상한 거 없어?
앗, 손잡이도 없고 다이얼도 없어.
어떻게 여는 거야?

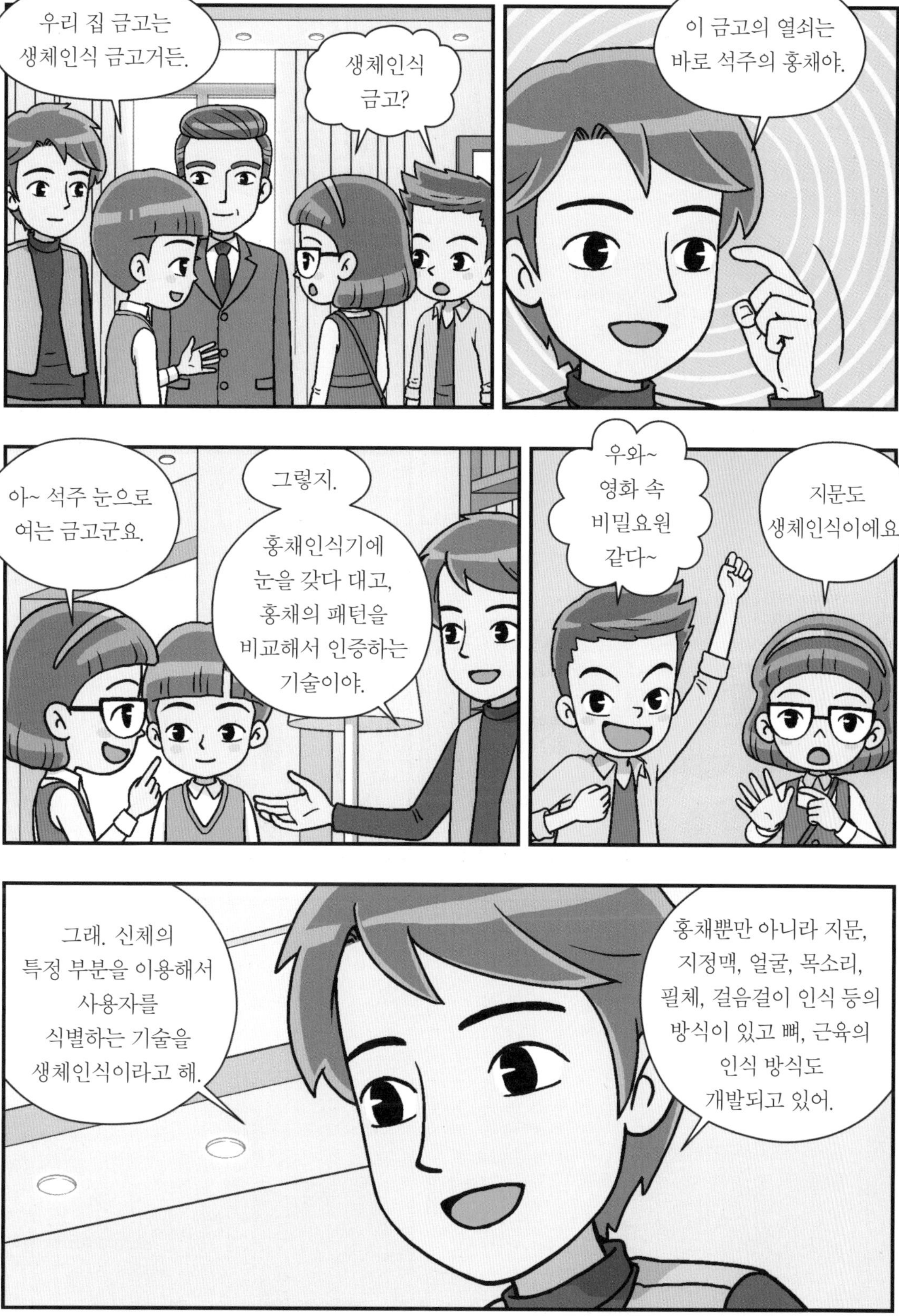
우리 집 금고는 생체인식 금고거든.
생체인식 금고?
이 금고의 열쇠는 바로 석주의 홍채야.
아~ 석주 눈으로 여는 금고군요.
그렇지.
홍채인식기에 눈을 갖다 대고, 홍채의 패턴을 비교해서 인증하는 기술이야.
우와~ 영화 속 비밀요원 같다~
지문도 생체인식이에요?
그래. 신체의 특정 부분을 이용해서 사용자를 식별하는 기술을 생체인식이라고 해.
홍채뿐만 아니라 지문, 지정맥, 얼굴, 목소리, 필체, 걸음걸이 인식 등의 방식이 있고 뼈, 근육의 인식 방식도 개발되고 있어.

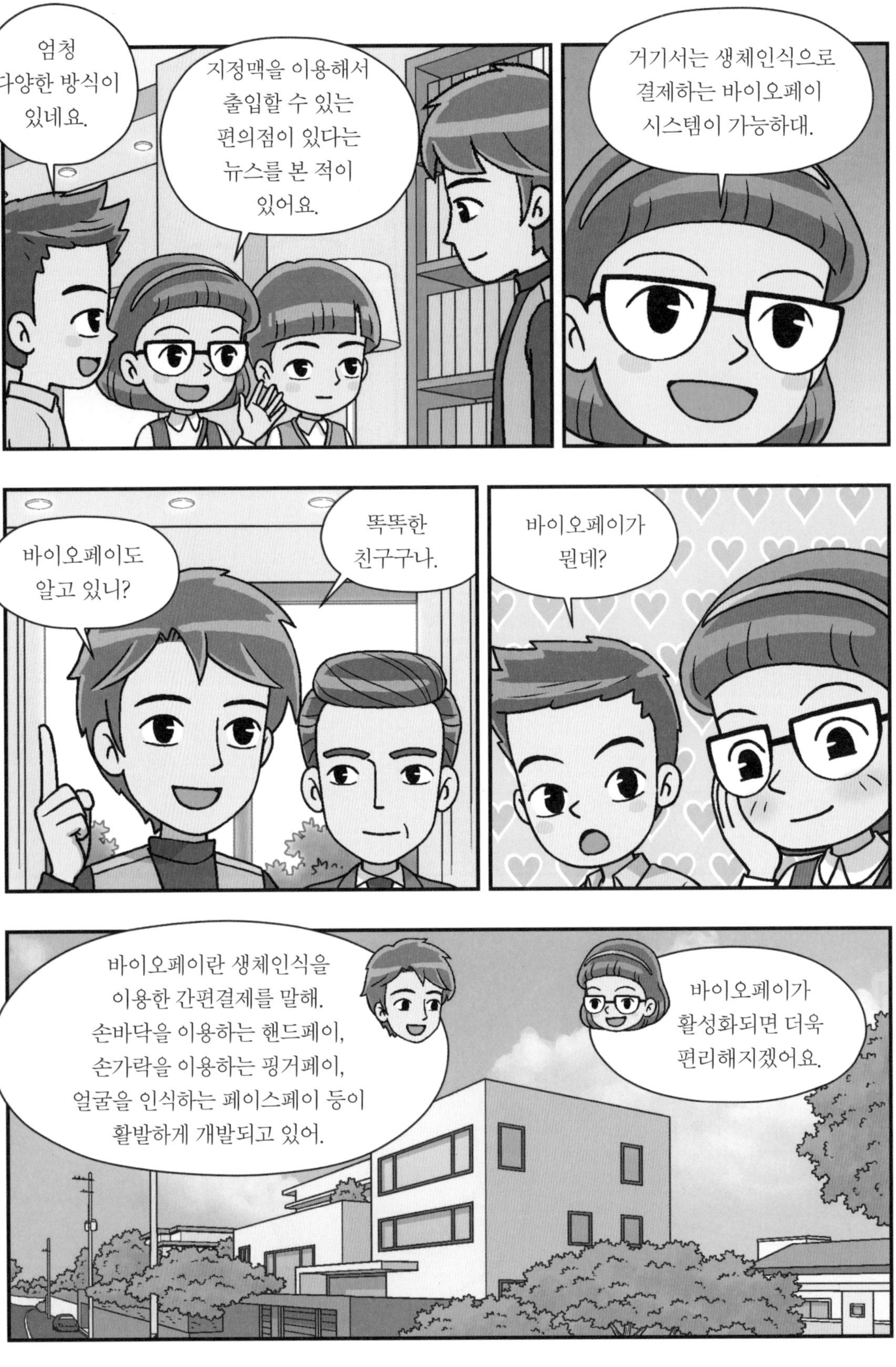

엄청 다양한 방식이 있네요.
지정맥을 이용해서 출입할 수 있는 편의점이 있다는 뉴스를 본 적이 있어요.
거기서는 생체인식으로 결제하는 바이오페이 시스템이 가능하대.
바이오페이도 알고 있니?
똑똑한 친구구나.
바이오페이가 뭔데?
바이오페이란 생체인식을 이용한 간편결제를 말해. 손바닥을 이용하는 핸드페이, 손가락을 이용하는 핑거페이, 얼굴을 인식하는 페이스페이 등이 활발하게 개발되고 있어.
바이오페이가 활성화되면 더욱 편리해지겠어요.

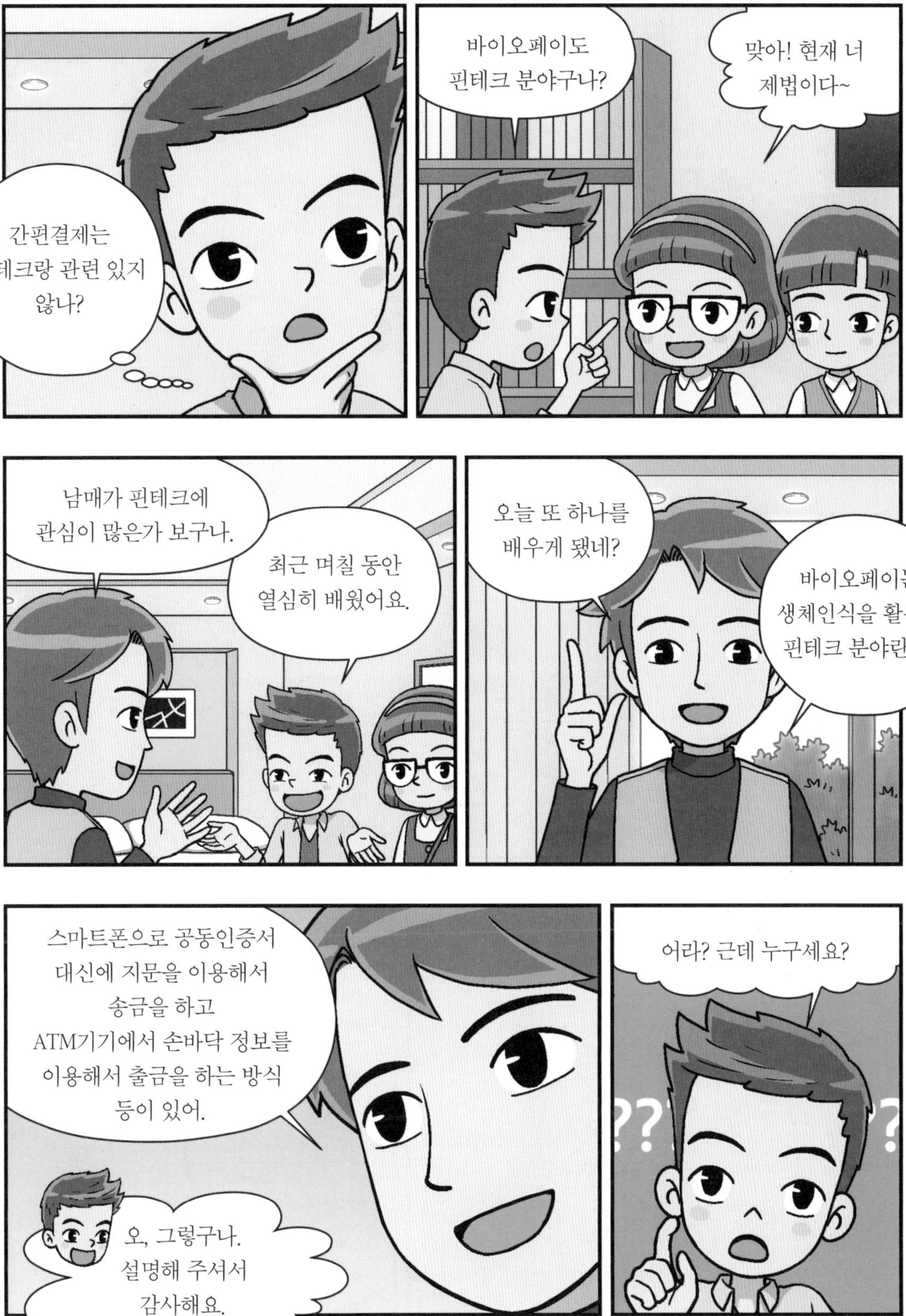

간편결제는
핀테크랑 관련 있지
않나?
바이오페이도
핀테크 분야구나?
맞아! 현재 너
제법이다~
남매가 핀테크에
관심이 많은가 보구나.
최근 며칠 동안
열심히 배웠어요.
오늘 또 하나를
배우게 됐네?
바이오페이는
생체인식을 활용한
핀테크 분야란다.
스마트폰으로 공동인증서
대신에 지문을 이용해서
송금을 하고
ATM기기에서 손바닥 정보를
이용해서 출금을 하는 방식
등이 있어.
오, 그렇구나.
설명해 주셔서
감사해요.
어라? 근데 누구세요?

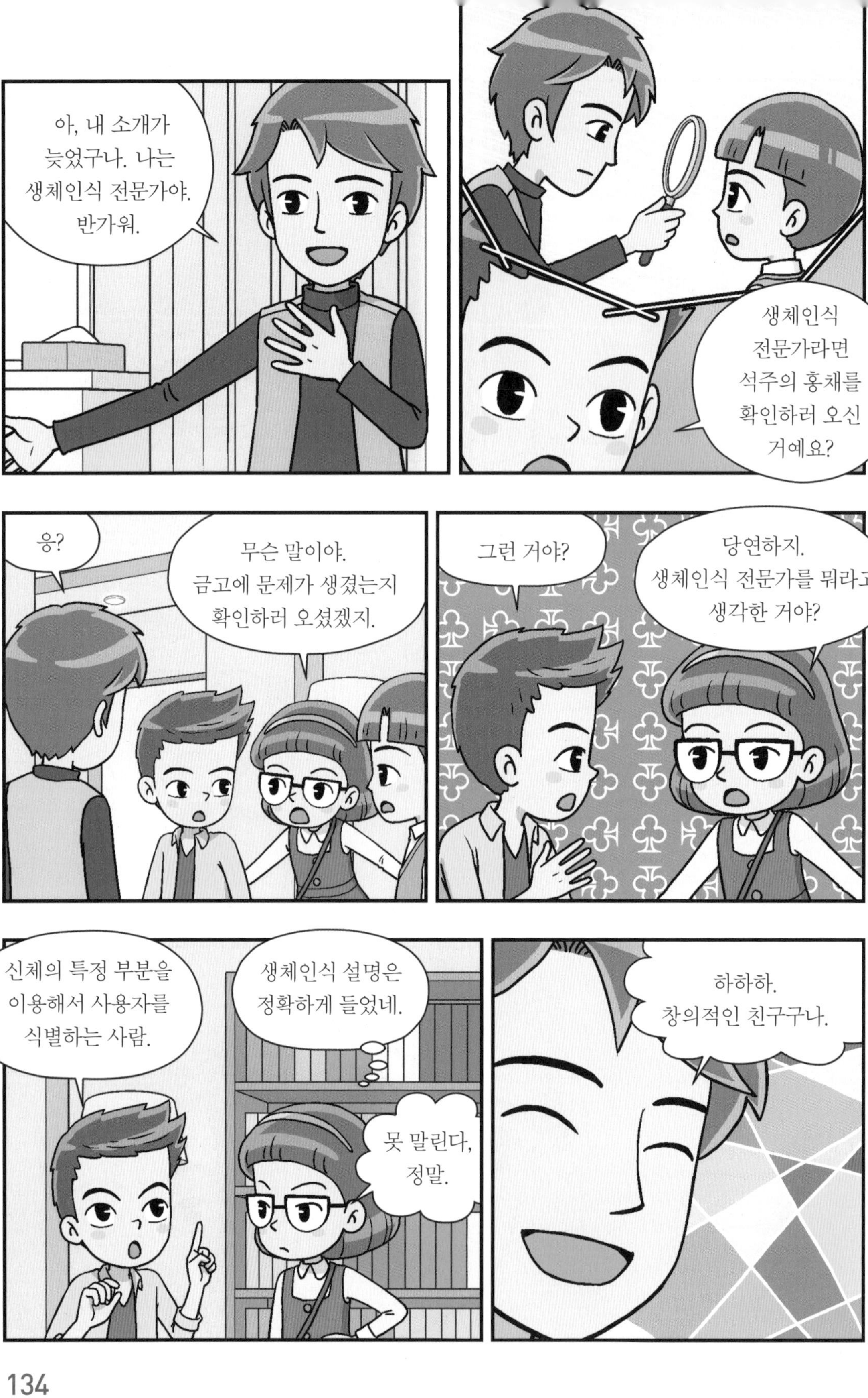
아, 내 소개가 늦었구나. 나는 생체인식 전문가야. 반가워.
생체인식 전문가라면 석주의 홍채를 확인하러 오신 거예요?
응?
무슨 말이야. 금고에 문제가 생겼는지 확인하러 오셨겠지.
그런 거야?
당연하지. 생체인식 전문가를 뭐라고 생각한 거야?
신체의 특정 부분을 이용해서 사용자를 식별하는 사람.
생체인식 설명은 정확하게 들었네.
못 말린다, 정말.
하하하. 창의적인 친구구나.

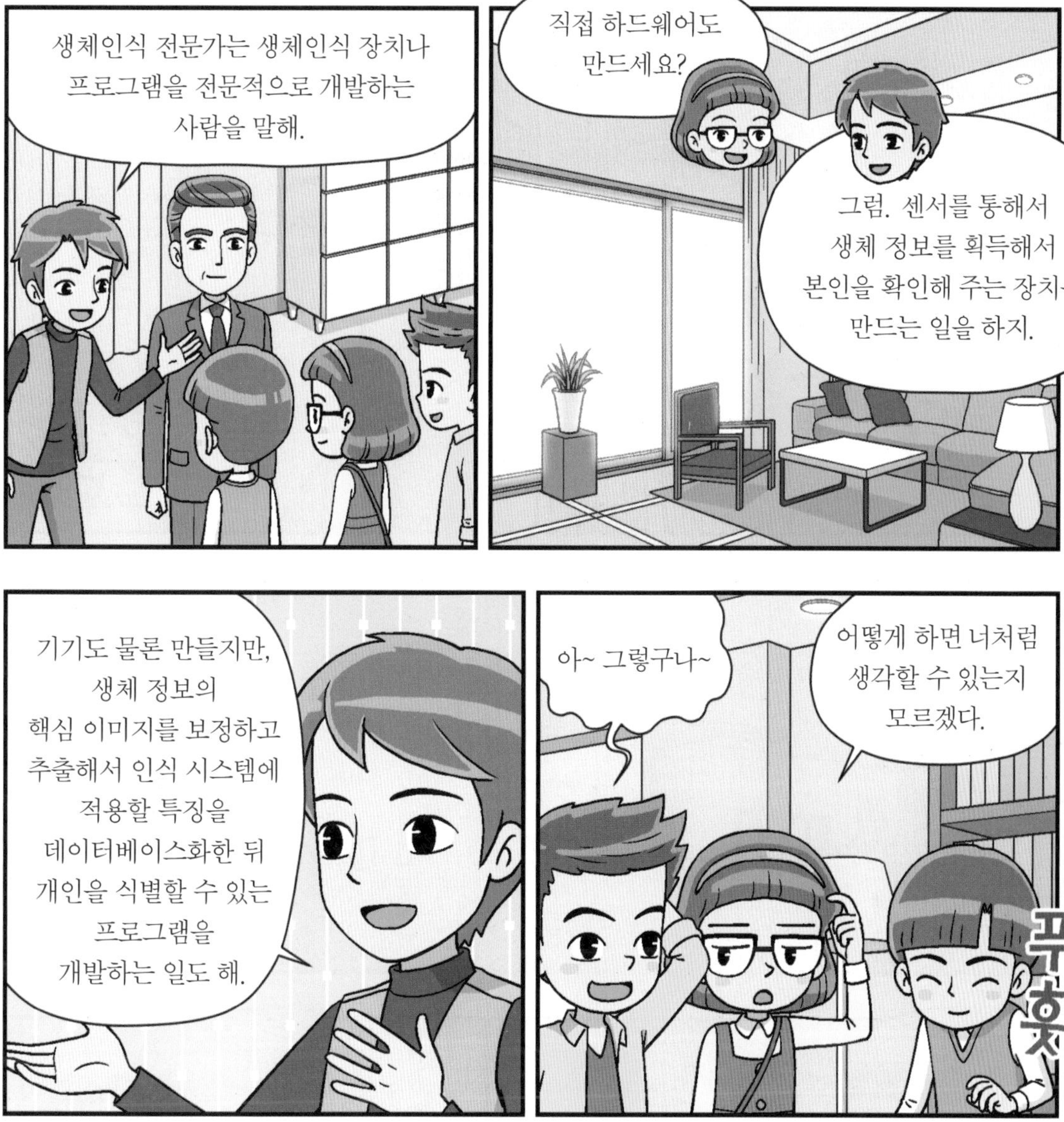
생체인식 전문가는 생체인식 장치나 프로그램을 전문적으로 개발하는 사람을 말해.
직접 하드웨어도 만드세요?
그럼. 센서를 통해서 생체 정보를 획득해서 본인을 확인해 주는 장치를 만드는 일을 하지.
기기도 물론 만들지만, 생체 정보의 핵심 이미지를 보정하고 추출해서 인식 시스템에 적용할 특징을 데이터베이스화한 뒤 개인을 식별할 수 있는 프로그램을 개발하는 일도 해.
아~ 그렇구나~
어떻게 하면 너처럼 생각할 수 있는지 모르겠다.
푸훗

생체인식 전문가

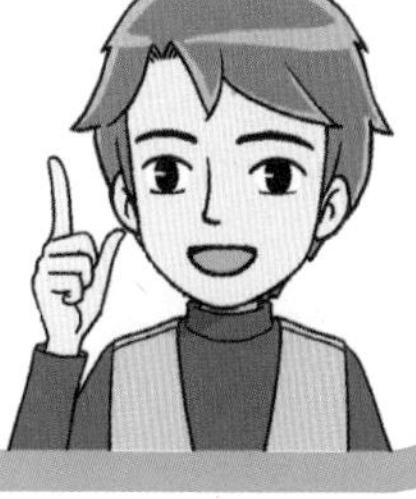

생체인식은 공동인증서나 비밀번호와 다르게 사람마다 다른 신체 정보를 이용하기 때문에 편리하며 분실이나 위조, 또는 변조가 어려워 보안성이 뛰어납니다. 개인마다 다른 생체 정보를 추출, 처리, 인식하여 정보화시키고 식별 시스템을 구현하는 생체인식 전문가는 금융뿐만 아니라 자동차, 의료, 보안, 통신 등의 분야에서 활약하고 있습니다.

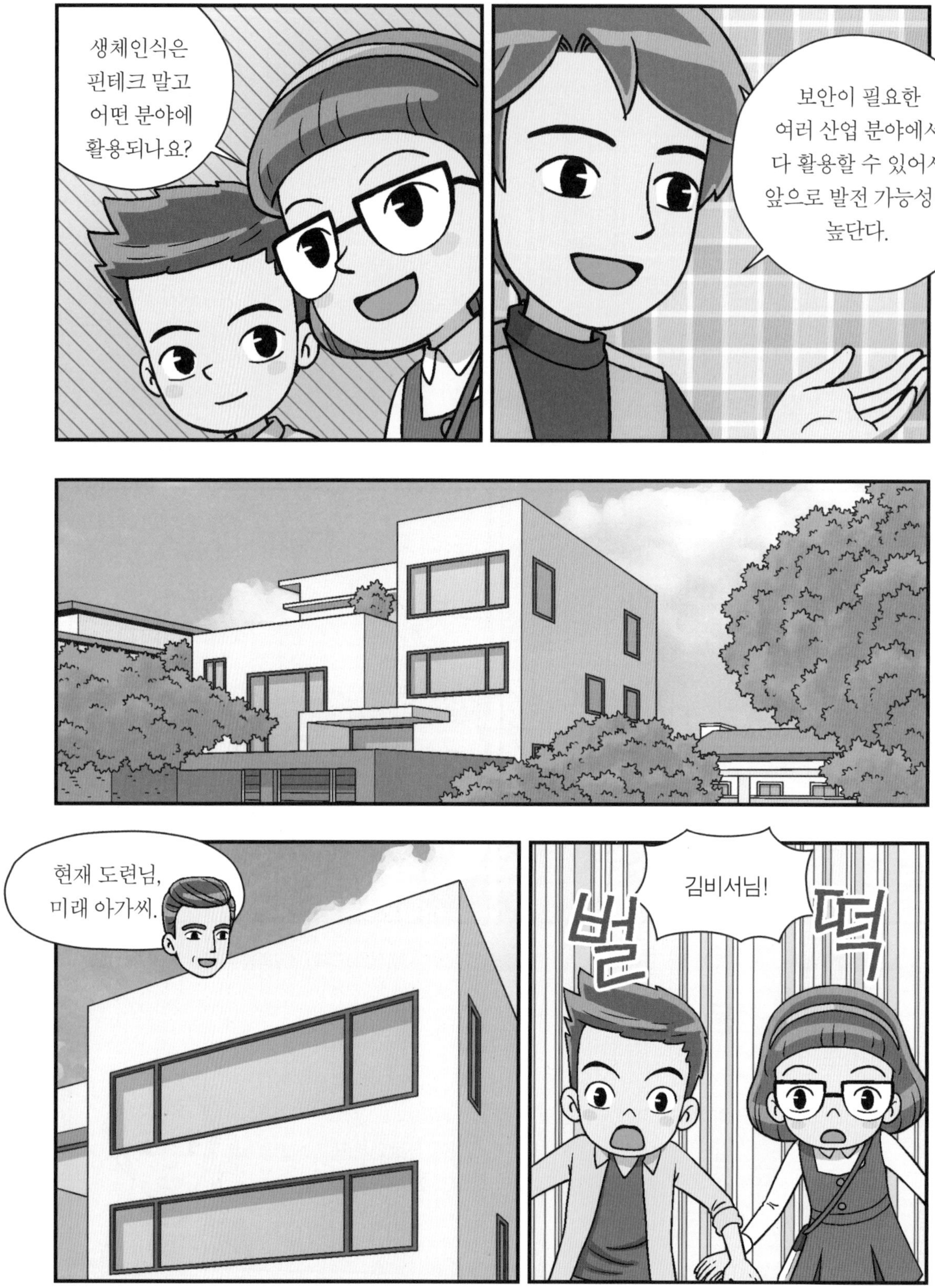
생체인식은 핀테크 말고 어떤 분야에 활용되나요?
보안이 필요한 여러 산업 분야에서 다 활용할 수 있어서 앞으로 발전 가능성이 높단다.
현재 도련님, 미래 아가씨.
김비서님!
벌떡

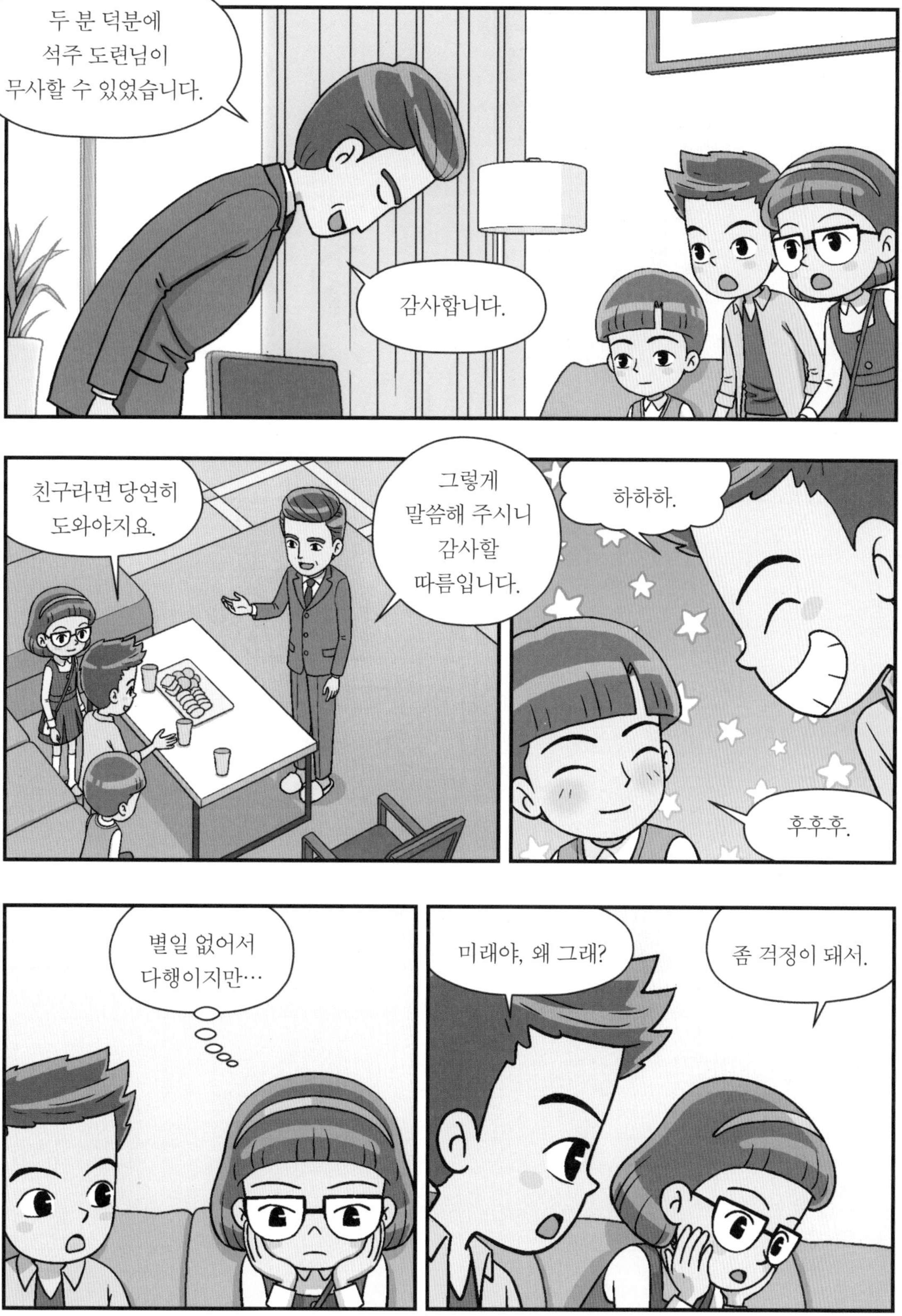
두 분 덕분에 석주 도련님이 무사할 수 있었습니다.
감사합니다.
친구라면 당연히 도와야지요.
그렇게 말씀해 주시니 감사할 따름입니다.
하하하.
후후후.
별일 없어서 다행이지만…
미래야, 왜 그래?
좀 걱정이 돼서.

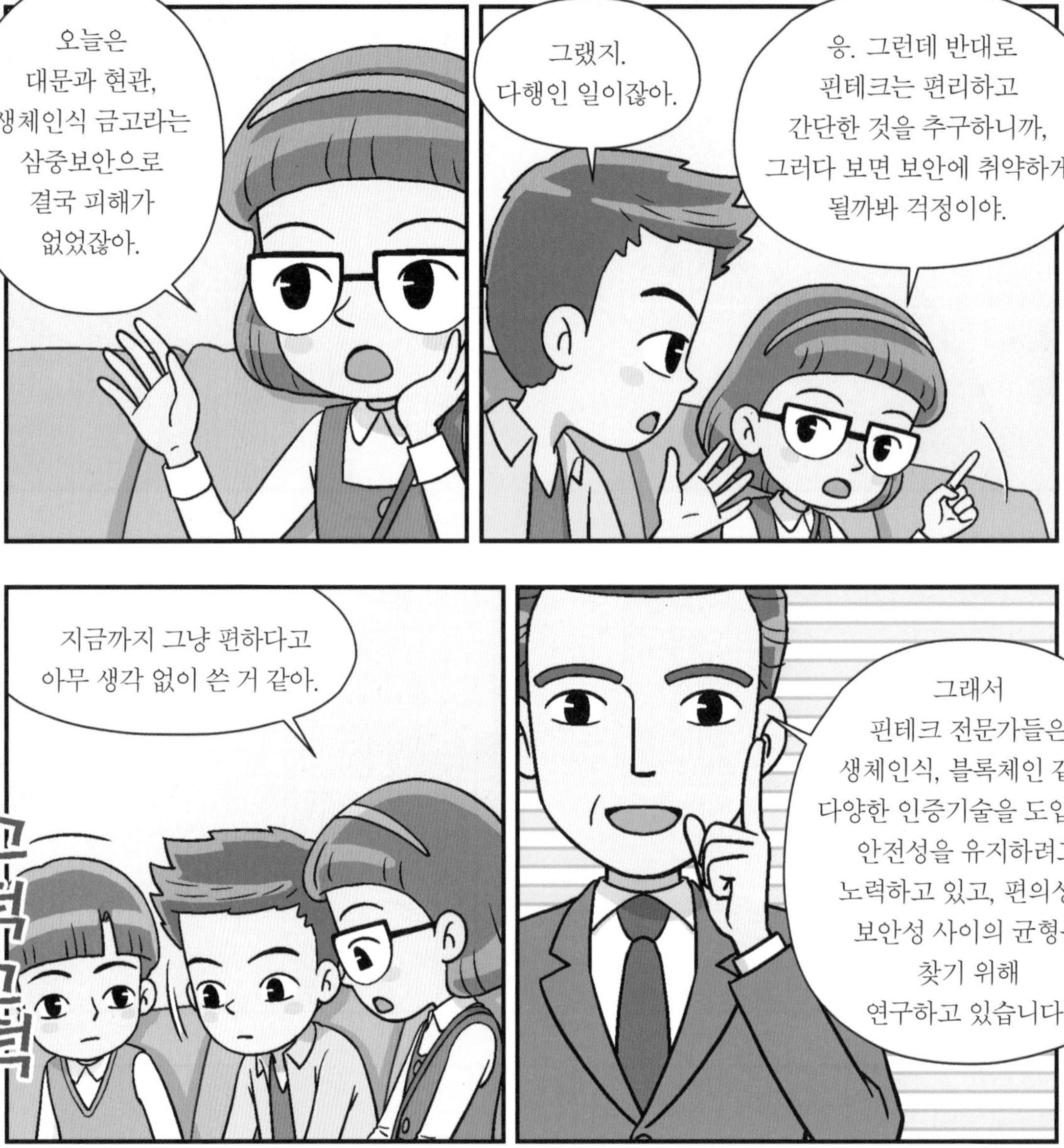
오늘은 대문과 현관, 생체인식 금고라는 삼중보안으로 결국 피해가 없었잖아.
그랬지. 다행인 일이잖아.
응. 그런데 반대로 핀테크는 편리하고 간단한 것을 추구하니까, 그러다 보면 보안에 취약하게 될까봐 걱정이야.
지금까지 그냥 편하다고 아무 생각 없이 쓴 거 같아.
끄덕 끄덕
그래서 핀테크 전문가들은 생체인식, 블록체인 같은 다양한 인증기술을 도입해서 안전성을 유지하려고 노력하고 있고, 편의성과 보안성 사이의 균형을 찾기 위해 연구하고 있습니다.

핀테크와 보안

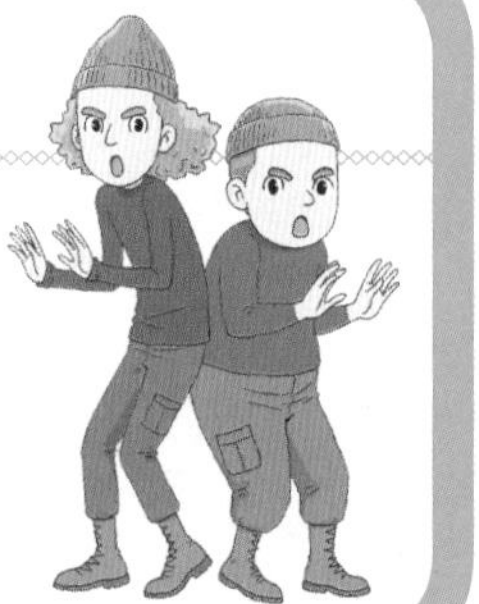

핀테크가 추구하는 '간소화와 정보수집, 여러 분야와의 융합'은 '보안'과 공존하기 어려운 면이 있습니다. 이는 앞으로 핀테크 전문가들이 조화롭게 운영해 나가야 할 부분입니다. 핀테크에서 보안은 사용자와의 신뢰 문제인 만큼 핀테크의 미래를 좌우할 중요한 열쇠입니다.

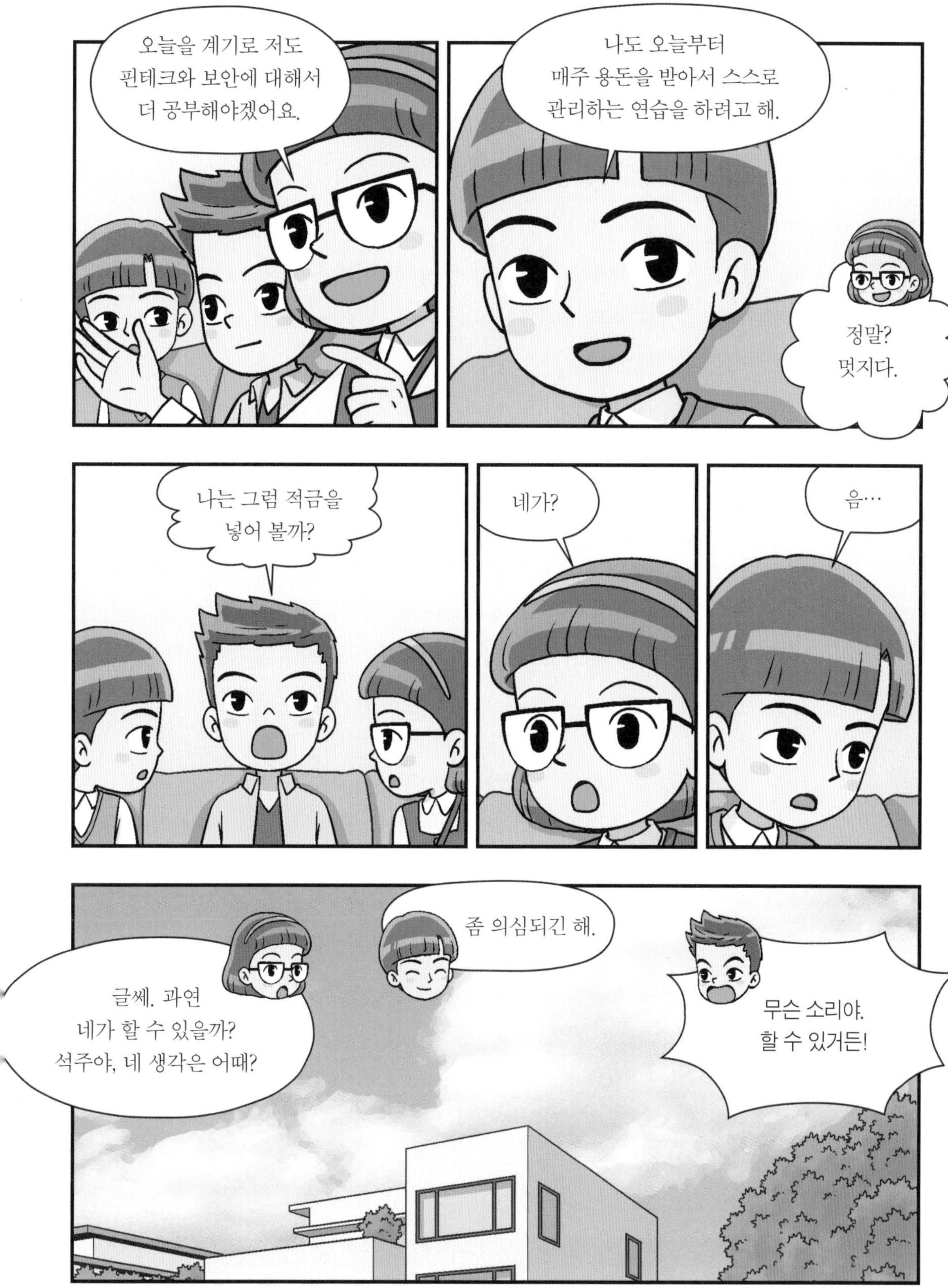
오늘을 계기로 저도 핀테크와 보안에 대해서 더 공부해야겠어요.
나도 오늘부터 매주 용돈을 받아서 스스로 관리하는 연습을 하려고 해.
정말? 멋지다.
나는 그럼 적금을 넣어 볼까?
네가?
음…
글쎄. 과연 네가 할 수 있을까? 석주야, 네 생각은 어때?
좀 의심되긴 해.
무슨 소리야. 할 수 있거든!

터치리스 결제

손으로 직접 결제를 하지 않아도 주문한 물건이나 서비스를 구매할 수 있는 세상이 되었어요. 바로 터치리스 기술 덕분이에요. 터치리스 기술은 무엇이고 이를 결제방식에 어떻게 활용하고 있는지 알아볼까요?

터치리스(touchless) 기술은 손으로 직접 만지지 않고 결제를 하거나 서비스를 이용할 수 있도록 하는 기술이에요. 코로나19로 인해 비접촉, 비대면을 권장하게 되면서 결제방식에서도 터치리스 기술이 사용되기 시작했어요.

터치리스 기술에는 우리 주변에서 이미 많이 사용되고 있는 음성, 제스처인식 기술 등이 있어요. 음성인식 기술은 스마트폰에서 사용자의 음성을 인식해 대신 문자나 전화를 걸어주는 비서서비스로 활용되고 있어요. 제스처인식 기술은 자동차 운전을 할 때 특정 손 모양을 취하면 내비게이션이나 오디오를 조작할 수 있는 등의 기술로 활용되고 있답니다.

이러한 터치리스 기술을 글로벌기업에서는 결제 시스템에 도입하고 있는데요. 손으로 기계를 작동시키지 않고 자신의 손바닥을 인식시켜 돈을 지불하거나, 얼굴인식만으로 대중교통을 타는 등 사람의 신체 정보를 인식해 결제하는 것이 대표적이에요.

미국의 아마존은 무인 슈퍼마켓인 '아마존 고'에 손바닥을 가져다 대면 결제를 할 수 있는 서비스를 선보였는데요. 인공지능이 딥러닝으로 분석한 손바닥 정보를 신용카드 정보와 함께 저장해 두면 매장에 비치된 손인식 단말기에 손바닥을 대는 것만으로도 결제가 이루어지는 것이에요. 기존 카드나 모바일 결제가 3~4초 걸리는데 비해 0.3초만에 신원을 학인해 결제를 끝낼 수 있는 획기적인 서비스예요.

우리나라에서는 대중교통에서 터치리스 결제가 시작됐어요. 결제업체 '티머니'는 우이-신설 경전철 13개 전철역 개찰구에 고성능 카메라와 센서를 설치해 그 앞에 서 있으면 탑승자의 얼굴이 인식되어 미리 저장해둔 신용카드로 결제가 이루어지도록 했어요. 교통카드를 손으로 꺼내 결제하지 않아도 얼굴인식 만으로 탑승료를 지불할 수 있게 된 것이에요. 그리고 구글은 음성인식만으로 결제가 되도록 했는데요. 창구에서 목소리로 결제를 요청하면 사용자의 목소리를 구분하여 자동으로 계산이 되도록 했어요.

터치리스 기술로 결제가 되려면 생체 정보를 인식하는 기술이 뛰어나야 해요. 그래서 세계 각국에서는 터치리스 기술을 개발하는 데 지원을 아끼지 않고 생체인식 기술이 크게 발전해오고 있어요. 우리나라에서는 엘리베이터 층수 버튼에 손가락을 가까이 가져가는 것만으로도 층수가 인식되는 엘리베이터를 개발했고, 일본의 한 회사는 마스크, 선글라스, 모자 등으로 얼굴이 가려져 있어도 안면인식이 가능한 기술을 개발했어요.

사람의 몸을 활용한 생체 인증 기술은 해킹, 도용, 분실 위험이 없어 빠르게 도입되고 있어요.

나는 핀테크 전문가가 될 거야!

초판 1쇄 발행 · 2021년 2월 28일
초판 3쇄 발행 · 2021년 9월 10일

지은이 · 강지선
그린이 · 이상일
펴낸이 · 이종문(李從聞)
펴낸곳 · 국일아이

등 록 · 제406-2008-000032호
주 소 · 경기도 파주시 광인사길 121 파주출판문화정보산업단지(문발동)
영업부 · Tel 031)955-6050 | Fax 031)955-6051
편집부 · Tel 031)955-6070 | Fax 031)955-6071

평생전화번호 · 0502-237-9101~3

홈페이지 · www.ekugil.com
블 로 그 · blog.naver.com/kugilmedia
페이스북 · www.facebook.com/kugilmedia
E-mail · kugil@ekugil.com

• 값은 표지 뒷면에 표기되어 있습니다.
• 잘못된 책은 구입하신 서점에서 바꿔드립니다.

ISBN 979-11-87007-80-7(14300)
       979-11-87007-74-6(세트)

워크북

Job?

나는 핀테크
전문가가 될 거야!

국일아이

목차

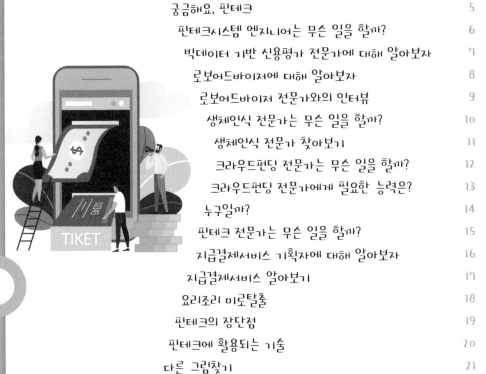

2

워크북 활용법

직업 탐험 각 기관의 대표 직업(네 가지)이 하는 일, 필요한 지식, 자질 등에 관한 정보뿐만 아니라 관련 직업에 관한 정보를 얻어요.

직업 놀이터 다른 그림 찾기, 숨은그림찾기, 미로 찾기, 색칠하기, ○X 퀴즈 등 재미있는 놀이 요소를 통해 직업 상식을 알아봐요.

직업 톡톡 직업 윤리나 직업과 관련한 이야기로 자신의 생각을 표현하며 직업을 간접 체험해요.

NCS
(국가직무능력표준)

국가직무능력표준(NCS, National Competency Standards)이란 국가가 현장에서 직무를 수행하는 데 필요한 지식, 기술, 태도 등을 산업별, 수준별로 표준화한 것을 말한다. 대분류 24개, 중분류 79개, 소분류 253개, 세분류 1,001개로 표준화되었으며 계속 개발 중이므로 더 추가될 예정이다.

국가직무능력표준(NCS)에 따른 24개 분야의 직업군

01 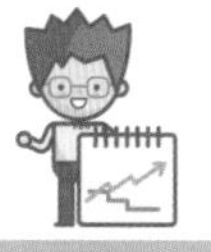
사업 관리

02 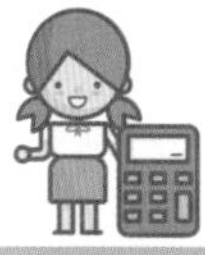
경영·회계 사무

03 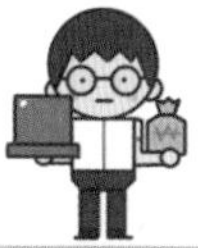
금융·보험

04 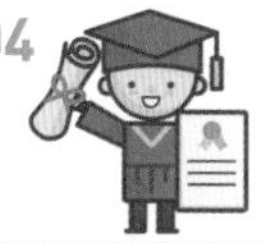
교육·자연 사회 과학

05 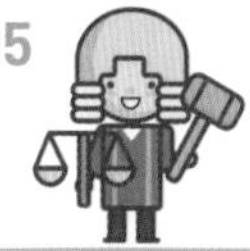
법률·경찰 소방·교도·국방

06 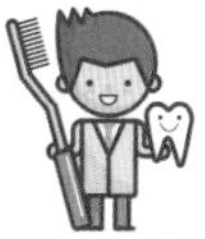
보건·의료

07 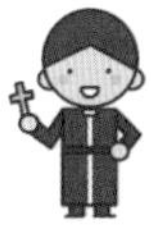
사회 복지·종교

08 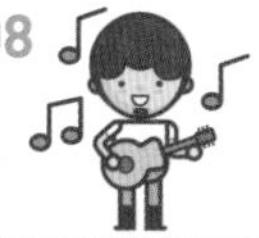
문화·예술 디자인·방송

09 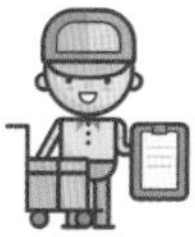
운전·운송

10 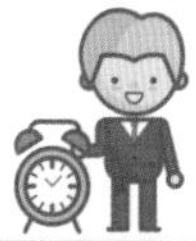
영업·판매

11 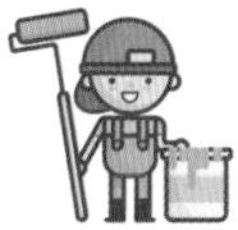
경비·청소

12 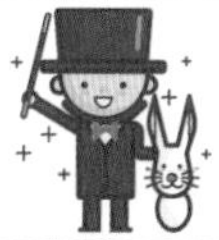
이용·숙박·여행 오락·스포츠

13 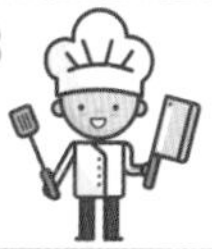
음식 서비스

14 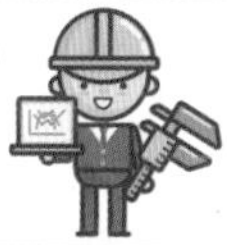
건설

15 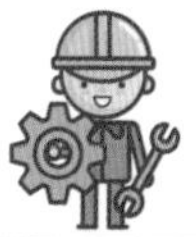
기계

16 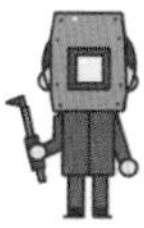
재료

17 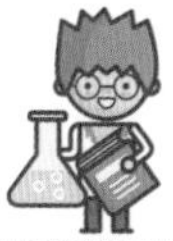
화학

18 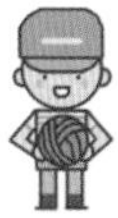
섬유·의류

19 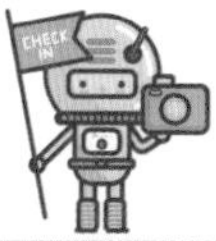
CHECK IN
전기·전자

20 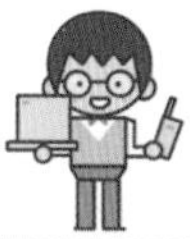
정보 통신

21 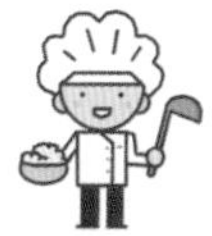
식품 가공

22 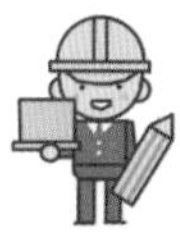
인쇄·목재 가구·공예

23 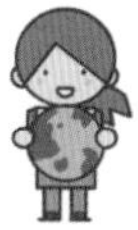
환경·에너지·안전

24 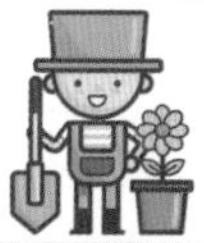
농림·어업

등장인물의 특징 알아보기

《job? 나는 핀테크 전문가가 될 거야!》에는 현재, 미래, 석주, 김비서, 도둑들 등이 등장한다. 각 인물을 떠올리며 빈칸을 채워보자.

인물	특징
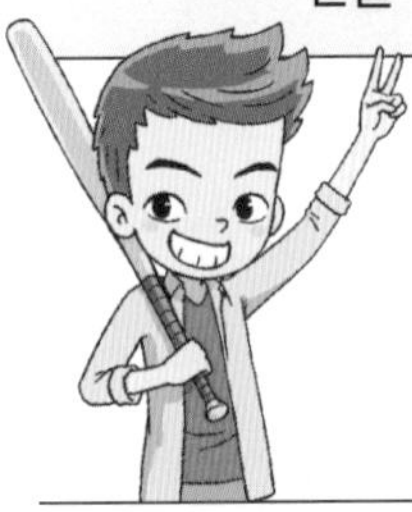 현재	돈에 대한 개념이 없고 사고뭉치인 6학년 남자아이다. 친구들이 바쁘다고 다 가버리고 혼자 남자, 홧김에 야구 배트를 휘두르다가 석주네 차를 망가뜨리고 만다. 수리비를 마련하려고 석주 아빠의 핀테크 회사에서 아르바이트를 하면서 __________에 대해서 알게 된다.
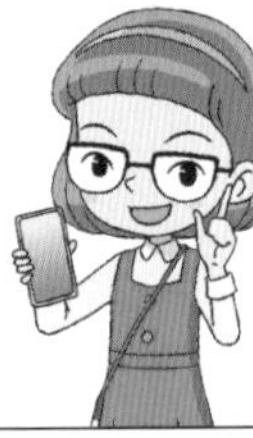 미래	현재보다 1분 늦게 태어난 이란성 쌍둥이 동생인 여자아이다. 현재와 늘 티격태격하지만 현재가 사고친 것을 같이 수습해 주는 똑똑하고 야무진 성격이다. 스스로 용돈을 관리하고 있으며, 핀테크에 관심이 많아서 핀테크에 대해 다양한 정보를 알고 있다.
석주 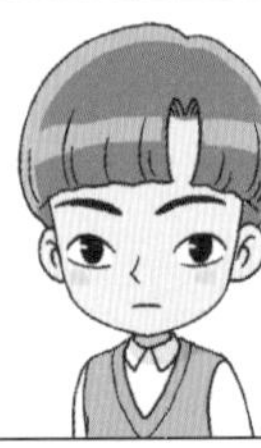	현재, 미래와 같은 반 친구다. 항상 비서가 학교에 데려다주고 데리러 오는 모습 때문에 학교 내에서 부잣집 아들이라고 소문이 나 있다. 늘 혼자이기만 하던 석주는 현재와 미래의 모습을 보고 친해지고 싶어 같이 아르바이트를 하기도 한다.
김비서 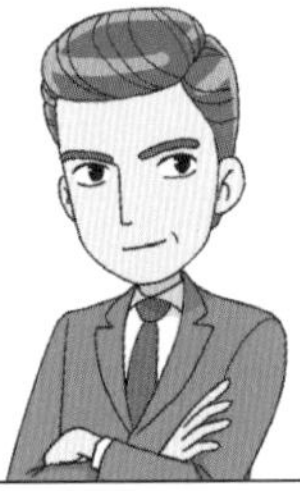	어릴 때부터 석주를 돌봐 온 인자하고 유능한 석주의 비서다. 아이들이 무엇을 물어도 막힘없이 설명할 정도로 지식이 상당하다. 현재, 미래를 석주 아빠의 회사에서 아르바이트를 하게 하면서 자연스럽게 석주와 친구가 되도록 하고, __________를 만나 핀테크에 대해 배울 수 있도록 돕는다.
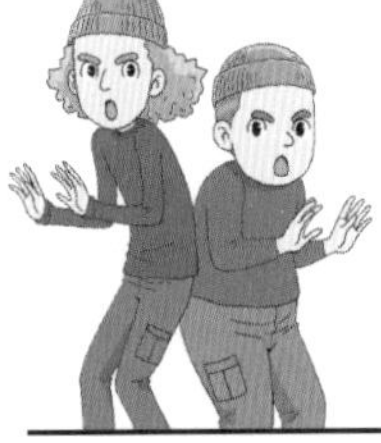 도둑들	석주의 집에 금고가 있으며 그 안에는 온갖 귀중품이 있다는 것을 알고 석주를 납치해서 금고를 열려고 한다. 계속 석주를 미행하며 기회를 노리지만 매번 실패한다. 도둑들은 석주의 집에 있는 금고의 물건을 훔칠 수 있을까?

궁금해요, 핀테크

핀테크는 금융 산업을 더 혁신적이고 빠르게 발전시키고 있다. 핀테크에 대한 설명으로 알맞은 것을 찾아보자. (정답은 네 개)

1. 금융과 기술의 합성어로, 금융과 정보기술이 결합한 서비스나 회사를 의미한다.

2. 지급결제, 금융데이터 분석, 금융소프트웨어, 플랫폼 등 크게 4가지 영역으로 나뉜다.

3. 해외국가와의 상거래가 급증하고, 온라인과 모바일을 통한 금융거래가 늘면서 핀테크가 주목받고 있다.

4. 금융결제가 보다 빠르고 간편하게 이루어진다.

5. 컴퓨터에서만 사용 가능하고 시간적 제약이 있다.

Secure Payment
Credit Card

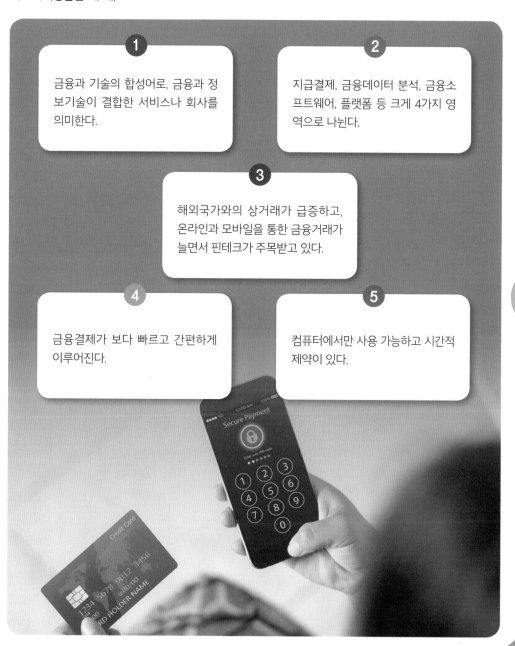

핀테크시스템 엔지니어는 무슨 일을 할까?

핀테크시스템 엔지니어는 금융과 정보기술을 융합해서 안정적인 핀테크 서비스를 구현하는 사람이다.
핀테크시스템 엔지니어가 하는 일에 대해 바르게 설명한 것을 찾아보자. (정답은 네 개)

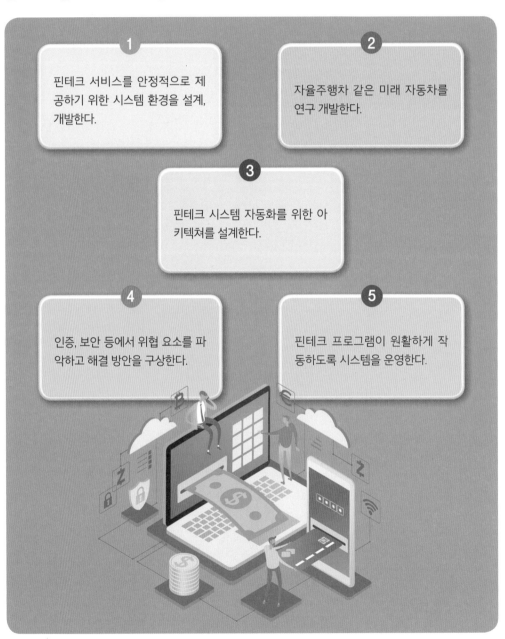

1
핀테크 서비스를 안정적으로 제공하기 위한 시스템 환경을 설계, 개발한다.

2
자율주행차 같은 미래 자동차를 연구 개발한다.

3
핀테크 시스템 자동화를 위한 아키텍쳐를 설계한다.

4
인증, 보안 등에서 위협 요소를 파악하고 해결 방안을 구상한다.

5
핀테크 프로그램이 원활하게 작동하도록 시스템을 운영한다.

빅데이터 기반 신용평가 전문가에 대해 알아보자

빅데이터 기반 신용평가 전문가는 빅데이터를 기반으로 사람의 신용을 평가하는 사람이다. 빅데이터 기반 신용평가 전문가에 대해 잘못 설명한 것을 찾아보자.

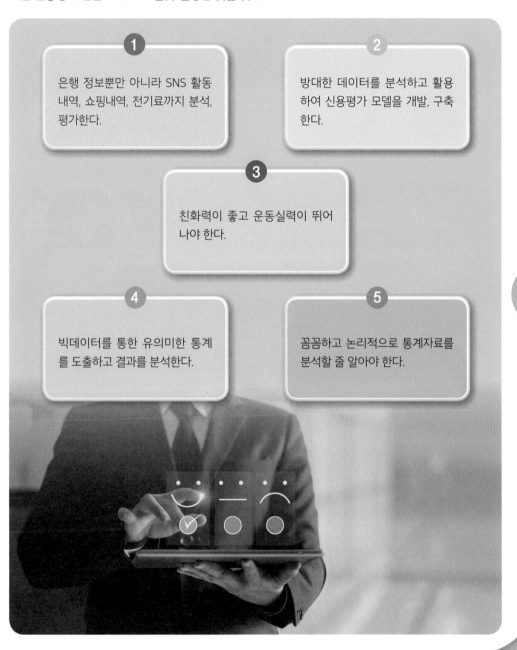

1 은행 정보뿐만 아니라 SNS 활동 내역, 쇼핑내역, 전기료까지 분석, 평가한다.

2 방대한 데이터를 분석하고 활용하여 신용평가 모델을 개발, 구축한다.

3 친화력이 좋고 운동실력이 뛰어나야 한다.

4 빅데이터를 통한 유의미한 통계를 도출하고 결과를 분석한다.

5 꼼꼼하고 논리적으로 통계자료를 분석할 줄 알아야 한다.

로보어드바이저에 대해 알아보자

로보어드바이저는 로봇과 투자전문가의 합성어다. 로보어드바이저에 대해 바르게 설명한 친구를 찾아보자. (정답은 세 개)

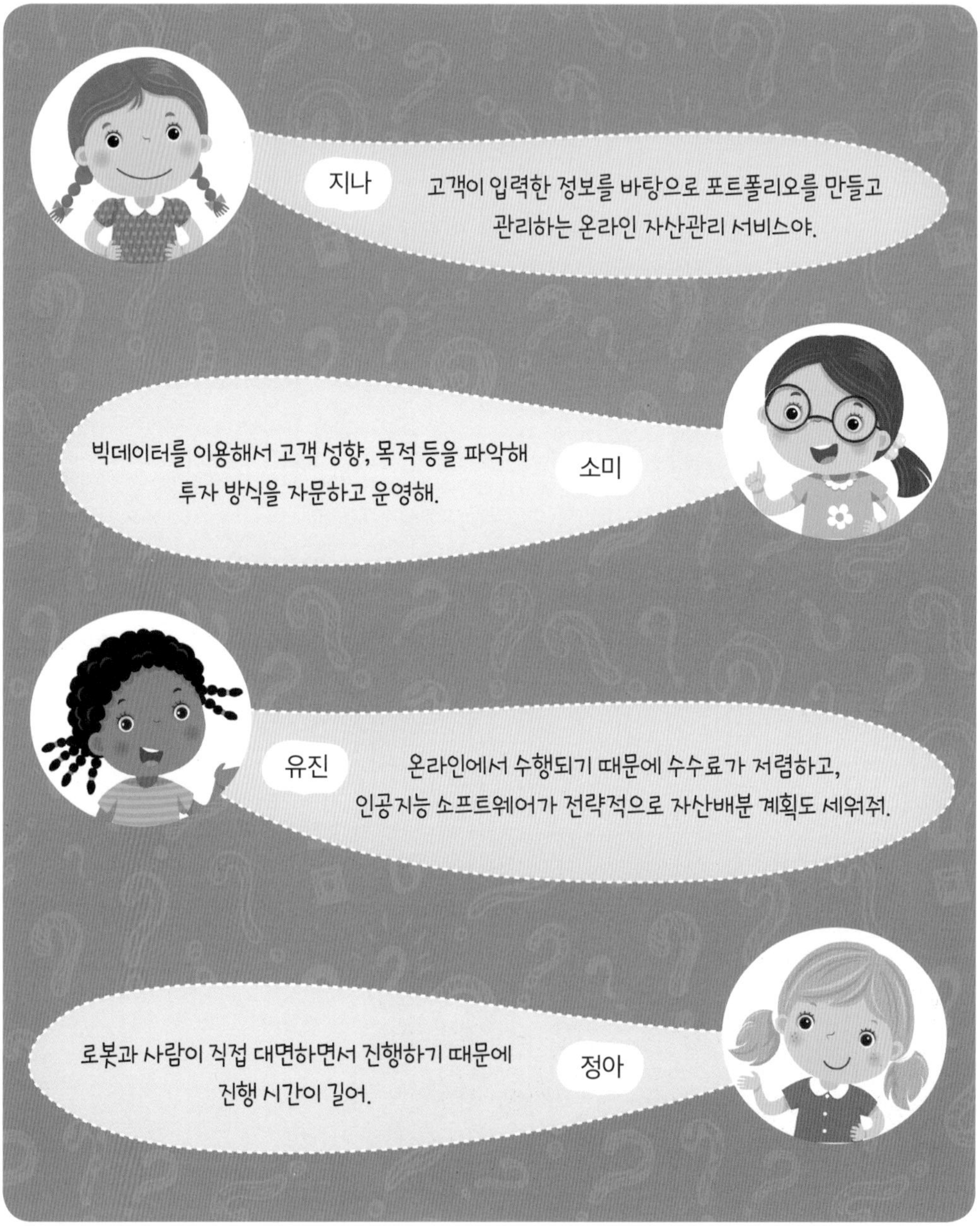

지나
고객이 입력한 정보를 바탕으로 포트폴리오를 만들고 관리하는 온라인 자산관리 서비스야.
소미
빅데이터를 이용해서 고객 성향, 목적 등을 파악해 투자 방식을 자문하고 운영해.
유진
온라인에서 수행되기 때문에 수수료가 저렴하고, 인공지능 소프트웨어가 전략적으로 자산배분 계획도 세워줘.
정아
로봇과 사람이 직접 대면하면서 진행하기 때문에 진행 시간이 길어.

로보어드바이저 전문가와의 인터뷰

로보어드바이저가 등장하면서 로봇이 자산을 관리해 주는 시대가 되었다. 다음은 민아와 로보어드바이저 전문가의 인터뷰 내용이다. 잘못 대답한 번호를 찾아보자.

  로보어드바이저 전문가는
어떤 일을 하나요?

1

 투자자의 금융정보와
시장 환경 등을 분석하여
알고리즘과 시스템을 개발하고
이를 통해 로보어드바이저
프로그램을 설계해.

 로보어드바이저 프로그램을
만드는 일을 하는군요.
어떤 서비스인가요?

2

 로봇이 투자자에게
가장 적합한
자산배분 전략을 짜서
개인 맞춤형 서비스를
제공하는 거란다.

 주로 어떤 사람이
이용하나요?

3

  온라인에 익숙한
젊은 금융 소비자 층이
주요 대상이란다.

  어떻게 이용할 수 있나요?
위험하지는 않은가요?

4

 모바일 기기를 통해서
이용할 수 있어.
로봇이 관리하기 때문에
투자 성과도 높고
보안의 위험성도 전혀 없단다.

생체인식 전문가는 무슨 일을 할까?

생체인식은 사람마다 다르게 갖고 있는 신체의 고유한 특징을 이용하여 사용자를 식별하는 기술이다. 생체인식 전문가가 하는 일에 대해 바르게 설명한 것을 찾아보자. (정답은 네 개)

1. 디지털 카메라나 스캐너 등의 감지 장치로 지문, 얼굴 등의 생체 정보를 파악하여 사용자 본인임을 확인하는 장치를 만든다.

2. 생체 정보의 핵심 이미지를 추출해서 인식 시스템에 적용할 특징을 데이터베이스화한다.

3. 본인 확인을 위해 사용할 영상 정보를 컴퓨터가 처리할 수 있는 상태로 저장하는 프로그램을 개발한다.

4. 리더기나 인식기 같은 하드웨어 부분을 개발한다.

5. 지문, 홍채 등을 본떠 3D 프린터로 프린팅할 수 있는 프로그램을 개발한다.

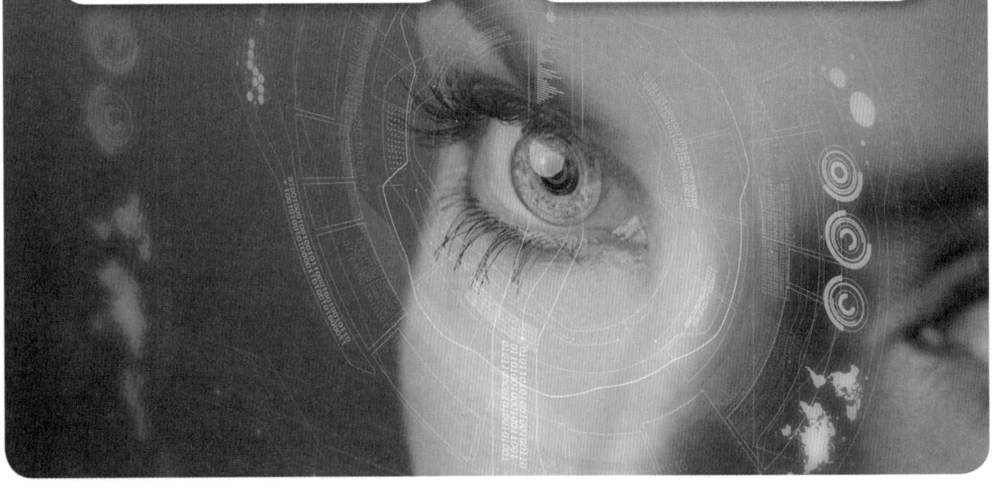

생체인식 전문가 찾아보기

생체인식을 하는 데는 여러 방법이 있다. 생체인식 방법에 따라 관련된 생체인식 전문가도 다양하다. 생체인식 전문가들로만 이루어진 알파벳을 찾고 색칠하여 나온 그림이 무엇인지 적어보자.

- **H** 지문인식 전문가, 얼굴인식 전문가, 홍채인식 전문가, 정맥인식 전문가
- **K** 제스처인식 전문가, 손금인식 전문가, 드론 조종사, 관상가
- **N** 서명인식 전문가, 방송국 PD, 3D 프린팅 전문가, 발바닥인식 전문가
- **X** 손톱인식 전문가, 블록체인 개발자, 요리사, 메이크업 아티스트

N K Z X X K Z N
Z X Z H H H
K H H H K K N H
Z H H H Z H H
H X H H H
H H H N N K K X

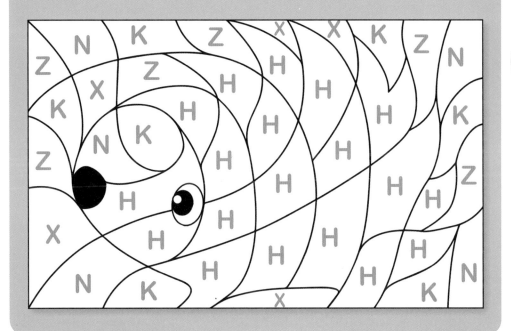

완성한 그림:

크라우드펀딩 전문가는 무슨 일을 할까?

크라우드펀딩은 웹이나 모바일 네트워크 등을 통해 다수의 개인으로부터 자금을 모으는 일이다. 크라우드펀딩 전문가가 하는 일이 무엇인지 바르게 설명한 친구를 찾아보자. (정답은 세 개)

① 펀딩에 알맞은 사업을 발굴하여 자금 액수, 자금조달 방식을 분석하거나 추천해.

② 창업자의 자율성을 해치지 않고 후원자에게 피해가 없도록 다양한 잠재적 위험성을 분석해.

③ 모아진 자금을 직접 투자하고 관리하여 수익을 창출해.

④ 자금이 필요한 사람과 자금을 투자하는 사람 사이에서 중개자 역할을 해.

크라우드펀딩 전문가에게 필요한 능력은?

크라우드펀딩 전문가는 투자 운영을 담당하는 금융자산 운용가, 위험성을 분석하고 통제하는 리스크 매니저, 투자 금액을 돌려주는 투자인수 심사원 등이 있다. 크라우드펀딩 전문가에게 필요한 능력을 바르게 말한 사람을 찾아보자. (정답은 네 개)

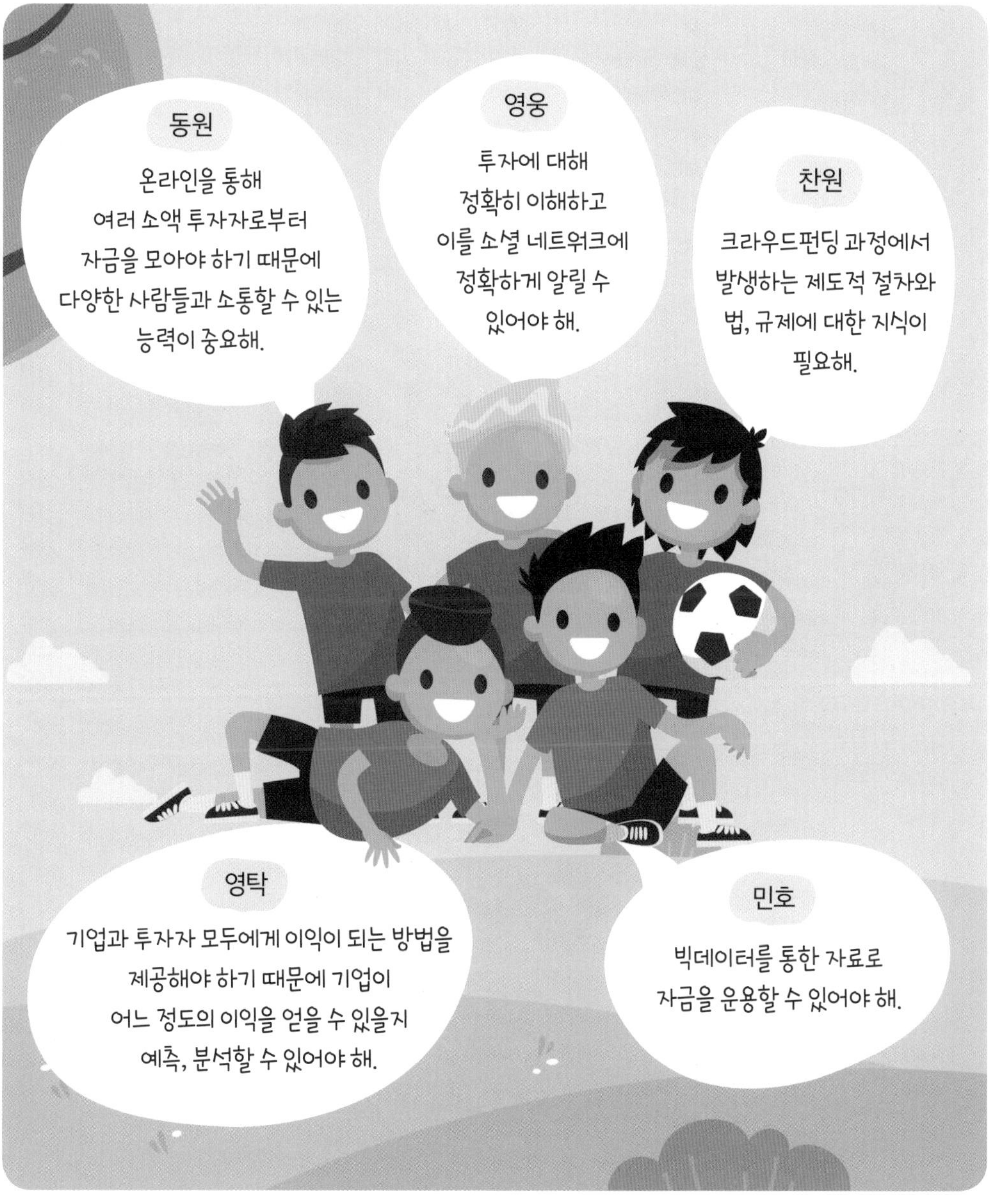
동원
온라인을 통해 여러 소액 투자자로부터 자금을 모아야 하기 때문에 다양한 사람들과 소통할 수 있는 능력이 중요해.
영웅
투자에 대해 정확히 이해하고 이를 소셜 네트워크에 정확하게 알릴 수 있어야 해.
찬원
크라우드펀딩 과정에서 발생하는 제도적 절차와 법, 규제에 대한 지식이 필요해.
영탁
기업과 투자자 모두에게 이익이 되는 방법을 제공해야 하기 때문에 기업이 어느 정도의 이익을 얻을 수 있을지 예측, 분석할 수 있어야 해.
민호
빅데이터를 통한 자료로 자금을 운용할 수 있어야 해.

누구일까?

<보기>에서 설명하는 사람이 누구인지 아래 그림에서 찾아보자.

1. 핀테크 서비스를 운영하는 고객사가 겪는 기술적 문제를 관리하고 해결해준다.
2. 서비스를 쉽게 사용할 수 있도록 고객사의 상황과 요청에 맞는 가이드를 제공한다.
3. 개발팀과 협동하여 연동 프로세스 최적화 작업을 진행한다.
4. 핀테크에 대한 지식은 물론 원활한 의사소통 능력을 갖추어야 한다.

지급결제서비스 기획자

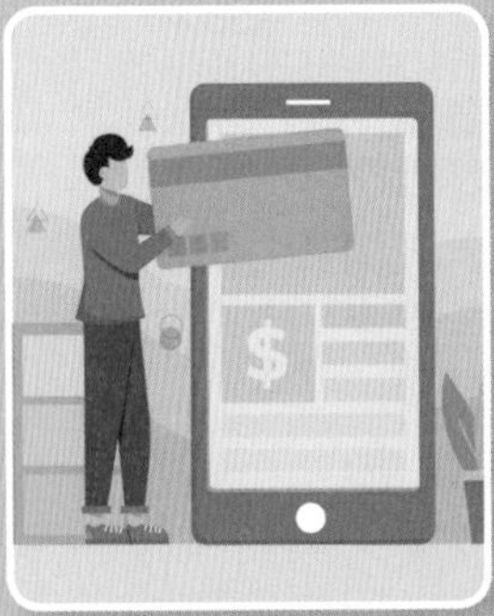

화가

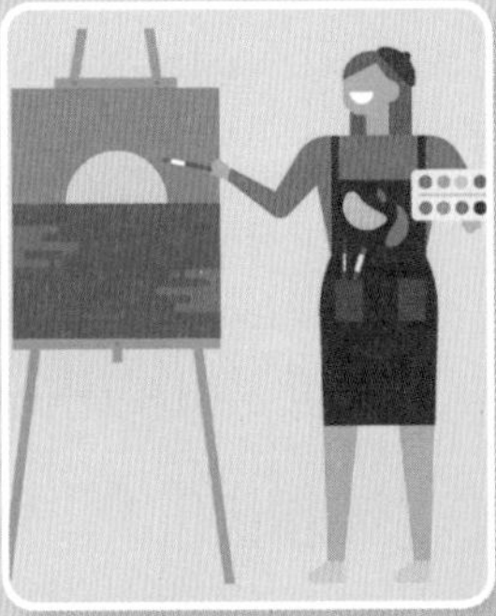

핀테크에반젤리스트

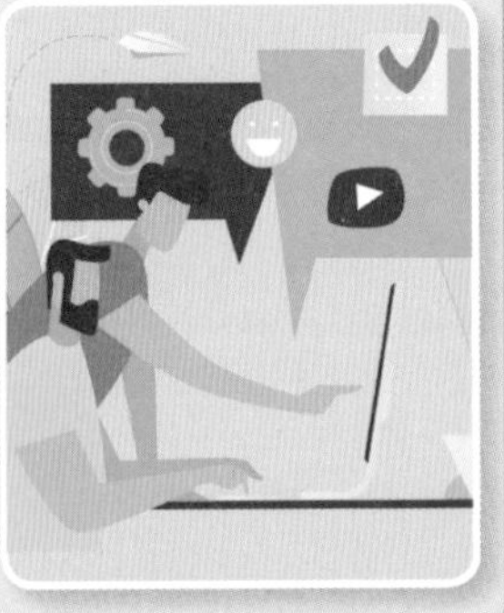

플로리스트

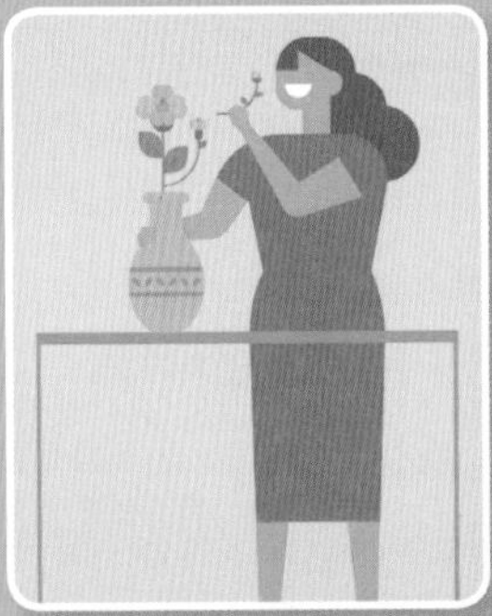

메이크업 아티스트

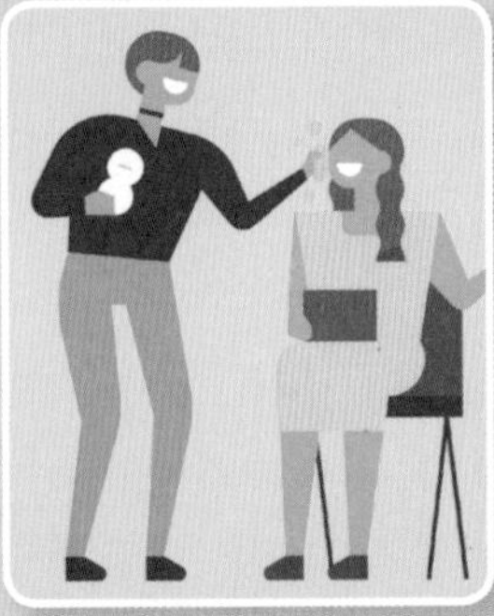

크라우드펀딩 마케터

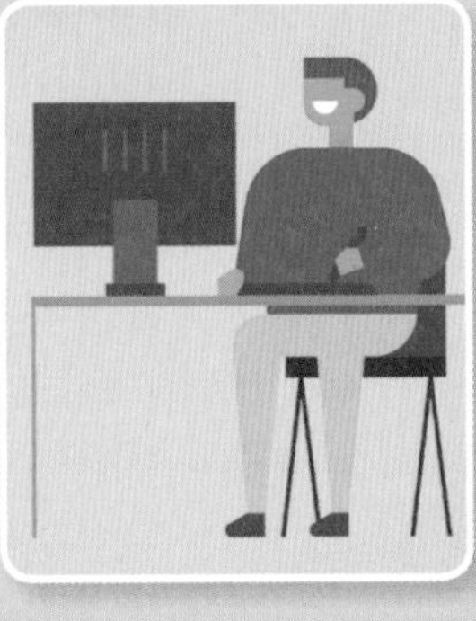

핀테크 전문가는 무슨 일을 할까?

핀테크로 인해 은행에 가지 않고도 컴퓨터나 스마트폰으로 원하는 시간에 자유롭게 금융거래를 할 수 있게 되었다. 핀테크 전문가가 하는 일을 바르게 설명한 것을 찾아보자. (정답은 네 개)

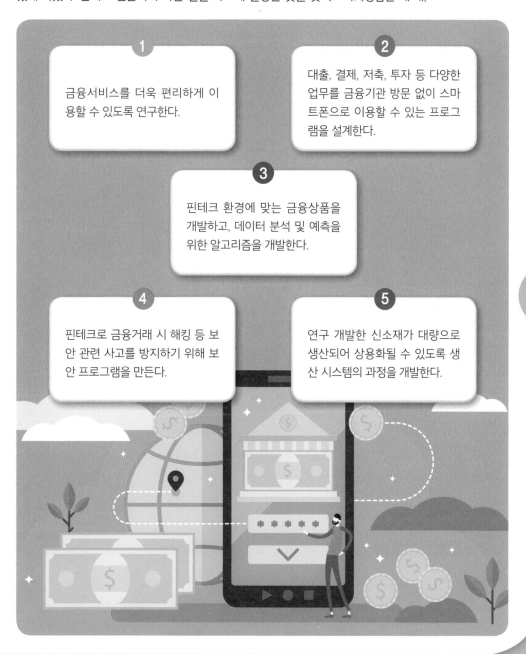

1 금융서비스를 더욱 편리하게 이용할 수 있도록 연구한다.

2 대출, 결제, 저축, 투자 등 다양한 업무를 금융기관 방문 없이 스마트폰으로 이용할 수 있는 프로그램을 설계한다.

3 핀테크 환경에 맞는 금융상품을 개발하고, 데이터 분석 및 예측을 위한 알고리즘을 개발한다.

4 핀테크로 금융거래 시 해킹 등 보안 관련 사고를 방지하기 위해 보안 프로그램을 만든다.

5 연구 개발한 신소재가 대량으로 생산되어 상용화될 수 있도록 생산 시스템의 과정을 개발한다.

지급결제서비스 기획자에 대해 알아보자

지급결제서비스 기획자는 보다 편리하고 안전한 결제서비스를 구현하기 위한 서비스를 기획하는 사람이다. 지급결제서비스 기획자가 하는 일에 대해 알맞은 설명을 〈보기〉에서 찾아 적어 보자.

1
소비자의 _____을 분석하고 결제 시장의 트렌드를 지속적으로 파악한다.

2
기존 결제서비스에 대한 문제점을 보완하고 새로운 형태의 _____을 연구한다.

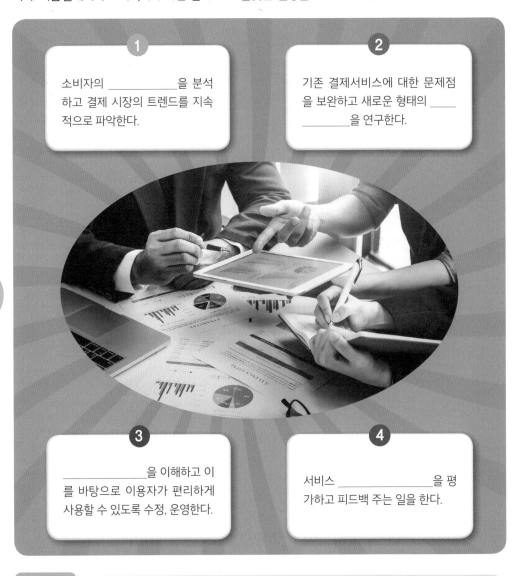

3
_____을 이해하고 이를 바탕으로 이용자가 편리하게 사용할 수 있도록 수정, 운영한다.

4
서비스 _____을 평가하고 피드백 주는 일을 한다.

보기

운영과 마케팅, 결제 패턴, 결제방식, 결제서비스 기술

지급결제서비스 알아보기

모바일 결제서비스는 신용카드를 대체하고 보완할 새로운 지급 수단으로 자리잡고 있다. 금융기관과는 독립적으로 새로운 방식을 통해 결제가 이루어질 수 있게 만든 지급결제서비스와 설명이 서로 일치하도록 연결해 보자.

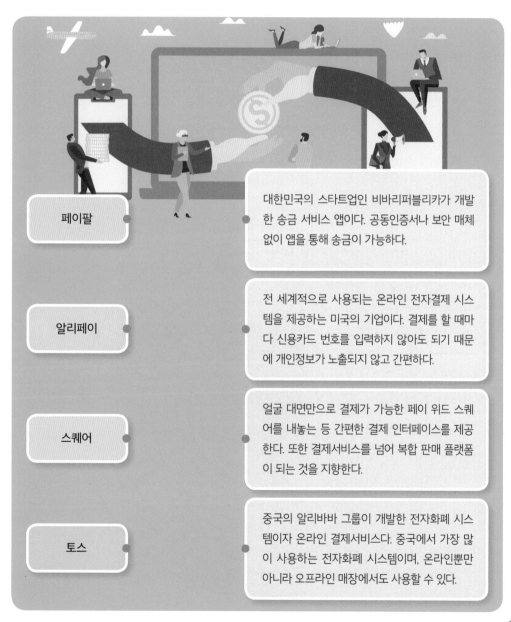

페이팔

알리페이

스퀘어

토스

대한민국의 스타트업인 비바리퍼블리카가 개발한 송금 서비스 앱이다. 공동인증서나 보안 매체 없이 앱을 통해 송금이 가능하다.

전 세계적으로 사용되는 온라인 전자결제 시스템을 제공하는 미국의 기업이다. 결제를 할 때마다 신용카드 번호를 입력하지 않아도 되기 때문에 개인정보가 노출되지 않고 간편하다.

얼굴 대면만으로 결제가 가능한 페이 위드 스퀘어를 내놓는 등 간편한 결제 인터페이스를 제공한다. 또한 결제서비스를 넘어 복합 판매 플랫폼이 되는 것을 지향한다.

중국의 알리바바 그룹이 개발한 전자화폐 시스템이자 온라인 결제서비스다. 중국에서 가장 많이 사용하는 전자화폐 시스템이며, 온라인뿐만 아니라 오프라인 매장에서도 사용할 수 있다.

17

요리조리 미로탈출

핀테크에 관련된 설명이 맞으면 ○, 틀리면 X를 따라 미로를 빠져나가 보자.

❶ 모바일 결제 및 송금, 개인자산관리, 크라우드펀딩 등 정보기술(IT)을 기반으로 한 새로운 형태의 금융 기술이다.　○ ✕

❷ 핀테크 전문가가 되려면 금융과 IT 분야에 대한 이해와 지식이 필요하며 보안 전문성 및 빅데이터 분석력이 요구된다.　○ ✕

❸ 핀테크를 '금융의 인터넷화', '금융의 모바일화'라고 표현한다.　○ ✕

❹ 핀테크와 융합 가능한 신사업 분야를 개척하는 일도 중요하다.　○ ✕

❺ 핀테크 기술의 등장으로 간편한 결제가 가능해졌지만 비싼 수수료 때문에 활용의 한계가 있다.　○ ✕

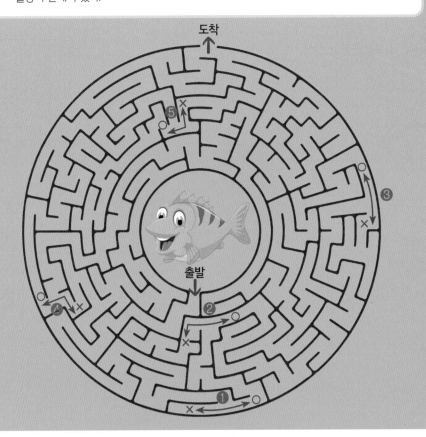

18

핀테크의 장단점

핀테크는 기존의 금융 시장을 완전히 바꾸어 놓은 혁신적인 기술이다. 〈보기〉를 읽고 핀테크의 장점은 파란색으로, 단점은 빨간색으로 색칠해 보자.

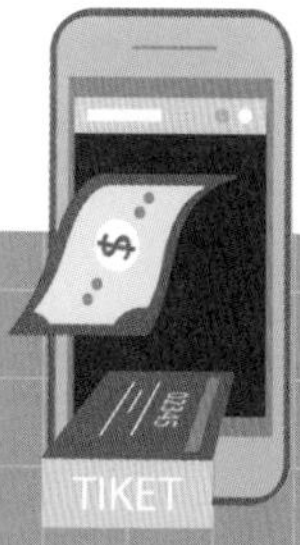
TIKET

① 언제 어디서나 빠르게 돈을 송금할 수 있다.

② 금융서비스 품질과 효율성을 전반적으로 증가시켰다.

③ 보안 관련 문제를 해결하고 보다 안전한 규제를 만들어야 한다.

④ 비용이 절감되고 개인별 맞춤 업무를 볼 수 있는 등 양질의 서비스를 제공한다.

⑤ 컴퓨터와 모바일을 잘 사용하지 못하는 사람은 이용하기 어렵다.

⑥ 한 번의 해킹만으로도 대규모의 정보 유출 등의 큰 피해를 입는다.

핀테크에 활용되는 기술

안정적인 핀테크를 위해 어떠한 기술이 활용되는지 〈보기〉를 참고하여 빈칸을 채워보자.

1 근거리 결제 및 금융기기 연동 등을 위해 필요한 _____

2 대출자의 신용도 분석, 금융상품의 수익성 분석 등에 필요한 _____

3 금융사기 및 개인정보 유출 방지 등에 필요한 _____

4 금융결제 시 본인인증이 필수적이므로 본인인증 단계를 간편하고 안전하게 구축하기 위해 필요한 _____

보기

본인인증 기술, 정보보안 기술, 근거리통신 기술, 빅데이터분석 기술

다른 그림찾기

다음은 현재, 미래, 석주, 김비서가 크라우드펀딩 전문가에게 펀딩 결과를 듣고 있는 모습이다. 두 그림을 비교해 보고 서로 다른 곳을 찾아 동그라미 표시를 해보자. (정답은 일곱 개)

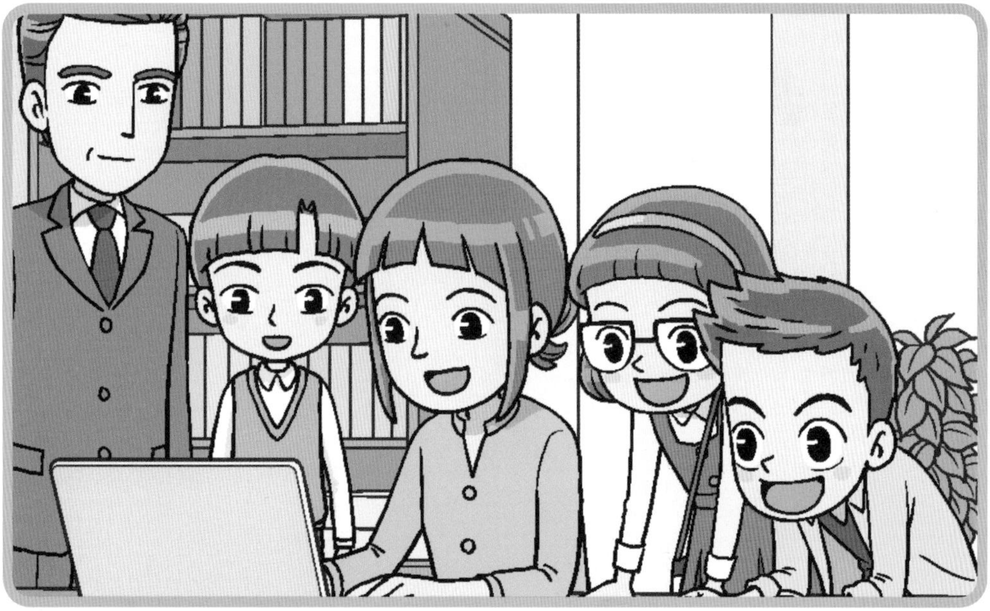

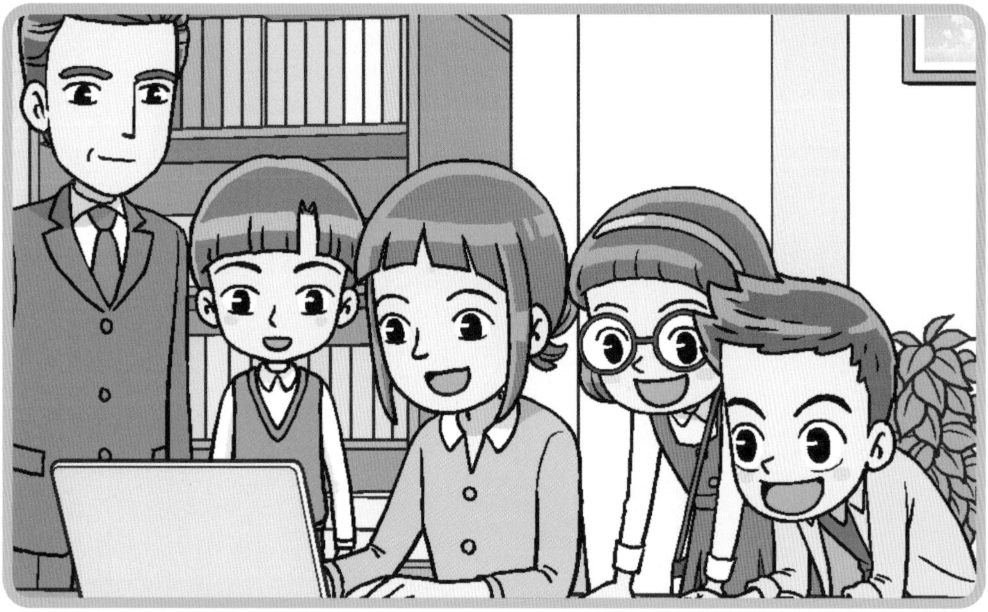

자유롭게 적어 보기

핀테크에 관련한 직업에 관해 새롭게 알게 된 점이나 기억나는 내용을 자유롭게 적어 보자.

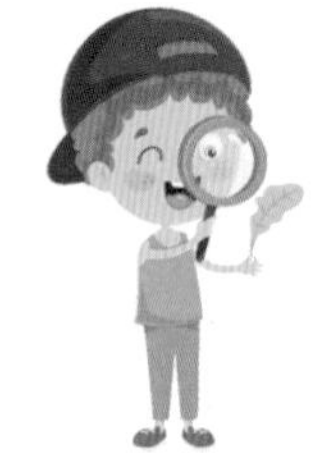

핀테크가 단순히 돈을 주고받는 게 아니라
작은 돈으로 투자도 할 수 있고,
투자를 받기도 하는 펀딩 시스템도 있구나!

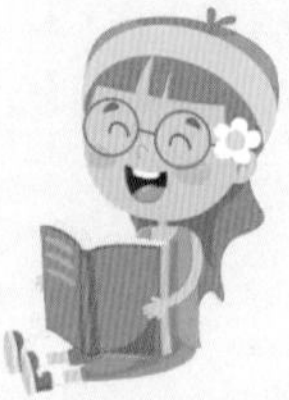

빅데이터를 활용한 핀테크에서는
SNS 활동내역도 신용평가의
대상이 되는구나!

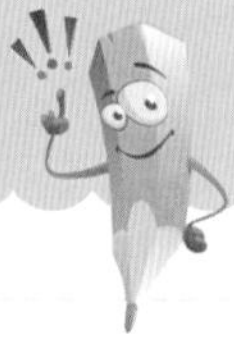

내가 만약 핀테크 전문가가 된다면?

만약 자신이 핀테크 전문가가 되어 핀테크 서비스를 만든다면 어떤 용도의 서비스를 만들고 싶은지 아래에 적어 보자.

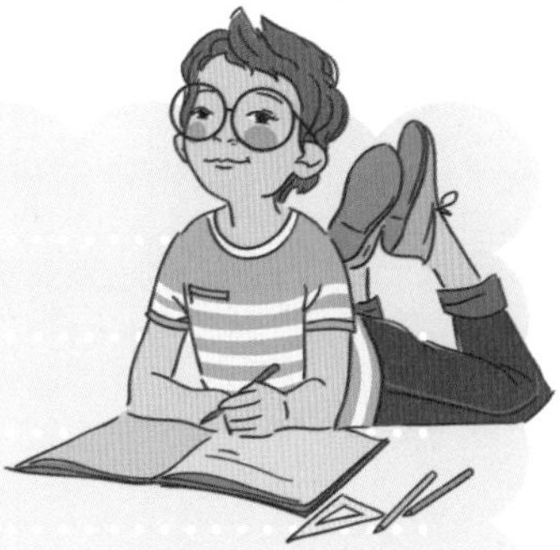

해답

4. 핀테크, 핀테크 전문가

5. ①, ②, ③, ④

6. ①, ③, ④, ⑤

7. ③

8. 지나, 소미, 유진

9. ④

10. ①, ②, ③, ④

11. H, 고슴도치

12. ①, ②, ④

13. 동원, 영웅, 찬원, 영탁

14. 핀테크에반젤리스트

15. ①, ②, ③, ④

16. ① 결제 패턴, ② 결제방식, ③ 결제서비스 기술, ④ 운영과 마케팅

17. 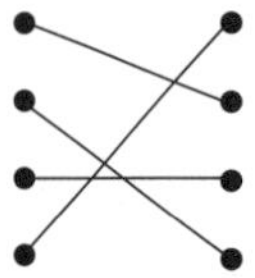

18. O, O, O, O, X

19. 장점: ①, ②, ④ / 단점: ③, ⑤, ⑥

20. ① 근거리통신 기술, ② 빅데이터분석 기술, ③ 정보보안 기술, ④ 본인인증 기술

21. 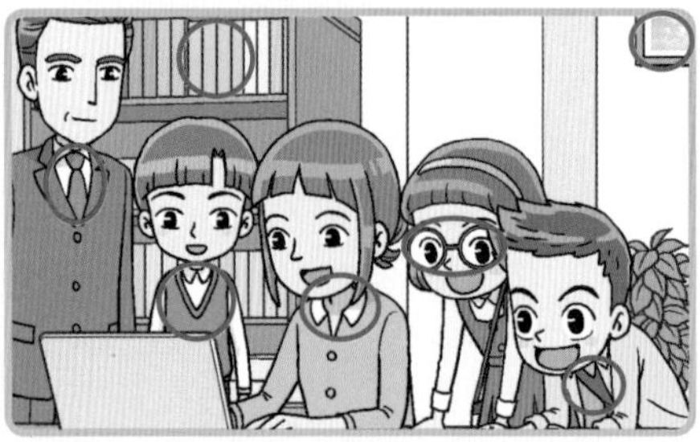

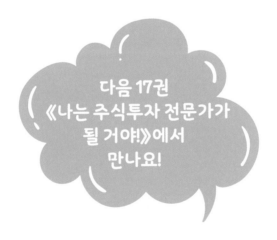

다음 17권
《나는 주식투자 전문가가
될 거야!》에서
만나요!